New
Opening Up
新开放论丛

张幼文 徐明棋 主编

中国企业的全球战略

——新兴经济体对外直接投资的动因与效应

李珮璘 著

上海社会科学院出版社
Shanghai Academy of Social Sciences Press

总　序

当下的中国,正全面寻求以创新驱动发展。在全面的创新中,开放的创新无疑具有广泛而深刻的意义。开放的创新是国家整体进入新的发展阶段的需要,是对外开放战略面向新目标的需要,是中国应对经济全球化新挑战的需要。中国需要培育参与全球化的新优势,构建国际合作的新平台,开辟经济增长与发展的新空间,即打造对外开放的"升级版"。这就是所谓的"新开放"。

在未来5—10年中,需要推进新开放,其核心是构建以开放促改革、以改革迎挑战的内外联动机制,构建东南部创体制、中西部上层次的东西并进格局。

一、以完成中美双边投资协定谈判和参加跨太平洋战略伙伴　关系合作为动力构建开放倒逼改革的新机制

近年来,经济全球化出现了一个新动向:区域经济一体化与双边投资协定谈判成为重要现象。这一趋势将大大提高对各国开放与市场准入的要求,并因其在内容上更多涉及各国国内体制和政府职能而成为对改革的压力。对中国来说,特别相关的则是中美双边投资协定(BIT)与跨太平洋战略伙伴关系(TPP)。有效应对这两个谈判将构建以开放促改革的内外联动机制。

在经济全球化的最新发展态势中,国际投资自由化与国际贸易自由化并行发展、相互促进,在世界贸易组织多哈回合受阻、多边贸易体制受挫的情况下,双边投资协定谈判与自由贸易区谈判成为各国推进国家间经贸与投资合作的重要选择。

对中国而言,推进中美双边投资协定谈判具有推进开放与改革的双重意义。就对外开放而言,这将有利于提高利用外资的水平,拓展对外投资的空间。现代服务业扩大开放利用外资是中国发展新阶段的需要,也是美国等发达国家对中国的要求。这一领域扩大开放也是中国与发达国家实现相互开放、互利共赢的机遇,中国有条件要求美国等发达国家对我平等互利,公平对待我对外投资扩大,并尽早承认我市场经济地位。

就国内改革而言,推进 BIT 谈判有利于推动国内改革。经济制度应与经济发

展阶段相适应,但是诸如目前普遍存在的审批制以及政府职能上的多方面问题,已经远不适应中国经济发展的需要。国内经济的发展需要进一步的制度改革,释放新的制度红利,而以中美双边投资协定和跨太平洋战略伙伴关系为代表的经济全球化新趋势新要求正与国内改革需要相一致。完成中美双边投资协定谈判能够有效地形成开放倒逼改革的新机制。

中国要发挥社会主义市场经济的体制优势,在开放中赢得竞争。在大部分主题上双边投资协定和区域一体化与中国开放型市场经济体制建设的方向是一致的,在充分利用以开放促改革的同时,只要我们坚持发挥社会主义市场经济的体制优势,就能够在开放型的竞争中赢得主动。中国的市场经济有其特殊性。以公有制为主体,多种所有制经济共同发展是中国社会主义初级阶段的基本经济制度,这一点必须坚持。市场能够有效地配置资源,但是也要看到政府对经济的积极作用,要正确看待市场与政府的作用,区分政府主导和政府干预之间的差异。国有企业是中国经济的一个重要特征,具有重要的作用。在中美双边谈判中,我们要坚持原则,并要求美方承认中国经济的完全市场经济地位。

二、以探索沿海自由贸易试验区建设为
平台形成开放型经济新体制

在成为世界第二大经济体以后,中国的发展进入了一个新的历史阶段,以改革开放推动发展也进入了一个新的阶段。尤其是改革进入攻坚期再次提出了"以开放促改革"的课题。沿海地区的开放不仅有着对外开放转型升级的意义,而且承担着开放型市场经济体制建设改革、探索、试验的责任。

在新的阶段上,开放升级的内涵包括开放型经济的体制建设。开放战略升级的本质是从政策性开放上升到体制性开放。1979年搞经济特区是政策性开放起步的标志,政策的特殊性是特区的核心。在这以后沿海地区的发展中,各种意义上的特殊政策成为发展的主要动力和基本特色。以特殊政策推进开放在前30多年对外开放中发挥了基础性作用,也对旧体制的瓦解具有重大意义。但是,随着整个经济走上开放道路,政策差异日益缩小,继续以特殊政策推进开放作用有限,对外资的超国民待遇在一定程度上对民营资本不利,地方政府间的政策竞争降低了开

放的整体效益。特别是特殊政策存在着较大的不规范性、不透明性、不确定性,不符合国际规则与市场准入的要求。提高开放水平对政府职能与政策规范透明的制度安排的要求日益明显。与此同时,金融货币市场与服务业的低开放度都制约了完整意义上市场经济体系的形成。因此,要把体制性开放作为实施新开放的基本要求。所谓体制性开放,就是按照国际规范建立市场经济体制以及相应的政府管理体制。既要坚持发挥中国特色社会主义市场经济的优势和特点,发挥各级政府在经济发展中的积极导向作用,发挥多种经济成分在经济运行中的互补作用,又要把建设高效、透明、服务型政府放在首位,充分发挥开放型市场在全球资源配置中的作用,消除商品和资本在跨境流动中的各种障碍,从体制机制上确保中国经济与世界经济更紧密地融合在一起。

正是从体制性开放的意义上,可以更深刻地表明沿海自由贸易试验区建设的目的在于体制探索。沿海地区自贸区建设是新开放的标志,是对外开放的升级版,是整个国家从政策性开放走上体制性开放的试验田。要从开放型经济体制建设上明确自由贸易区的功能定位,以使自由贸易区试验真正产生全局性的意义。为此,对自由贸易区应明确以下要求:

第一,体制机制的可复制性。要明确自由贸易区是体制机制探索的试验田,而不是特殊政策的飞地。因此,更优惠的税收、关税、政府补贴或土地价格不应作为自由贸易区发展的主要政策手段,因为全局性的政府减少收入不具有可行性。可复制性的关键在于自由贸易区的各项制度安排具有逐步推广的意义和可能。因此,自由贸易区的重点要放在国家未完成的各项改革的探索上,以发现新的改革的可行方案。自由贸易区的思路在于"以开放促改革"。一方面通过更高水平更宽领域的对外开放发现各项改革的必要性,构造改革的动力,减少改革可能带来的冲击。另一方面发现改革的方向与重点,通过参照国际规范与惯例形成各项改革的有效举措。通过试验到复制推进全国改革是新开放的顶层设计,因而"可复制性"必然是对自由贸易区的第一要求。

第二,自由贸易区的功能是对尚未开放的领域和尚未完成的改革进行试验。从外资外贸的规模上讲,中国的开放度已经不低,但是从产业上讲,中国尚有一批领域没有开放。发达国家要求中国开放,特别是金融与现代服务业,而这些又正是中国形成完整的市场运行体系和提升产业结构的方向。要通过自由贸易区对这些领域进行先行先试的开放检验的方式,发现外部冲击,制定有效的防范措施。在金融领域,利率市场化、资本市场开放与人民币国际化等都是国家开放型市场经济体系建设的必要组成部分。要通过自由贸易区的操作性试验发现其中的难点与问题,为国家全面推进这些市场化重大举措提供依据。因此,新开放也是更高水平的市场化与更深度的改革。

第三,探索政府职能转变的路径。进一步转变政府职能,建设服务型政府是深化改革的一大主题,新开放就在于利用国际规范与外部动力推进这一改革。变审批制为备案制,并在此基础上构建更高效的监管体系与服务体系,是市场开放国民待遇和透明度的要求,也正是中国政府职能改革的要求。根据国际投资制度安排新趋势,随着国际社会的进步和对跨国公司约束要求的增强,东道国政府要防止跨国公司环境倾销,损害劳动者权益等;要监督跨国公司履行社会责任,关注公共利益,有效推动相关产业进步和人才成长,在开放中实现可持续发展和包容性增长。新开放就在于探索各级政府如何在坚持开放中有效形成这些职能,提高开放水平。

由此可见,科学推进自由贸易区试验,有利于建设开放型的经济体系。由于自由贸易区并非传统意义上的境内关外保税区,不是封闭的,而是试验性的,因而运行模式在一定时期内相对隔离,而在有效掌控下逐步扩散将是其重要特征。科学有效地把握自由贸易区对相邻地区的带动作用,及时发挥自由贸易区体制的模式传递作用,应作为自由贸易区建设的指导方针。从试验到推广既是国际社会的期待,也是中国自身改革的需要。

以沿海自由贸易区为抓手推进新开放,将带来整个沿海地区开放的升级和改革的深化,为全国改革开放创造新局面。

三、以形成沿海、内陆、沿边各具特色的
联动发展为目标,创造全面开放新格局

在 30 多年后的今天,当国家已经摆脱了贫困,面向全面小康和中等发展目标迈进阶段到来之时,我们又必须看到国家各地区之间发展的巨大差距。

在实现沿海、内陆与沿边均衡发展的国家战略上,对外开放战略的总体部署应当考虑以下原则:

第一,开放是基本国策,但各地区的开放却不能采用同一模式。内陆和沿边地区都不能简单重复东部开放的道路。中国开放的基本经验和东部模式的核心是以政策激励促进外资流入以及出口导向型模式,这不应当直接作为内陆或沿边地区的模板。国家整体致力于地区间均衡发展之时,也正是中国沿海出口高速增长面临调整转型之际。与沿海当年的出口导向型相比,内陆地区要实现内需主导型战略,以巨大的内需潜力拉动发展,而这正是引进外资新的动力。在国家整体上已经取得贸易巨额顺差的发展条件下,内陆地区获得了以进口实现产业结构升级和自主创新的新的机遇,即以进口关键装备、零部件实现自主投资与创新条件下的产业发展,从而形成与东部出口导向完全不同的进口促进发展模式。与此不同,沿边地区则既不可能是外资拉动型的,也不可能是出口导向或进口推动型的,而应当以与相邻国家的双边或诸边合作为特点,其具体模式因地而异。

第二,国家对外开放的整体水平要提升,目标要升级,由此决定了各地区开放战略的目标定位。从国际上看,经济全球化新形势对中国发展提出了挑战,中国对外开放必须实现战略升级才能有效应对,其中沿海、内陆和沿边地区以及各战略经济区域都需要实现升级,才能形成各地区协同升级,各战略经济区差异化发展的对外开放新格局。对外开放的目标既取决于国家长期发展目标,又要从地区特点和发展阶段出发确定相应目标。沿海、内陆和沿边各地区都要从各自的发展阶段出发确定不同的开放目标。现代服务业实现在开放条件下的发展是沿海地区未来开放的主题,在产业结构升级中面向外部市场也仍然是沿海地区的特点。内陆地区幅员辽阔,差别巨大,以成渝地区为代表的工业化高速发展地区有条件在现代制造业上实现全面进步,需要围绕现代制造业实现开放式发展,并形成一批战略性新兴产业,实现中国在新兴产业上国际分工地位的提升。内陆其他地区则更多需要致力于资源产业和农业的现代化。沿边地区有的要开辟资源与能源通道,有的要以双边诸边经济合作推进稳定周边环境的建设,从而启动各具特色的发展。

第三,各地区开放格局要形成一个新的协同与互动关系。国家发展是一个大局,各地战略与开放模式上需要形成协同与互动关系。前30年开放中内陆地区劳动力流向沿海曾经是沿海地区形成廉价劳动力加工出口优势的重要原因,也提高了内陆地区劳动者的收入,推动了脱贫事业。随着劳动力结构与数量的变化以及内陆发展机遇的扩大,这种协同与互动关系已开始发生变化。一方面,沿海出口加工型产业特别是轻型低运输成本类产品向内陆转移既可以为内陆地区开放创造条件，又可以为沿海地区腾出空间实现结构进步。沿海地区现代服务业既要走开放型发展模式，又应当充分利用内陆巨大市场，形成沿海服务与内陆制造的协同发展，相互支撑。在沿海提升开放水平的同时，内陆体现开放型竞争的实力。沿海和内陆地区又能为沿边地区的对外合作提供强大的经济技术支撑，从基础设施建设，资金供给，产业配套和人才流动等各个方面增强沿边对外合作的水平。从总体上讲，优化国家的区域开放格局要形成三个战略的协同：一是深化改革，使沿海参与国际合作与竞争；二是扩大内需，将外资引向内陆地区；三是创新模式，以多样化构建沿边对外合作。

第四，衡量开放推进的指标需要历史性地改进。在中国经济从封闭走向开放中，沿海地区以外资外贸规模作为开放度指标是完全正确的，但是今天国家已经基本建成了一个开放型经济体系，国家发展新阶段上的主要任务也不同，内陆地区应探索以新的指标来鉴定开放水平。在新阶段上，沿海地区开放要以现代服务业外资引进为重点，同时关注现代制造业外资对中国经济贡献方面的各种国民经济效益指标。沿海中心城市还要关注离岸贸易、离岸金融的发展进程和人民币国际化等的实施进程，以此提升国家的整体竞争力。在沿海地区建立跨国公司总部，推进中国走出去进程和主动构建国际分工能力，获得中国高级稀缺要素，应成为沿海大城市的战略重点。在一个时期内，内陆地区仍然需要以外资与外贸来体现开放度的提升，但在制造业出口上要更多注重现代高端产业和附加价值高的产业，在贸易方式上要体现在一般贸易发展相对更高的速度，加工贸易国内价值链的延长和增加值的提升。进口既是中国市场优势的体现，也是内陆地区在开放中发展的路径之一，内陆以进口而不是单纯以出口体现开放，是与以往东部沿海地区开放的一个重要区别。沿边地区与周边国家的合作要注重具体合作项目的数量和规模，而不是外资外贸，以此来体现其经济与政治辐射的影响。

第五，对外开放战略是整个国家经济社会发展与国际总战略中的一个方面，要服务服从于国际总战略，为总战略的需要定位。区域战略的选择同样要贯彻这一原则。沿海地区的对外开放走在全国的前列，现代服务业和金融业的开放要成为与发达国家之间利益交换的一个重要举措，事实上这也是中国自身结构进步和开放领域扩大的需要。更重要的是，经济全球化的深化发展已经向国内体制改革提出了更高的要求,更公平合理的竞争环境,更高效透明的政府行为,更安全规范的法律制度,是全球化对中国的新要求,也是改革的新课题。以开放促改革是国家战略,需要在沿海先开放地区先行先试。制度优化将成为沿海地区开放战略的最大主题,这将对国家国际地位的提升和国际战略的推进起到非常重要的作用。内陆地区的市场战略同样是国家大战略的一个组成部分。在沿海地区体现水平的同时,内陆地区要体现规模与实力,沿边地区要体现策略与多样化,共同构建中国开放的整体部署。大西南是中国沿边地区开放的一个重点,其与东盟地区的合作既将改变东南沿海地区的开放格局,深化中国东盟合作这一国家战略,又将对内陆地区产生积极影响。

张幼文　徐明棋

2013 年 9 月

目 录

第一章
导　　论

进入新世纪以来,新兴经济体对外直接投资获得迅猛发展,提升了新兴经济体在国际投资格局中的地位,新兴经济体对外直接投资成为理论界关注的热点之一。本章首先介绍本研究的实践与理论背景,在此基础上提出拟研究的问题。在对本书涉及的基本概念进行界定后,对主要研究内容和结构安排作简要介绍,说明所采用的研究方法和技术路线,最后对所预期的创新点进行展望。

第一节
研究背景及问题提出

一、实　践　背　景

新兴经济体已成为世界经济中的重要力量。得益于经济全球化的驱动、自身市场化改革导向下的政策调整等有利的内外部条件,进入 21 世纪以来,以"金砖四国"(BRICs)、"展望五国"(Vista-5)、"新钻 11 国(Next-11)"等为代表的新兴经济体经济快速增长,其崛起成为全球经济发展的一个重要特征。2008 年以来,尽管受到国际金融危机的冲击,新兴经济体经济增长有所放缓,新兴与发展中国家对于世界经济增长的贡献率有所下降,但目前新兴经济体仍是全球经济增长的重要力量之一。与此同时,世界经济格局悄然发生变化。一是按购买力平价法计算的发展中国家经济总量首超发达国家。IMF 最新估计,按购买力平价法计算,2013 年新兴与发展中经济体 GDP 占全球的 50.4%(汇率法为 39.4%),历史上首次超过发达国家,预计 2018 年将提高到 53.9%。伴随着经济的快速增长,新兴经济体对外直接投资(ODI, outward direct investment)也获得巨大发展。从流量水平来看,以二十国集团(G20)成员中的中国、巴西、俄罗斯、印度、南非、墨西哥、印尼、沙特阿拉伯、韩国、阿根廷和土耳其等11国为例,根据联合国贸发会议(UNCTAD)《世界投资报告2015》提供的数据,2014年这11国ODI总额为2 404.0亿美元,占全球ODI总额的17.8%,相当于发达经济体ODI总额的29.2%,占新兴与发展中经济体(含以上11大新兴经济体)ODI总额的40.5%,而1991年这11大新兴经济体ODI总额仅为37.5亿美元左右,占比依次为1.7%、1.7%和40.0%。从统计数据的对比可以看出,经过近二十年的发展,新兴经济体不仅已成为国际直接投资的重要来源国,也是新兴与发展中经济体ODI发展的主要力量。

在涌现的众多新兴经济体中,"金砖四国"无疑最具有代表性。目前"金砖四国"人口占世界总人口的42%,国内生产总值占世界总量的14.6%,贸易额占全球贸易额的12.8%①,其经济表现出的强劲活力尤为引人注目。其中,中国自改革开放以来,在近30年的时间内经济年均增长超过9%。印度自20世纪90年代以来,俄罗斯、巴西自进入21世纪以来,都根据各自国情进行了经济改革,俄、印的经济增长率近年来都在6%左右,巴西在3%至5%之间,均高于发达国家和世界平均水平。经济的高速增长促进了"金砖四国"ODI的发展。UNCTAD各年《世界投资报告》提供的数据显示,20世纪80年代中期到90年代末,"金砖四国"ODI总额占全球ODI总额的年平均比重仅为1%左右,而进入21世纪以来,这一比例则上升至4%左右,2014年"金砖四国"ODI总额达1 787.5亿美元,占全球ODI总额的比重更是上升至13.2%。国际舆论普遍认为,在"金砖四国"中,经济发展最突出的是中国,中国ODI的发展也引人瞩目。《2014年度中国对外直接投资统计公报》显示,2014年,尽管全球外国直接投资流量有所下降,但中国对外直接投资流量创下1 231.1亿美元的历史新高,同比增长14.2%,连续两年位列全球三大对外投资国。2014年末,中国对外直接投资存量达8 826亿美元,全球排名由第11升至第8位,相当于美国的14.0%、英国的55.7%、德国的55.7%、法国的69%、日本的74.0%,与上年相比,占美国的比例稳步提升,占英国、德国、法国和日本四个国家的比例大幅度提升,显示了自此次全球经济危机后,中国在国际直接投资中的地位不仅没有

---

① http://news.xinhuanet.com/world/2009-06/17/content_11553224.htm.

下降,反而进一步提升。截至 2014 年底,中国 1.85 万家境内投资者在国(境)外设立 2.97 万家对外直接投资企业,分布在全球 186 个国家(地区),年末境外企业资产总额 3.1 万亿美元。中国对外直接投资对东道国贡献突出。2014 年,中国非金融类境外企业实现销售收入 15 692 亿美元,较上年增长 14.5%;2014 年中国境外企业(含金融类)向投资所在国缴纳的各种税金总额达 191.5 亿美元,同比增长 67%,2013 年年末境外企业员工总数达 185.5 万人,其中直接雇用外方员工 83.3 万人,对外直接投资已成为中国经济融入全球经济的重要途径。

在新兴经济体 ODI 规模扩张引发全球关注的同时,新兴经济体在 ODI 中所表现出的独特性更加引人瞩目。与传统 ODI,即拥有一定所有权优势的企业通过跨国界的资产运用所进行的 ODI 不同,不少缺少所有权优势(即所有权劣势)的新兴经济体企业仍然通过 ODI 进行国际化扩张,有些甚至在发达国家进行大规模的跨国并购,Moon & Roehl(2001)称之为非传统 ODI(unconventional ODI),并总结了这两类 ODI 的特征,如表 1.1 所示。从该表可以看出,新兴经济体 ODI 中所表现出的独特性似乎颠覆了一国 ODI 发展的正常轨迹。

表 1.1 传统 ODI 与非传统 ODI 的特征

类　　别	传统 ODI(所有权优势)	非传统 ODI(所有权劣势)
市场寻求型(factor-seeking)	传统优势(技术、资本等)	小规模国内市场
要素寻求型(factor-seeking)	传统优势(技术、资本等)	缺乏关键技术或资源
寡占反应(oligopolistic reaction)	领导者 传统优势(技术、资本等)	追随者 竞争威胁
分散风险(risk diversification)	财务原因 资本剩余	政治原因 政治不稳定
来源国效应(country of origin)	良好的国家形象	较差的国家形象

• 资料来源:Moon & Roehl(2001)。

新兴经济体 ODI 的发展催生了全球竞争的新力量:新兴跨国公司(Emerging MNCs)。所谓新兴跨国公司指来自新兴经济体、进行对外直接、在一个或多个国家从事价值增值活动并对跨国界经营活动进行有效控制的国际化企业(Luo & Tung, 2007)。新兴跨国公司已成为全球竞争的重要参与者。2013 年《财富》世界 500 强中"金砖四国"总共有 118 家跨国公司上榜,其中中国(含香港和台湾地区)有 95 家企业入选,上榜公司数量已经超过了日本,仅次于美国的 132 家,比日本多

33 家,名列全球第二,中国首次超过日本,成为除美国以外上榜公司数量最多的国家。2015 年《财富》世界 500 强中,仅中国上榜企业数就高达 103 家,美国上榜企业 128 家,中美两国上榜公司的数量差距正在进一步缩小。我国 ODI 的发展孕育了中国跨国公司,而这些跨国公司又成为中国 ODI 发展的主力军。根据商务部公布的《2014 年度中国对外直接投资统计公报》显示,2014 年末中国非金融类跨国公司 100 强多为大型国有企业。特别是近年来,这些来自中国的跨国公司在资源开采、传统制造业、服务业和信息技术产业的跨国并购活动引起了普遍的关注。

总体来看,尽管新兴经济体的跨国公司在来源国、所选择的产业、竞争优势、目标市场和国际化路径等方面表现出较高的异质性,但整体上那些比较成功的新兴经济体跨国公司仍具有一些典型特征:

(1) ODI 区位范围广泛,并不断向产业链高端延伸。新兴经济体跨国公司对外投资的区位范围比较广泛,既包括发展中国家也包括发达国家,同时其跨国化经营活动也不断向先进产业和更高价值增值活动领域拓展,如中国的联想、海尔、腾讯,印度的 Tata、Mittal Steel 等就是其典型代表。

(2) 积极进行跨国并购。波士顿咨询公司 2006 年列出了新兴经济体国家来自工业产品、耐用消费品和电讯、制药、信息技术等领域前 100 位公司,这些公司不仅通过出口方式进行国际化经营,而且通过并购方式在内的 ODI 积极推进跨国化发展,在 1985—2005 年间,这 100 家企业中有 57% 的企业的并购活动是在发达国家进行的[①]。《2014 年度中国对外直接投资统计公报》显示,2014 年中国企业中国企业共实施对外投资并购项目 595 起,实际交易总额 569 亿美元,其中直接投资 324.8 亿美元,占当年中国对外直接投资总额的 26.4%,并购涉及采矿业、制造业、房地产、租赁和商务服务业、信息传输、软件和信息技术服务业、批发和零售业等 16 个行业大类。

(3) 在发达国家的直接投资呈现出明显的资产寻求动因。不少新兴经济体跨国公司进入发达国家时更多是由发展所有权优势的资产寻求动因(asset-seeking motives)所驱动(Liu、Buck & Shu, 2005),这一实践表明所有权优势并非新兴经济体跨国公司形成的先决条件,而有可能是其形成后进行 ODI 所要实现的战略

---

① BCG Report. The New Global Challengers: How 100 Top Companies from Rapidly Developing Economies are Changing the World. Boston Consulting Group Research, 2006.

目标。

(4) 政府在企业对外投资中扮演重要角色。如 Wang(2002)认为,中国企业 ODI 是中国政府经济发展战略的重要部分,政府对国家 ODI 结构的形成发挥关键作用。

从现实背景来看,无论是新兴经济体 ODI 总体的发展,还是新兴经济体跨国公司的涌现,都表现出一些不同于发达国家与传统第三世界国家 ODI 发展和跨国公司的特征。因此,有必要对新兴经济体 ODI 进行系统的研究,并结合一些典型国家的实证研究,从中发现新兴经济体 ODI 的一般规律和独特性,以便更好地为实践提供理论指导。

二、理 论 背 景

理论来自实践,新兴经济体 ODI 的发展推动了新兴经济体 ODI 研究的进展,特别是近年来,随着新兴跨国公司的涌现,对新兴经济体 ODI 的研究已成为国际经济、国际商务、战略管理等领域的前沿问题,而作为最大的新兴经济体,中国 ODI 也成为学界关注的热点。

目前新兴经济体 ODI 研究主要有两大思路。第一种研究思路是利用主流国际直接投资(foreign direct investment, FDI)理论及其拓展解释新兴经济体 ODI,试图将新兴经济体 ODI 实践纳入到传统分析框架中,其目的是说明新兴经济体在 ODI 方面与发达国家之间的差异并没有大到需要新理论来解释,从而证实主流 FDI 理论的普遍适用性。持这种思路的学者主要是 Dunnning(2006)和 Narula(2006)等。当然,这些学者也注意到了新兴经济体 ODI 的独特性,因此对主流 FDI 理论进行了拓展。考虑到经济全球化背景下联盟资本主义(alliance capitalism)的出现和技术的进步,Dunning(1995)将所有权优势的范围扩展至通过与其他组织建立合作关系并在内部产生的能力和竞争力,从而扩大了国际生产折衷理论(OLI 理论)的解释范围,而制度因素对新兴经济体 ODI 的重要影响促使 Dunning 等人在最近的研究中尝试将制度视角融入折衷范式中(Dunning & Lundan, 2008)。但总体上看,无论是坚持主流 FDI 理论的解释力,还是针对 ODI 发展的新趋势对主流 FDI 理论进行拓展,持第一种研究思路的学者们倾向于认为新兴经济体企业在一定的市场制度环境中已经开发出某些竞争优势,并且它们可以将这些优势直接扩展至国际市场。这实际上仍然沿袭了主流 FDI 理论的研究思路:企业必须拥有特定的竞争优势才能进行 FDI,只不过竞争优势的来源和表现可能有所不同。

第二种研究思路认识到了主流 FDI 理论的适用范围及其局限性,强调了新兴经济体 ODI 的独特性,如在缺少所有权优势情况下积极在发达国家进行资产寻求型 ODI 等,认为有必要超越主流理论来解释新兴经济体 ODI,代表学者主要是 Mathews(2006)等。这方面的研究主要沿两个思路展开:一是针对新兴跨国公司进行 FDI 理论创新,二是将其他理论视角引入对新兴经济体 ODI 的研究。主流理论的局限性与深入研究新兴经济体 ODI 的必要性促进了理论创新,Mathews(2006)通过对来自亚太地区的新兴跨国公司的特征和演化轨迹的分析,提出了 LLL 分析框架,该理论认为,作为迟来者的新兴经济体跨国公司通过外部资源联系(linkage)、杠杆效应(leverage)和学习(learning)进行 ODI 从而获得新的竞争优势。在引入新的理论视角方面,制度视角的引入及其分析无疑最具说服力。相关文献强调,除面临持续的经济自由化和制度转型外(Peng, 2003),新兴经济体企业还面临各种制度限制(Makino、Lau & Yeh, 2002),而制度在主流 FDI 理论中却未得到重视,因此对新兴经济体 ODI 的研究应考虑到新兴经济体的制度背景,制度视角的引入加深了我们对制度环境对新兴经济体 ODI 的竞争优势和动因的理解。理论创新和研究视角的拓展,对深入研究面临全球化竞争的压力,同时受全球化的发展机遇的鼓舞,在国内制度转型背景下积极通过 ODI 进行全球扩张的新兴经济体企业来说,十分必要。

随着以上两种思路的"交锋",也有学者提出了将主流 FDI 理论和新兴经济体 ODI 理论进行融合,从而形成解释所有类型 ODI 的通用理论的观点。Moon & Roehl(2001)基于企业成长理论提出了 FDI 的非平衡理论,该理论的基本观点是:跨国公司同时拥有所有权优势和所有权劣势,正是所有权优势和劣势的不平衡促使其进行 FDI,换言之,企业进行 FDI 可以由所有权优势驱动,也会由所有权劣势所驱动,其核心思想是强调在分析企业 ODI 的动因时要同时观察其所有权优势和所有权劣势,并且要考察这两者之间的不平衡。Li(2007)认为,OLI 理论和 LLL 模型独立开都不能解释跨国公司的形成,在研究中既需要 LLL 模型对外部要素的重视,也需要 OLI 理论对内部要素的重视,只有这样才能完整的解释跨国公司的进化。这些探索性研究具有理论前瞻性,但目前这方面的研究仍处于起步阶段。

总体来看,对新兴经济体 ODI 的研究还处于发展之中,学界目前对新兴经济体 ODI 的理论适用性、未来发展方向等重大问题还未达成共识,因此有必要通过对典型国家的实证研究来推动新兴经济体 ODI 研究的发展。

作为最大的新兴经济体,同时也作为全球经济中重要的新兴力量,国内外学者对中国 ODI 给予了广泛的关注,主要研究思路与当前对新兴经济体 ODI 研究思路基本一致,即坚持主流理论、引入新视角和进行理论创新。一部分研究主要从主流 FDI 理论及其拓展出发,分析中国企业所有权优势的来源,这类研究重点关注中国独特的制度环境和文化传统对企业所有权优势的影响,如 Peng(2002)和 Meyer & Nguyen(2005)认为,有关战略的制度分析和制度理论有助于理解中国 ODI 的独特性;Buckley(2004)认为,新兴经济体企业(包括中国企业)可以将国内资本市场不完善转化为所有权优势;Erdener & Shapiro(2005)在利用扩展的 OLI 理论解释中国家族企业的国际化活动时认为,中国家族企业的所有权优势通常不是基于技术和专有知识上的,而是基于关系契约的,这使得中国家族企业能比竞争对手更快地捕捉到商业机会;Deng(2009)认为,中国 ODI 是与中国长期发展战略相匹配的,中国政府在企业海外产业投资中起到重要驱动作用,中国跨国公司通过并购获得战略资产是中国独特的制度环境的必然逻辑。另外有些研究则针对中国作为发展中国家到发达国家进行 ODI 的现状进行理论创新,这方面国内学者取得了不少研究成果。代表性的研究有:吴彬与黄韬(1997)提出的 ODI 的二阶段理论、冼国明和杨锐(1998)提出学习型 FDI(即发展中国家对发达国家的逆向投资)、冯雁秋(2000)提出的中国 ODI 的五阶段周期理论、孙建中(2000)提出的综合优势理论等。这些研究围绕中国 ODI 的必要性和可能性等基本问题,在探讨适合对中国 ODI 的理论方面做了开创性研究。近年来,对中国 ODI 的理论创新研究较少,取而代之的是大量的实证研究,如对中国 ODI 的动因(黄静波、张安民,2009)、决定因素(项本武,2005;苗宏达、王锦慧,2012)、效应(王英和刘思峰,2008;朱彤、崔昊,2012)等方面的实证分析,这说明在经过理论探讨阶段后,学界开始注重对中国 ODI 进行定量研究。

综合来看,在深入整理、阅读与分析文献的基础上,笔者发现尽管目前国内外理论界对中国 ODI 给予了较多的关注,但这些研究大多忽视了中国作为一个快速发展的新兴经济体这一研究背景,而且研究大多停留在宏观层面的现状描述上,定性分析多于定量分析,静态分析多于动态分析,因此,笔者认为,若从新兴经济体ODI理论发展的角度对中国这个最大的新兴经济体的ODI进行深入研究,据此来检验主流FDI理论还是新兴经济体ODI理论对中国ODI实践的解释力,并探讨中国ODI实践对新兴经济体ODI理论发展的启示,将具有重要理论意义。正是从这一理论背景出发,笔者最终确定结合中国ODI的分析,系统研究新兴经济体ODI的动因、决定因素及母国效应,目的是尝试推进新兴经济体ODI相关研究。

三、问题提出

从实践背景来看,新兴经济体ODI以及新兴跨国公司都表现出一定的独特性,这客观上要求理论研究的深入;从理论背景来看,目前学界新兴经济体ODI的理论适用性、是否存在通用的ODI理论以及新兴经济体ODI理论发展的趋势还存在争议,这削弱了理论的实践指导意义,当然也凸显了进一步研究的必要性。因此,在全面梳理各种FDI理论和相关文献的基础上,笔者结合中国这个最大的新兴经济体的ODI实践,拟对新兴经济体ODI的发展阶段、动因、决定因素和母国效应进行系统研究,以期起到推动新兴经济体ODI研究发展的作用。

第二节
基本概念界定

本书主要涉及两个基本概念:新兴经济体和对外直接投资,本部分将对这两个基本概念进行界定。

一、新兴经济体的概念及特征

20世纪90年代以来,伴随着经济全球化的发展,拉美、亚洲等一些发展中国家及其他国家在面临全球化所带来的挑战的同时,通过开放本国市场、完善国内市场制度等措施,主动参与全球化,积极与国际经济接轨,抓住了经济全球化所带来的发展机遇,其经济获得快速增长,这些发展中国家被称为新兴经济体(emerging economies)。与发达经济体相比,新兴经济体主要有如下特征,如表 1.2 所示。

表 1.2 发达国家与新兴经济体的比较

维　　度	发达国家	新　兴　经　济　体
经济发展水平	高	低/中
经济状态	发达的/稳定的	转型的/不稳定的(经济/政治改革)
宏观经济架构	发达的/稳定的	欠发达(正在创造中)
市场制度	发达的	欠发达(正在建立中)
市场状况	稳定的	相对不稳定
市场基础设施	发达的	欠发达(正在建立中)
政府参与程度	不　高	相对较高
对市场经济的文化抵制	低	较　高
增长率	低	高
增长潜力	小(成熟市场)	大(欠发达市场)

• 资料来源:Sunje & Civi(2008)。

新兴经济体的大量崛起引起了包括相关国家政府部门、国际组织、国际投行、知名杂志和学界的关注。追溯起来,新兴经济体的概念最早是由世界银行的 Antoine Van Agtmael 在 1981 年提出的,指从欠发达国家中涌现出的、经济增长速度较快、并经历改革过程的国家和地区。当时,这类国家人口大约占世界总人口的 80%,而经济总量只占世界经济总量的 20%,但 2005 年,仅"金砖四国"GDP(按购买力平价计算)对世界经济增长的贡献率已超过 50%。目前关于新兴经济体的定义和范围界定较多,代表性定义如表 1.3 所示。从表 1.3 可以看出,关于新兴经济体,目前还没有公认的定义,各种定义的侧重点有所不同,范围界定也存在一定差异,但总体来看,目前对新兴经济体的定义主要关注其经济增长和市场化进程。综合上述观点,笔者认为:新兴经济体指经济快速增长,市场经济体制逐步走向完善,并且经济具有一定开放性的国家和地区。一般来说,新兴经济体是由一些重要的发展中国家(地区)和部分转轨国家等组成,其一般特点是:市场经济体制将逐步走向完善,经济发展速度较快,市场发展潜力大,是世界经济的主要增长点。在具体范围上,有些研究,如 Euromonitor(1992)和 Hoskisson et al.(2000)等,所涵盖的范围较广泛,但代表性弱,"金砖四国"具有较强代表性,但范围较小,一般认为二十国集团(G20)成员中的巴西、俄罗斯、印度、中国、南非、墨西哥、印尼、沙特阿拉伯、韩国、阿根廷和土耳其等11国是新兴经济体的代表,在具体理论研究中,有必要根据具体的研究主题来界定具体范围。

表 1.3　新兴经济体的概念与范围

出　处	定　义	具 体 范 围
Euromonitor(1992)	3 类 8 项标准:静态定量指标(市场规模、购买力、人口规模);动态定量指标(GDP 预期增长率);定性指标(经济政策特征、政治风险、外部因素和威胁)	包括来自中欧、南欧、环太平洋、中亚、非洲和中东 6 个地区的 69 个国家
美国商务部(1996)	对美国企业而言最具出口潜力、并对美国经济增长非常重要的海外市场	主要包括中国(含港澳台地区)、印度、东盟、韩国、墨西哥、巴西、阿根廷、南非、波兰和土耳其 10 个国家与地区
The Economist (1997)	经济标准与金融标准,其中经济标准包括GDP、产业生产、消费价格、贸易收支、经常账户、外汇储备,金融标准包括汇率水平(以美元和英镑计)、短期利率、股票市场	25 个国家,包括中国(含香港和台湾地区)、印度、印度尼西亚、马来西亚、菲律宾、新加坡、韩国、泰国、阿根廷、巴西、智利、墨西哥、委内瑞拉、南非、土耳其、捷克、匈牙利、波兰、俄罗斯
Arnold & Quelch (1998)	经济发展的绝对水平、经济发展的相对速度、自由市场经济体系与经济自由化改革(包括转型经济)	
国际金融公司 (IFC)(1999)	经济快速增长的发展中国家	包括亚洲、拉丁美洲、非洲和中东的 51 个发展中国家
Hoskisson, Eden, Lau & Wright (2000)	低收入、快速增长,并将经济自由化作为其主要的增长引擎的国家	国际金融公司(IFC)列出的 51 个国家,再加上 1998 年欧洲复兴开发银行(EBRD)所列出的 13 个转型经济体(transition economies)共计 64 个国家
美国高盛(2003)	根据劳动力成长、资本存量与技术成长三项指标推估出 GDP 增长率	金砖四国(BRICs):中国、印度、巴西、俄罗斯
Mody(2004)	新兴经济体的本质特征在于高度的易变性和转型(包括经济、社会、政治和人口各方面)特征,这一转型导致新兴经济体政策制定过程注重契约与灵活性之间的权衡	
美国高盛(2005)	根据劳动力成长、资本存量与技术成长三项指标推估出 GDP 增长率	新钻 11 国(Next-11):指经济发展潜力仅次于"金砖四国"的 11 个新兴市场,包括墨西哥、印度尼西亚、尼日利亚、韩国、越南、土耳其、菲律宾、埃及、巴基斯坦、伊朗和孟加拉国
门仓贵史(2007)[1]	丰富的自然资源、年轻劳动力呈增加的趋势、积极引进外资、政治稳定、具有购买力的中产阶级在崛起	展望五国(VISTA):指越南、印尼、南非、土耳其和阿根廷五国
Tridico(2007)	经济高速增长、经历改革、对全球经济开放国内市场	44 个国家,包括 IMF 所定义的约 42 个国家以及西班牙和爱尔兰

（续表）

出　处	定　义	具　体　范　围
博鳌亚洲论坛 （2009）	经济快速增长	G20 中的 11 个发展中国家(中国、巴西、阿根廷、墨西哥、韩国、印度尼西亚、印度、沙特阿拉伯、南非、土耳其和俄罗斯,简称为E11)
王勋和方晋(2011)	中等收入以上的发展中国家	按照联合国关于发展中国家(地区)的界定,中等收入以上的发展中国家(地区)有133 个
李政(2014)	市场经济体制国家或经济体制转轨国家;人均收入水平低于发达国家,但能够在一定时期内保持较高的经济增长率;市场经济的各项制度处于不断完善之中;处于全球国际分工体系当中的开放经济体;金融市场特别是资本市场有待着重完善	中国、印度、俄罗斯、南非等 21 国

- 注:1 门仓贵史.VISTA 五国为何能成为有潜力的国家[N].日本《经济学人》,2007-7-24.
- 资料来源:笔者整理。

　　新兴经济体与发展中国家、新兴工业化国家、转型经济国家等概念既有联系,也有一定的区别。发展中国家(developing countries)是与发达国家相对的概念,它是指经济比较落后的国家,目前还没有一个统一的、为人们所普遍接受的定义。新兴工业化国家与地区(NIEs, newly-industrialized economies)是指一些已基本完成工业化、经济结构较合理、发展水平已接近或赶上发达国家的发展中国家(地区),主要是指以韩国、新加坡、中国香港和中国台湾"四小龙"为首的东亚和东南亚部分国家和地区,以及以巴西、阿根廷和墨西哥等为代表的部分中南美洲国家和地区,其主要经济特征包括快速和持续的经济增长、出口导向为主的发展战略和日益增强的工业生产多样化(童继生、李元旭,2001),但在 20 世纪 90 年代后这一概念使用不多,原来的新兴工业经济体多被称为新兴经济体。转型经济国家或转轨国家(transition economic country; transitional economies)通常是指 27 个中欧与东欧的前社会主义国家,这些国家经历了传统的高度集中的计划经济向市场经济过渡,被作为一个群体统称[①],这些国家的特征是,形成以私有化为基础的多种经济成分的所有制结构,由计划经济向市场经济过渡。UNCTAD《世界投资报告(2006)》将世界上国家分为三类:发达国家、转型经济体和发展中国家,其中转型经济体指东南欧和独联体国家。

---

① 袁中红.转型经济国家资本项目可兑换进程比较与借鉴[J].南方金融,2001, (2).

由以上对比分析可以看出,新兴经济体多属于发展中国家,却在经济增长速度和国内经济制度建设等方面与大多数发展中国家存在明显区别,以至于可以单列出来。新兴经济体与新兴工业化国家和转型国家所包含的范围有一定的重叠,但转型经济这一概念更多的是强调一国或地区经济体制从非市场经济体制向市场经济体制的转变,而新兴经济体概念同时还强调一国或地区整体经济的增长潜力,不能完全通用。

二、对外直接投资的概念

对外直接投资,简称 ODI。国际上较常用的 ODI 的定义主要包括国际货币基金组织(IMF)的定义、经合组织(OECD)的定义和联合国贸发会议(UNCTAD)的定义。IMF 认为,ODI 是指在投资国以外的国家(地区)所经营的企业中拥有永久利益的一种投资,其目的是对该企业的经营管理具有有效的发言权[1]。OECD 对 ODI 的定义是:一个国家的居民(直接投资者)在投资国所在国之外的另一个国家进行的,旨在以获取持久利益为目的的活动。持久利益的涵义是指,直接投资者和企业之间存在一种长期的关系,并且直接投资者对企业管理有重大的影响[2]。这一概念比 IMF 的定义相比,强调了直接投资者对企业的长期关系,并放松了对企业拥有"实际发言权"的限定,只强调对管理的影响意义。根据 UNCTAD《世界投资报告(2009)》的解释[3],ODI 指一国(或地区)的居民和实体(ODI 者或投资企业)与在另一国的企业(对外投资企业、子公司或国外子公司)所建立的长期关系,反映持续利益和控制。根据这一定义,ODI 意味着投资者对国外投资企业的管理实施显著的影响,这些投资包括两个实体(母国投资企业和对外投资企业)间的初始交易,以及两个实体、国外附属机构(包括公司和非公司)之间的所有后续交易,而且,根据 UNCTAD 的定义,除企业为,ODI 的投资主体也包括个人,可见,这一定义所涉及的 ODI 的范围较为广泛。

---

[1] 国际货币基金组织(IMF).国际收支教科书[M].国际货币基金组织出版物,1995.

[2] OECD.DECD Benchmark Definition of Foreign Investment(3th Edition). Paris: Organization for Economic Cooperation and Development, 1996:7—8.

[3] UNCTAD.世界投资报告(2009)(英文版),p.243.

国内使用的定义中,根据中国商务部、国家统计局和国家外汇管理局所发布的2008年《中国对外直接投资统计公报》,ODI是指我国企业、团体等(以下简称境内投资者)在国外及港澳台地区以现金、实物、无形资产等方式投资,并以控制国(境)外企业的经营管理权为核心的经济活动,其内涵主要体现在一经济体通过投资于另一经济体而实现其持久利益的目标。相比较而言,我国ODI统计范围相对较窄,主要包括企业和团体的对外投资。

综合而言,笔者认为,ODI是一经济体投资者为取得另一经济体企业经营管理上的有效控制权而输出资本、设备、技术和管理技能等无形资产的跨国界资本流动。需要特别说明的是,在统计范围上,本书中中国ODI只涵盖中国大陆地区ODI,我国台湾、香港和澳门地区单独统计。另外,如无特别说明,有关中国ODI的统计数据均来自历年商务部、国家统计局与外汇管理局提供的《中国对外直接投资统计公报》。

第三节
本书内容与结构安排

一、本 书 内 容

本书围绕新兴经济体ODI的发展阶段、动因、决定因素和母国效应展开,目的是结合中国ODI实践,在检验主流FDI理论和新兴经济体ODI理论对中国ODI的适用性的同时,探讨新兴经济体ODI的一般性和独特性及其对新兴经济体ODI理论研究发展的启发。全书主要包括以下内容:

(1) 相关ODI理论的文献回顾。主要包括主流FDI理论(发达国家FDI理论和发展中国家FDI理论)、新兴经济体ODI理论以及中国ODI研究及其进展,为后续研究打下理论基础。

(2) 新兴经济体ODI的发展阶段。在归纳新兴经济体ODI发展阶段的主要理论观点和中国对外投资发展历程的基础上,根据邓宁的投资发展周期理论对中国ODI的发展阶段与趋势进行实证分析,从而检验相关理论对新兴经济体ODI

发展阶段的适用性,并据此进一步分析新兴经济体 ODI 发展阶段的特点。

（3）新兴经济体 ODI 动因。在对新兴经济体 ODI 的一般动因和中国 ODI 动因进行理论分析和实证调查研究基础上,归纳中国 ODI 动因的特征,依此讨论新兴经济体 ODI 动因的特点。

（4）新兴经济体 ODI 决定因素。在对新兴经济体 ODI 的主要决定因素进行理论分析基础上,基于制度视角和经济视角,对中国 ODI 的母国决定因素研究进行实证研究。目的是通过找出中国 ODI 的一般决定因素及其特征,探讨强调企业必须具备一定优势方可进行对外投资的主流 FDI 理论与强调企业缺乏所有权优势时仍可进行对外投资的新兴经济体 ODI 理论对新兴经济体 ODI 的解释力,并重点分析制度因素对新兴经济体 ODI 的影响。

（5）新兴经济体 ODI 的母国效应。在对新兴经济体 ODI 的一般效应进行理论分析基础上,结合中国"走出去"战略的主要着力点,重点对中国对外投资的资源获取效应、贸易效应(包括贸易规模效应和贸易结构效应)和逆向技术溢出效应进行理论分析和实证检验,并依此分析新兴经济体 ODI 母国效应的内涵。

（6）主要研究结论。在总结主要研究结论的基础上,通过比较分析,重点探讨主流 FDI 理论和新兴经济体 ODI 理论解释中国 ODI 的适用性,并进一步分析本研究对新兴经济体 ODI 理论研究的启示以及对中国 ODI 发展的政策启示,同时还将分析本书的不足,并对未来进一步研究的方向与发展趋势进行展望,目的是抛砖引玉,希望未来理论界对新兴经济体 ODI 这一新兴研究领域有更加深入的探讨,在完善 FDI 理论的同时,为新兴经济体 ODI 及跨国公司的发展提供实践指导。

二、结 构 安 排

结构安排方面,本书共包括七章,分别是:

第一章是导论。首先介绍本研究的实践与理论背景,在此基础上提出拟研究的问题。在对本书涉及的基本概念进行界定后,对主要研究内容和结构安排作简要介绍,最后说明所采用的研究方法和技术路线,并对预期创新点进行展望。

第二章是文献综述。首先对包括发达国家和发展中国家 FDI 理论在内的主流 FDI 理论进行梳理;其次对新兴经济体 ODI 理论进行文献回顾,具体包括主流

FDI 理论对新兴经济体 ODI 的理论解释、新兴经济体 ODI 研究的最新进展,并在此基础上进行评述;通过梳理国内外对中国 ODI 的研究,归纳中国 ODI 研究的主要观点和研究特点;最后,分析主流 FDI 理论解释新兴经济体 ODI 理论的不足之处,并据此分析 ODI 理论及其发展对中国 ODI 研究的启示。

第三章是新兴经济体 ODI 的发展阶段。按如下步骤展开:第一,总结新兴经济体 ODI 发展阶段的主要观点;第二,在回顾中国 ODI 发展历程的基础上,根据邓宁的投资发展周期理论对中国 ODI 的发展阶段与趋势进行实证检验;第三,结合实证检验结果探讨投资发展周期对新兴经济体 ODI 发展阶段的解释力以及新兴经济体 ODI 发展阶段的特殊性与一般性。

第四章新兴经济体 ODI 的动因。首先对 ODI 的动因进行分类;其次对新兴经济体 ODI 的动因进行理论解释和实证分析,重点依据主流 FDI 理论和新兴经济体 ODI 理论对新兴经济体 ODI 动因分别进行理论解释;再次主要从企业微观层面出发,对中国企业 ODI 的动因进行理论分析和实证研究,并分析其特征;最后进一步对新兴经济体 ODI 的动因进行讨论。

第五章新兴经济体 ODI 的决定因素。首先对新兴经济体 ODI 的主要决定因素进行分析,也着重总结了研究新兴经济体 ODI 决定因素应注意的问题。其次主要从母国特征出发,对中国对外投资的经济决定因素和制度决定因素提出理论假设,并对理论假设进行实证检验。最后根据实证检验结果进一步对新兴经济体 ODI 的决定因素进行分析。

第六章是新兴经济体 ODI 的母国效应。首先从企业微观层面和宏观经济层面对新兴经济体 ODI 的主要效应进行分析;接着结合中国"走出去"战略的主要着力点,采用理论研究和实证分析相结合的方法,重点研究中国 ODI 的资源获取效应、母国贸易效应(包括贸易规模效应和贸易结构效应)和逆向技术溢出效应;最后根据研究结论对新兴经济体 ODI 母国效应进行进一步探讨。

第七章是结论。首先在对本书的主要研究结论进行概括的基础上,提炼出理论与政策启示,同时指出本研究的不足及有待改进的地方,进一步指出未来深入研究的方向,为笔者和其他研究者在本研究的基础上继续开展相关研究提出建议。

第四节
研究方法与技术路线

一、研 究 方 法

文献资料分析。首先搜集国内外有关的 FDI 理论、跨国公司理论、新兴经济体 ODI 相关研究、中国 ODI 等方面的研究文献。然后在系统梳理与深入阅读相关文献的基础上，分析目前研究的现状，归纳出当前主要的研究成果和研究的不足，结合实践背景提出研究问题，以此作为开展各项研究的基础。

案例研究。通过企业网站上的公开资料、权威媒体报道、其他学者研究资料等方式，搜集中国 ODI 领域典型行业案例，结合相关研究主题进行案例分析。

计量分析。在中国 ODI 的发展阶段、决定因素和效应的研究中，拟采用计量分析方法，主要使用 Eviews7.2 等工具软件，综合运用多元回归分析、单位根检验、协整检验、格兰杰因果检验等多种计量分析方法，进行实证研究。

比较分析。运用比较分析法，既注重将中国 ODI 的相关研究的结论与其他典型新兴经济体的研究结论以及新兴经济体 ODI 研究的一般性结论进行横向对比分析，也注重从历史的角度动态考察不同历史发展阶段中，中国 ODI 发展的不同表现。通过采用纵向分析与横向比较相结合的方法，既研究中国作为发展中国家开展 ODI 的一般规律，也注重研究中国作为最大的新兴经济体进行 ODI 所表现出的特殊性，以期全面和深入把握新兴经济体 ODI 实践及理论研究发展趋势。

理论分析与实证研究结合。在有关中国 ODI 的动因、决定因素和效应的研究中，对每一个研究主题的研究进行理论分析的同时，也注重实证分析，通过理论分析和实证研究结合，以便更全面地把握研究对象。

二、技 术 路 线

根据相关研究内容将采用的研究方法，拟采用如下技术路线开展研究：

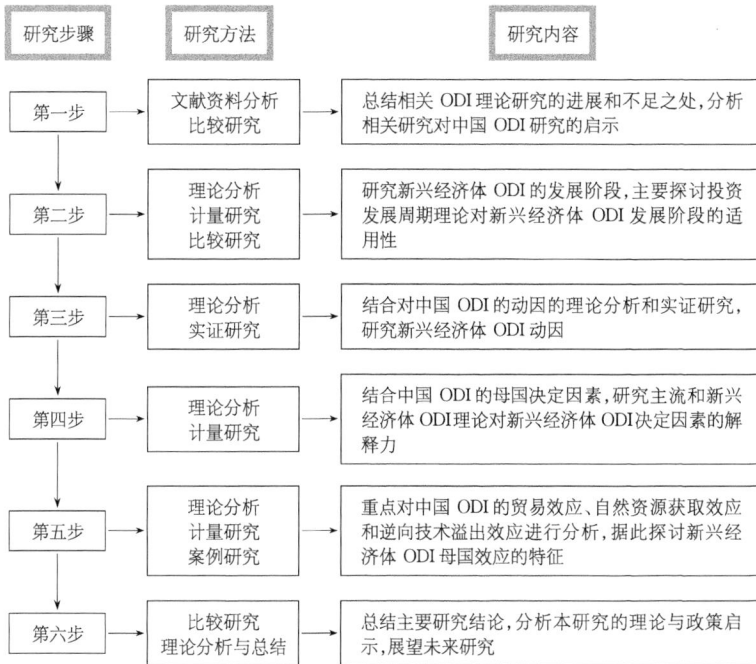

图 1.1　本书研究的技术路线

第五节
预 期 创 新 点

本书结合中国 ODI 的实践,研究新兴经济体 ODI 的发展阶段、动因、决定因素与效应,将对中国 ODI 的研究置于中国是快速发展的新兴经济体这一背景下,试图探讨在此背景下中国 ODI 的一般性规律和独特性及其对新兴经济体 ODI 研究的理论启示,研究视角具有一定的新颖性。对比国内外研究现状,本研究预期创新点主要包括:

1. 新兴经济体 ODI 理论及其特点

本文较为全面地对新兴经济体 ODI 理论及其研究进展、研究特点进行了总结,内容包括近年来针对新兴经济体 ODI 与跨国公司的理论,也包括新兴经济体 ODI 研究的新视角,并在此基础上对新兴经济体 ODI 理论和主流 FDI 理论进行了比较分析,发现了新兴经济体 ODI 研究的不足之处,探讨其对中国 ODI 研究的启示。

2. 较为全面地分析制度因素对新兴经济体 ODI 的影响

在新兴经济体 ODI 的动因、决定因素和母国效应的研究中,结合新兴经济体 ODI 研究的最新进展,将制度因素从主流 FDI 理论中的背景因素中剥离出来,将较为全面的分析包括新兴经济体国内经济制度和国际政策环境等制度因素对新兴经济体 ODI 的影响,具有一定创新性。

3. 新兴经济体 ODI 发展阶段

理论界对于新兴经济体 ODI 发展是遵循邓宁的投资发展周期理论(IDP 理论)所提出的阶段发展轨迹,还是超越 IDP 理论预期表现出跨越式发展存在较大争议。根据 IDP 理论,本文对中国对外投资发展阶段的实证研究显示,我国 ODI 的发展轨迹符合 IDP 理论假设的"J 曲线"分布,验证了该理论的有效性。从而证明,尽管全球化确实使得一些新兴经济体跨国公司提早进行 ODI 活动,但就总体情况来看,新兴经济体 ODI 仍受到本国经济发展水平的制约,部分新兴经济体跨国公司的优异表现并未改写其总体的投资发展路径。

4. 中国 ODI 的动因

新兴经济体 ODI 的动因主要包括资产寻求与资产运用动因。本研究发现,除了这两类动因外,中国 ODI 动因还包括制度套利动因。制度套利型 ODI 指我国企业为利用不同东道国和地区与国内的制度差异所进行的 ODI,这种投资既会在企业面临国内制度约束时发生,也会在企业受到东道国制度激励时产生,这一动因是我国国内市场经济制度不断完善过程的产物,在本文中也得到了理论研究和实证研究的支持,并且这一动因在目前新兴经济体 ODI 研究中并未深入分析,是本文研究的一个重要的预期创新点。

5. 中国 ODI 的决定因素

本部分将在以下三个方面进行创新性研究:

(1) 对中国 ODI 的母国决定因素进行深入研究。本文将中国 ODI 的母国决定因素划分为经济因素和制度因素，在分析经济因素时重点考察了中国区域经济发展不平衡对中国 ODI 的影响，有利于全面把握中国 ODI 的决定因素；

(2) 对中国 ODI 决定因素中的制度因素进行了较为全面的计量分析，具有一定创新性。目前对中国 ODI 决定因素的大部分实证研究多注重宏观经济因素的研究，由于制度指标难以量化，而不得不放弃制度因素的研究，或者采取研究者本人对制度指标简单赋值的方式来解决，降低了研究结论的可靠性。本文不仅从理论上对制度因素对中国 ODI 的重要性进行了分析，而且根据国内外最新制度指标进行实证研究，弥补了现有研究的不足；

(3) 注重宏微观研究的结合。将中国企业 ODI 看作是企业基于一定的内外部环境，结合自身现状所做出的理性选择，既注重考察母国政策环境的影响，也注重考察企业微观优势的影响，注重宏微观研究的结合。研究结果证明主流 FDI 理论的"优势前提论"和新兴经济体 ODI 研究的"优势创造论"对新兴经济体 ODI 均具有解释力，从而为目前理论界关于主流 FDI 理论对新兴经济体 ODI 的解释力的争论提供了参考。

6. 新兴经济体 ODI 的母国效应

新兴经济体 ODI 的母国效应是目前新兴经济体 ODI 研究较少涉及的领域，而且实证研究更少。本文对中国 ODI 的资源获取效应、贸易效应（包括贸易规模效应和贸易结构效应）和逆向技术溢出效应的实证分析弥补了这方面的不足。对新兴经济体 ODI 母国效应的进一步分析说明，由于国际直接资本流动所带来的利益在全球范围内并非平均分配的，与东道国相比，新兴经济体母国从 ODI 中获得的利益也并非均等，而且由于发展水平的差异和具体国情的不同，不同新兴经济体期待从 ODI 中获取的利益是不尽相同，并且一国对外投资往往具有多重目标，因此，本文认为对新兴经济体母国效应的研究尤其要注重国别研究，这样有利于提高理论研究的实践指导价值。

基于以上可能的创新点，预期本研究将在一定程度上揭示经济全球化背景下，新兴经济体 ODI 发展的一般性规律和特殊性，及其对主流 FDI 理论和新兴经济体 ODI 研究发展的启示。

第二章
文 献 综 述

　　20 世纪 60 年代以前,对企业跨国界投资的理论解释主要是以要素禀赋论为基础的国际资本流动理论。该理论假定世界经济是完全竞争的,且资本在国家间可自由流动,在这种情景下,由于要素禀赋不同所导致的资本利润率的不同,资本就会从利润率低的国家流向利润率高的国家,最终导致资本利润率和边际产出率的国家均衡。显然,早期的理论没有严格区分国际直接投资和国际间接投资的界限,没有认识到 ODI 所包含的技术、管理等生产要素的一揽子跨国界移动。1960 年海默所提出的垄断优势理论标志着国际直接投资理论的兴起。随后,以美、日等发达国家跨国公司 ODI 活动为研究对象,学者们提出了众多理论,主要有产品生命周期论、边际产业扩张理论、内部化理论和国际生产折衷理论等。与此同时,随着发展中国家 ODI 的兴起,学者们积极探讨发展中国家跨国公司竞争优势的来源,提出了包括小规模技术理论、技术地方化理论等在内的发展中国家 FDI 理论。

　　20 世纪 90 年代以来,随着经济全球化的深化,国际直接投资的规模、范围与模式等都发生了巨大的变化,特别是以削弱竞争对手竞争地位或者为了培育在未来能加强企业竞争优势的新资产的战略投资(strategic investment)的出现、整体上缺乏优势的新兴经济体在发达国家积极开展直接投资等现象对主流 FDI 理论的"优势分析"思想产生了挑战。特别是围绕新兴经济体 ODI 的动因、新兴经济体跨国公司的竞争优势及其来源等基础问题,学者们展开了丰富的研究,提出了一些新理论,拓展了 ODI 理论研究的视域。而中国作为最大的新兴经济体,其 ODI 的快速发展也引起了理论界的关注,相关研究方兴未艾。

　　ODI 理论大致可以分为发达国家 FDI 理论、发展中国家 FDI 理论和新兴经济体 ODI 理论,其中传统的发达国家和发展中国家代表性 ODI 理论通常被论视为主流 FDI 理论,本章将对相关文献进行梳理,目的是找到 ODI 理论发展的脉络和研究思路,为本书的后续奠定理论基础。

第一节
主流 FDI 理论

一、发达国家 FDI 理论

20 世纪 60 年代以来,随着发达国家跨国公司 ODI 的迅速发展,西方学者开始对其国际直接投资行为进行研究,描述和解释其动因、影响因素和行为模式,并在此基础上形成了各种 ODI 理论。虽然各种理论观点不尽一致,但都是以美国、西欧和日本等发达国家的跨国公司作为研究对象,故统称这些理论为发达国家 FDI 理论。

(一) 垄断优势理论

Hymer(1960)摒弃了早先国际资本流动理论所惯用的完全竞争假定,强调市场的不完全性,注重微观层次的企业行为分析和产业组织结构特征的分析。Hymer 认为,与东道国企业相比,跨国公司在东道国经营时要克服汇率波动、语言、文化和法律制度等方面的风险与障碍,甚至遭遇东道国政府的歧视,这无疑会增加企业的经营成本。但跨国公司可凭借特有的优势,如专有技术、管理经验、融资渠道和销售能力等,排斥东道国企业的竞争,维持较高的垄断价格和利润,导致不完全竞争或寡占局面,这不仅可以抵消上述不利因素的影响,还可能为其带来比在国内投资更大的利益,这是跨国公司从事 ODI 的主要原因。根据 Hymer 的理论,企业具有一定的垄断优势是跨国公司从事 ODI 的必要条件,其中技术优势在公司专有优势中占有重要地位。显然,垄断优势理论视角下,跨国公司在 ODI 活动中扮演着垄断租金寻求者的角色,而不是效率寻求者的角色。在 Hymer 首次提出垄断优势理论后,Kindleberger(1969)等人作了进一步的发展。Kindleberger(1969)认为,为了同国内公司竞争,跨国公司必须对其优势实行资本化,这些优势来源于产品市场的不完全(产品差异和营销技巧)、要素市场的不完全(技术、管理、融资能力)、外部和内部规模经济、政府对产出水平和市场进入的限制。

　　垄断优势理论标志着国际直接投资理论的兴起。但是,该理论产生时,经济国际化程度很低,所以垄断优势作为跨国经营的前提条件在理论上有极强的解释力。世界经济体步入全球化的今天,越来越多的跨国公司的实践表明,具有技术优势的跨国公司,并不意味着必然进行跨国投资,也可选择在国内投资,或者通过出口或技术许可来获取技术的潜在收益。可见,拥有垄断优势只是跨国企业 ODI 的必要条件,而不是充分条件。另外,垄断优势理论也存在适用范围较小的问题,由于该理论所分析的企业对直接投资的动因的比较单一,因而无法解释那些并不具有技术优势或其他垄断优势的企业 ODI 行为,垄断优势论的缺陷促使学者们进一步探讨 ODI 理论。

(二) 产品生命周期理论

　　1966 年,美国哈佛大学跨国公司研究中心的弗农教授在垄断优势理论的基础上,提出了产品生命周期论(Vernon, 1966)。这一理论假设新产品最先是在发达国家发明和生产,随着产品进入成熟和标准化阶段,跨国公司会依次选择为投资本国,向其他国家出口,接下来投资较发达国家,最后逐渐转移到发展中国家,以便利用这些国家的低成本劳动力优势。该理论认为新产品要经历三个不同的阶段:(1)创新阶段,产品是非标准化的并且需要知识密集型投入品如研究、开发和设计。在这个阶段生产是昂贵的,虽然生产者享有的垄断优势和低价格弹性能补偿生产的高成本。(2)成熟阶段,产品日益标准化。对设计的适应性和生产增加的需要,引起对高度熟练劳动的需求减少。竞争的增加和向下的价格压力迫使公司要么向国外制造者出让市场份额,要么通过海外投资份额利用其他区位的便宜投入品维持其市场。(3)标准化阶段,此时边际利润变薄、竞争加剧,生产转移到拥有最便宜非熟练劳动力的国家,并且产品进口到创新国家。企业生产区位会因产品处于不同生命周期而有所不同。

　　产品生命周期理论的核心思想是:ODI 是企业在国外投资设厂生产在母国已经标准化和成熟的产品的活动。该理论以要素禀赋和国际贸易理论为基础,将企业的垄断优势与区位优势相结合,描述了国际贸易与投资的动态特征,以此为线索分析 ODI 的产生与发展,令人耳目一新。但是,该理论也存在一些缺陷:(1)在该理论模型中,ODI 是出口贸易的替代,显然这并不完全符合实际情况,事实上,ODI 也可带动国际贸易的发展;(2)在全球化时代,当创新不仅限于跨国公司母国,而是来源于全球创新网络中不同国家时,这个理论的解释力显然大打折扣;(3)该理论不能解释在日益复杂的国际经济环境中发达国家之间的产业内贸易,也无法解释资源寻求型、效率寻求型和战略资产寻求型 ODI。

(三) 边际产业扩张理论

早期理论大多以美国跨国公司及其 ODI 活动为研究对象,美国跨国公司对外投资的区位大多为西欧等其他发达国家,投资规模较大,所选择的产业多为美国具有较强比较优势的产业,投资顺序与日本模式相反。针对日本企业 ODI 的实践,小岛清在 1977 年提出了边际产业扩张理论。小岛清用劳动与经营资源代替 H—O 模型中的劳动与资本要素,将比较利润率的差异与比较成本的差异联系起来。在此基础上研究得出了边际产业扩张理论的基本观点:ODI 的主体应选择中小型企业;在产业选择上,应该从本国已经处于或者即将处于比较劣势的产业(称边际产业,也是东道国具有显在或潜在比较优势的产业)开始,并依次进行;在投资国别的选择上,该理论积极主张向发展中国家工业投资,并要从差距小、容易转移的技术开始按次序地进行;在投资的目的和作用上,该理论认为对外投资目的在于振兴并促进东道国的比较优势产业。特别是要按照发展中国家的需要,依次移植新工业、转让新技术,从而分阶段地促进其经济的发展;ODI 的方式应选择与东道国合办,或采用非股权安排的方式。该理论反对以技术优势为武器,建立全部股份的"飞地"式的子公司。

边际产业扩张理论产生的背景是第二次世界大战后初期日本的中小企业 ODI 的状况,注重从宏观动态角度来研究一国 ODI 是其理论特色。但是,该理论分析以投资国而不是以企业为主体,难以解释处于当前复杂世界经济环境下的企业多样化的对外投资行为。以日本为例,目前大型跨国公司已成为日本 ODI 的主体,日本与其他发达国家的双边投资迅速增加,要将边际产业扩张理论所主张的投资原则推广到这些投资活动显然具有局限性。更重要的是,该理论提出的 ODI 导向均是由发达国家流向发展中国家的单向投资,这不仅不能解释发展中国家对发达国家的逆向投资,特别是在高端产业领域的投资,而且,如果依照该理论提出的投资原则,也会导致发展中国家在国际投资格局中陷入被动的局面。

(四) 内部化理论

以 Buckley & Casson(1976)及 Rugman(1980)为主要代表人物的西方学者提出了市场内部化理论,沿用了科斯的厂商理论和市场不完全的基本假定,建立了内部化理论。该理论认为,由于市场的不完全,若将企业所拥有的中间产品(如原材料、半成品、技术、信息、商誉等)通过市场交易,则难以保证厂商实现利润最大化目标;若企业建立内部市场,可利用企业管理手段协调企业内部资源的配置,避免市场不完全对企业经营效率的影响。当企业开辟内部市场的行动跨越国界时,就出现了跨国公司。简言之,外部市场不完全是内部化的基本原因,知识产品的存在是内部化的重要决定因素,内部化的过程既有收益,也有成本,应通过内部化的边际收益等于边际成本之一约束条件来确定企业最适宜的扩展规模,企业的跨国化投资是内部化过程的跨国界延伸。

内部化理论视角下,企业 ODI 的实质是基于所有权之上的企业管理与控制权的扩张,而不在于资本的转移,其结果是用企业内部的管理机制代替外部市场机制,以便降低交易成本,拥有跨国经营的内部化优势。市场内部化的过程取决于四个因素:产业特定因素,这与产品性质、外部市场的结构和规模经济有关;区位特定因素,如区位地理上的距离、文化差异和社会特点等;国家特定因素,如有关国家的政治和财政制度;公司特定因素,如不同企业组织内部市场的管理能力。其中产业特定因素是最关键的因素。

内部化理论将交易成本理论应用到国际直接投资领域,通过剖析企业内部资源配置和交换机制来解释 ODI,开辟了国际直接投资理论研究的新视角,在一定程度上对企业跨国化经营活动给出了有说服力的解释。内部化理论与垄断优势理论、产品生命周期理论的不同点在于:它不是从产品或者生产投入要素本身来分析企业 ODI 活动,而是从中间产品外部市场不完全的角度分析企业 ODI 的动因。

然而,随着国际商务环境日益复杂化以及企业跨国经营模式的多样化,内部化理论的不足与缺陷也日渐显现。例如内部化理论先验地认为内部市场具有比外部市场更高的效率,并且内部市场不会出现失灵的情况(王国顺、来特,2006),事实上,在经济全球化时代,跨国公司在全球战略中越来越重视对外部网络关系的利用。另外,内部化理论确实能很好地解释跨国公司生产与研发、营销的纵向一体化的跨国扩展,但对横向一体化、无关多样化的跨国扩展行为则解释不了,存在较大局限性。

(五) 国际生产折衷理论

主流 FDI 理论中最有影响的是英国学者 Dunning(1977)的国际生产折衷理论(OLI 理论)。邓宁试图为跨国公司及外国直接投资现象寻求一个普遍适用的理论框架。根据 OLI 理论,所有权优势(O)、区位优势(L)和内部化优势(I)是企业通过 ODI 形成跨国公司的基础。所有权优势指跨国公司通过 ODI 进入国外市场时克服外国投资者固有的劣势时,事先必须拥有的企业特定竞争优势,它主要包括技术优势、厂商规模优势、组织管理优势和金融货币优势等;区位优势指某一区位吸引跨国公司投资的特定吸引力,它主要包括东道国丰富的自然资源,低成本、有效率、有技艺的劳动力,市场较大的规模和较快的发展,政府制定的吸引外国投资的政策等;内部化优势指通过内部控制而不是其他市场化方式如出口、许可所带来的收益。内部化的条件包括签订和执行合同需较高的费用、买者对技术出售价值的不确定性、需要控制产品的使用。

OLI 理论的提出使国际直接投资研究向比较全面和综合的方向发展,受到广泛的重视,成为解释 ODI 最重要的理论之一。20 世纪 90 年代以来,为解释国际直接投资的新发展,邓宁与相关学者通过对要素变量扩容等方式对折衷模式进行了内涵扩展,也就是在保持 OLI 框架不变的前提下对 OLI 要素内涵做的适应性调整。1993 年,Dunning 将企业战略作为一个单独内生变量融入其原有 OLI 范式,从而完成了对 OLI 范式基于附加战略变量的动态化(肖黎明,2007)。考虑到联盟资本主义的出现和技术的进步,Dunning(1995)将所有权优势的范围扩展至通过与其他组织建立合作关系并在内部产生的能力和竞争力。最近,鉴于制度理论在 ODI 研究中的普遍应用,Dunning & Lundan(2008)论述了制度这一维度如何融入

OLI 范式中。也有学者尝试对 OLI 框架进行外延扩展,Moore(2001)调查了位于英国 1 100 家跨国公司的子公司和分支机构,发现子公司能力在跨国公司网络式的扩张中起到了重要作用,从而把子公司能力与 OLI 要素并列,实现了折衷模式的外延扩展。另外,Dunning(2006)意识到,某个时间点的区位优势可能会影响到下个时间点的所有权优势和内部化优势,并且所有权优势的积累会最终影响到 ODI 区位选择,从而在 OLI 理论中引入了动态视角。预计未来一段时期内,OLI 理论所提出的三优势仍将保持重要的地位,但其内涵与外延会得到进一步扩展。

邓宁及其 OLI 理论的继承者试图在各方面不断推进 OLI 理论,以便该理论能解释国际直接投资的蓬勃发展,如国际并购、国际合资企业及联盟合作等。尽管对 OLI 理论上的拓展确实有助于解释新的国际 ODI 实践,但是这些理论拓展并没有改变 OLI 理论将跨国公司视为通过利用和转移其优势资源至海外,从而克服市场失灵,以此获得优势的基本假设。事实上,所有权优势、区位优势和内部化优势只是 ODI 的必要条件而非充分条件。有研究显示,在非确定性环境下,所有权优势和内部化优势与企业 ODI 反而是负相关的关系,而不是如 OLI 理论所预测的正相关关系,因为此时企业有可能延缓 ODI(Rivoli & Salorio, 2001)。该理论只解释了企业为什么、在哪里进行 ODI,但不能解释企业何时会进行 ODI。可以预见,折衷理论在当前快速变化的国际经济环境中,将继续遇到有关适用性的挑战。

总体来说,包括垄断优势理论、内部化理论、OLI 理论等在内的传统跨国公司理论有以下重要观点:一是企业进行 ODI 之前需具备一定优势,这些优势来源于企业排他性占有技术、营销和管理技能等资产,二是企业从事 ODI 是为了运用形成于母国的既有资产,获取超额利润或租金。主流理论重点是研究作为先行者(early-movers)的来自发达国家的大型跨国公司,也可以解释发展中国家对其他发展中国家的 ODI,但无法解释 20 世纪 70 年代以来蓬勃兴起的发展中国家在发达国家 ODI。

二、发展中国家 FDI 理论

20 世纪 70 年代之前,ODI 理论主要以发达国家跨国公司为主要研究对象,这些理论解释了发达国家企业开展 ODI 的机理,为其他类型国家的 ODI 研究奠定了理论基础。自 20 世纪 70 年代晚期,呼应发展中国家 ODI 的兴起,特别是随着新兴工业化国家 ODI 及其跨国公司的兴起,发展中国家 FDI 理论研究也获得了快速发展。

(一) 小规模技术理论

Wells(1983)认为,实际上发展中国家的跨国公司和发达国家跨国公司一样,都拥有竞争优势,只是来源不同而已。在继承弗农的产品生命周期理论基础上,Wells(1983)提出了发展中国家跨国公司的"小规模技术理论"。他认为,与发达国家跨国公司所有权优势来源于高端技术和管理不同,发展中国家跨国公司竞争优势主要来自于适应发展中国家当地条件的小规模生产技术和管理知识。因为低收入国家工业品市场的普遍特征是需求量有限,现代化、大规模和专业化的技术、设备无法从这种小市场需求中获得规模效益,只有使技术适合于小规模制造,才更具适应性和成本效率。发展中国家企业正是开发了满足小市场需求的生产工艺而获得竞争优势。

Wells 还认为,发展中国家企业在为同族群提供民族产品的海外生产中颇具优势。海外族群联系带动了东亚、东南亚国家或地区的海外投资,如华人海外餐饮投资等。另外,与发达国家跨国公司相比,发展中国家企业在对外投资中往往采用低价产品营销策略,因而物美价廉成为其竞争的有力武器。

Wells 提出的小规模技术理论摒弃了那种企业只能依赖垄断的技术优势进行跨国界生产的传统观点,将发展中国家跨国公司 ODI 的竞争优势的来源与这些国家自身的市场与技术特征结合起来,这对于经济落后国家企业在对外投资的初期阶如何确立竞争优势具有启发性。然而,由于继承了产品生命周期理论的内核,从该理论出发,发展中国家只能对引进发达国家的技术进行适应性的改进,以适合发展中国家小规模化生产的需要,因此结果上只能位于产品生命周期的末端,这无疑抹杀了发展中国家在技术创新方面的主动性。

(二) 技术地方化理论

Lall(1983)在对印度跨国公司的竞争优势和对外投资动因进行了深入研究之

后,认为发展中国家跨国公司的技术特征尽管表现为规模小、使用标准化技术和劳动密集型技术,但这种技术的形成却包含着企业内在的创新活动,为此他提出了技术地方化理论,归纳了发展中国家跨国公司竞争优势的来源,如表 2.1 所示。在 Lall 看来,强调技术引进的再生过程,即发展中国家对外国技术的吸收不是一种被动的模仿和复制,而是对技术的消化、改进和创新,正是这种创新活动给企业带来了竞争优势。Lall 认为,发展中国家发展自己的跨国公司应着重于利用当地廉价的生产要素及本地创新所形成的特有技术来形成一定的国际竞争优势,并通过积极吸引外资来增强本国企业的技术、组织创新能力。

表 2.1 发展中国家竞争优势来源

发达国家跨国公司	发展中国家跨国公司
企业/集团规模大	企业集团
靠近资本市场	技术适用于第三世界供求条件
拥有专利或非专利技术	有时的产品差异
产品差异	营销技术
营销技巧	适合当地条件的管理技术
管理技术和组织优势	低成本投入(特别是管理和技术人员)
低成本投入	"血缘"关系
对生产要素和产品市场的纵向控制	东道国政府支持
东道国政府支持	

• 资料来源:Lall(1983)。

与 Wells 相比,Lall 更强调企业技术引进的再生过程,即欠发达国家的对外国技术的改进、消化和吸收不是一种被动的模仿和复制,而是对技术的消化、改进和创新。正是这种创新活动给企业带来新的竞争优势。Lall 提出的技术地方化理论对于分析发展中国家 ODI 的意义在于:它不仅分析了发展中国家企业 ODI 的竞争优势的来源,而且更强调创新活动在形成企业特定优势的作用。技术当地化理论从企业微观层次对发展中国家 ODI 进行研究,恢复了企业在一国 ODI 活动中的主体地位,证明了发展中国家企业以比较优势参与国际生产和经营活动的可能性。

(三) 技术创新与产业升级理论

在技术地方化理论的基础上,Cantwell(1989)和 Tolentino(1993)提出了技术创新与产业升级理论,在强调技术创新对发展中国家企业对外投资推动作用的同时,进一步指出,要具备这种技术创新能力,企业应先具备学习和组织能力。他们认为,发展中国家 ODI 受其国内产业结构和内生技术创新能力的影响,在产业和地域分布上是随着时间的推移而逐渐变化的,并且是可以预测的。在产业分布上,首先是以自然资源开发为主的纵向一体化生产活动,然后是以进口替代和出口导向为主的横向一体化生产活动。从地理扩张看,发展中国家企业在很大程度上受"心理距离"的影响,对外投资遵循以下发展顺序:首先在周边国家投资;然后在经验积累的基础上,逐步向其他发展中国家扩展;最后随着工业化程度的提高,产业结构发生明显变化,开始涉足高科技领域的生产与研发活动,并向发达国家投资以获取更先进的技术。Dunning 和 Narula(1996)也认为,只有通过海外经营获得国际化经验后,发展中国家的企业才能够在发达国家和地理上相隔更远的国家进行大规模投资。

Cantwell 等人对第三世界的海外投资活动从这些国家技术积累的演进过程加以充分说明。这个演进过程表现在相互联系的两个方面:第一,发展中国家产业结构的升级意味着整个技术能力的稳定扩大;第二,这种能力的扩大决定和影响着他们国际生产活动的形式和效果。发展中国家技术能力扩大本身则是他们本国的技术积累和对外国技术学习和使用过程共同作用的结果。并且这个演进模式是以地域扩展为基础,以技术累积为内在动力的。随着技术累积固有的能量的扩展,ODI 逐步从资源依赖型向技术依赖型发展,而且投资的产业构成与地区分布的变化密切相关。其理论所体现的动态分析拓展了对发展中国家 ODI 认识的深化。

(四) 投资发展周期理论

Dunning(1981, 1986)研究了包括发达国家和发展中国家在内的 67 个国家 ODI 的输出入流量的资料,将其国际生产折衷理论动态化,创立了投资发展周期理论(investment development path, IDP),其核心思想是:一个国家的净对外投资额[①]与该国经济发展水平在一定阶段内成正比,经济发展逐渐提高,其净对外投资额也逐渐增大。早期 IDP 理论具体内容如表 2.2 所示。Dunning(1988)又提出第

---

① 净 ODI 额为 ODI 与吸收外国直接投资的差额。

5个阶段。此阶段的净ODI额仍然大于零,但绝对值已经开始下降。与前4个阶段相比,第5个阶段受经济发展阶段的影响程度大大减弱,而更多地取决于发达国家之间的交叉投资。

表2.2 早期IDP理论的主要内容

经济发展阶段	外国直接投资	ODI	跨国投资特点
第一阶段: 人均国民生产总值400美元以下	外国企业所有权优势充足 外国企业内部化优势充足 国内区位优势少量	本国企业所有权优势无 本国企业内部化优势不适宜 外国区位优势不适宜	有少量外资投入,没有对外投资
第二阶段: 人均国民生产总值在400—2000美元之间	外国所有权优势充足 外国内部化优势充足 国内区位优势增加	本国所有权优势少量 本国内部化优势少量 外国区位优势少量	外资流入增加,少量对外投资
第三阶段: 人均国民生产总值在2000—4750美元之间	外国所有权优势下降 外国内部化优势下降 国内区位优势下降	本国所有权优势增加 本国内部化优势增加 外国区位优势增加	对外投资增加,增速有可能超过外资流入增速,但对外净投资(指一国ODI减去外国对本国的直接投资)仍为负
第四阶段: 人均国民生产总值4750美元之上	外国所有权优势下降 外国内部化优势下降 本国区位优势下降	本国所有权优势增加 本国内部化优势充足 外国区位优势增加	对外投资超过外资流入

• 资料来源:笔者整理。

IDP理论从企业三类优势的微观经济因素出发,通过引入直接投资流入与流出、净ODI以及人均国民生产总值等宏观经济变量,阐述了ODI发展阶段顺序推移及其内在机制,强调了一国ODI的动态性质。这无疑从宏观视角深化了国际生产折衷理论。投资发展周期论的贡献在于揭示了ODI的阶段性,从宏观上构建了一国ODI的演进模型。但是,由于Dunning在分析中只使用了人均国民生产总值这个单一指标来反映不同国家的经济发展阶段,并据此来判断企业整体所具有的优势状态和ODI规模,其结论很难说是全面的。

(五) 动态比较优势投资理论

日本学者小泽辉智(Ozawa,1992)提出了动态比较优势投资理论,努力把跨国公司对经济增长的推动作用与开放的经济发展理论结合到一起。在小泽辉智的分析框架中,各国经济发展水平具有阶梯型,这种阶梯对于不同等级的国家都很重要:它为发展中国家提供赶超的机会,同时为发达国家创造了一个转移知识与技术

的机会。小泽辉智将发展中国家从只吸引外资进入到向国外投资的发展过程分为
吸引外国直接投资阶段、从输入 ODI 到输出 ODI 的转型阶段、从劳动力导向的
ODI 向技术导向、贸易支持型 ODI 过渡阶段、资本密集型输入的 ODI 和资源导向
型输出的 ODI 交叉发生阶段等四个阶段。小泽辉智提出了跨国直接投资模式选
择的问题,认为应选择能使国家现有和潜在的比较优势(比较优势是指两个或多个
主体在某些特定方面相比较而显现出来的相对优势性)激发出来,并达到最大程
度,因此发展中国家/地区的跨国投资模式必须与工业化战略结合起来,将经济发
展、比较优势和跨国直接投资作为相互作用的三种因素结合于一体分析。

从动态比较优势投资理论的阶段划分和对其作用机制的概括可看出,其理论实
质上是以动态比较优势为主要决定因素的跨国投资范式,跨国投资的发生及模式选
择完全遵照动态的比较优势。这个理论最大的优点在于不仅能强调了发展中国家/
地区在不同发展阶段以不同模式参与跨国投资的必要性,而且还提出了选择原则和
实现模式的条件——以比较优势的动态变化为基准,以出口导向战略为条件。

从以上对发展中国家 FDI 理论的梳理可以看出,有关发展中国家 ODI 的理论
主要有两种研究思路:一种是将发展中国家 ODI 纳入到整个国家经济发展的长期
过程考察,从国家层次和产业层次等宏观层面对其 ODI 流动及投资地位进行考
察,前者如投资发展周期理论、动态比较优势投资理论。另一种是通过对发展中国
家跨国公司自身特点的研究,从企业微观层面来考察各发展中国家跨国公司在
ODI 中的竞争优势来源,如小规模技术理论、技术地方化理论、技术创新和产业升
级理论。但这些理论大部分实际上沿袭了传统发达国家 FDI 理论的研究思路:企
业 ODI 是利用其已经拥有的某种竞争优势。在继承发达国家 FDI 理论的逻辑同
时,发展中国家 FDI 理论也不可避免地继承了"优势分析"的局限,因而要解释动
因越来越多样化的当今发展中国家的 ODI,自然显得力不从心。

第二节
新兴经济体 ODI 理论及其特点

进入新世纪以来,新兴经济体 ODI 快速增长,不仅规模迅速扩大,而且在投资

区位上,也从原来大多集中在其他发展中国家和地区,转而通过跨国并购等方式积极向发达国家市场进军,一些来自新兴经济体的跨国公司甚至成长为行业领导者,这引起了理论界的广泛关注,并对此有不同的理论诠释,这些理论研究主要分两大类:一是利用主流 FDI 理论解释新兴经济体 ODI,二是进行理论创新,引入新视角。

一、主流 FDI 理论对新兴经济体 ODI 的解释

新兴经济体 ODI 的兴起引起了理论界的关注。依据主流 FDI 理论,企业进行国际化扩张之前必须拥有可进行跨国转移的优势。正是通过对这些专有资产和能力的占有,企业可以在东道国形成相对于当地企业的垄断地位或者竞争优势,从而弥补在国外市场经营所面临的外来者劣势。一些学者沿袭主流理论对此进行了解释。如代中强(2009)通过实证研究认为,发达国家的垄断优势论和发展中国家威尔斯的小规模技术优势和 Lall 的技术地方化优势在解释中国长三角、珠三角和环渤海三大经济区 ODI 行为是互补的。

在主流 FDI 理论中,OLI 理论是应用最广泛的理论,也是解释新兴经济体 ODI 最常用的理论。如 Singh(2001)认为 OLI 理论可以解释印度企业的 ODI,区位理论与内部化理论则只能部分解释。Sim & Pandian(2003)以中国台湾和新加坡的跨国公司为例,利用 OLI 理论解释亚洲新兴跨国公司 ODI 的优势,证实了 OLI 理论解释新兴经济体 ODI 的合理性。Deng(2003)应用 OLI 理论分析了中国企业的所有权优势、内部化优势和区位优势,认为 OLI 理论是分析中国 ODI 决定因素的适用框架。20 世纪 90 年代以来,考虑到经济全球化背景下联盟资本主义的出现和技术进步因素对 ODI 的影响,Dunning 将所有权优势的范围扩展至通过与其他组织建立合作关系并在内部产生的能力和竞争力。所有权优势内涵的拓展扩大了 OLI 理论的解释范围。Thomas、Eden & Hitt(2002)对拉美企业进入发达国家的研究发现,这些来自新兴经济体的企业拥有包括技术能力、集团关系、以前的国家所有权、国际化和联盟的经验等在内的独特的所有权优势。Erdener & Shapiro(2005)在利用扩展的 OLI 理论解释中国家族企业的国际化活动时认为,中国家族企业的所有权优势通常不是基于技术和专有知识上的,而是基于关系契约

的,这使得中国家族企业能比竞争对手更快地捕捉到商业机会,中国家族企业的区位优势在于它在非结构化和非稳定的经营环境中有效运作的能力,而内部化优势则是家族企业的超级控制,以及通过社会关系控制和对网络的杠杆化利用来实现对专有资产的科层控制,从而证明关系资产(如网络技巧和海外族群的关系网络)的存在为新兴经济体企业提供了一种"所有权优势"。以上研究结果说明,在全球化与网络化背景下,由于资源禀赋和文化的不同,与发达经济体相比,新兴经济体拥有的所有权优势会有所不同。

二、新兴经济体 ODI 理论

随着经济全球化的深入,新兴经济体 ODI 的迅猛发展推动理论界开始重视对其进行系统化的研究。学界一方面对主流理论进行修正,另一方面也尝试进行理论创新,以便更好地解释新兴经济体 ODI 的实践。代表性新兴经济体 ODI 理论主要包括以下 4 种。

(一) 基于制度视角的 OLI 范式的拓展

传统跨国公司理论研究中,制度因素通常被忽略。近年来学者们开始将制度因素引入跨国公司研究,主要是考察跨国公司子公司合法性以及国家制度因素对跨国公司行为的影响。与发达国家跨国公司相比,新兴经济体跨国公司 ODI 更易受到国家经济政策和国内制度影响(Dunning *et al.*, 2008)。Khanna & Palepu (2006)指出,在国内持续的经济自由化和制度转型过程中,新兴经济体通常存在制度空缺(institutional voids),而这些制度空缺正是新兴经济体跨国公司可以发挥其特有优势的重要来源,如获得政府强有力支持等,若将这一独特优势跨国转移到具有相同制度环境的其他市场,新兴经济体跨国公司就会形成相对于发达国家跨国公司的竞争优势。

制度视角已成为新兴经济体跨国公司研究的重要理论视角(Peng *et al.*, 2008)。呼应这一趋势,Dunning & Lundan(2008)对 OLI 范式进行了拓展,为制度维度融入 OLI 范式提供了一个理论分析框架,如表 2.3 所示。他们认为制度的设

表2.3　正式和非正式制度对企业 OLI 的影响

	O 组织与治理	L 社会资本	I 关　　系
制度			
正式	法律、规章制度、协定、市场交易规则	法律、规章制度、协定、政治规则	企业内外部合同
非正式	行为规范、规则、国家/企业文化、个人道德水准	信仰、社会习俗、传统、社会闻名	协议、行为规范、企业内外部基于信任的关系、通过网络或企业集群所进行的制度构建
强化机制			
正式	制裁、惩罚、税收、激励、利益相关者(消费者、投资者和工会)行为	制裁、惩罚、公共组织的质量、教育(形成和完善制度)	违约赔偿、罢工、高员工流动性、教育、培训
非正式	道德劝告、地位/认可的获得或失去、报复、信任的建立或削弱、秘密反对	个人愧疚感、非正式的示威、积极参与组织决策(由下而上的影响)、道德劝告(由上而下对制度、组织和个人的影响)	个人愧疚感、非重复交易、业主停工、因网络/联盟导致的外部经济/不经济(如学习收益)、秘密反对

• 资料来源:Dunning & Lundan(2008)。

计与实施对折衷范式的三个要素都会产生影响:从宏观层面来看,制度对国家经济增长和区位优势的重要性不言而喻,尽管人们通常总是将注意力集中在不同组织形式的交易的静态效率上,但内部化因素也是在宏观层面制度化;从微观层面来看,除资产优势(Oa)和交易优势(Ot)外,所有权优势还包括企业制度所产生的优势(Oi)。制度视角是有效联系宏观分析和微观分析的桥梁,也为深入理解当前跨国公司的实践提供了非常有前景的途径,制度维度融入 OLI 理论无疑拓展了 OLI 理论的适用范围,有助于深入理解新兴经济体跨国公司的成长与演化路径及特征。

(二)基于资源观视角的 LLL 分析框架

针对来自亚太地区的"龙跨国公司"(dragon multinationals)加速国际化、通过组织创新而非技术创新加速国际化、进行战略创新等现象,Mathews(2006)从全球化背景下的资源观出发,基于迟来者视角提出了 LLL 分析框架(LLL Framework)。该模型认为,新兴经济体跨国公司国际化的起点是源于它们对可从外部获得的资源的关注,通过与发达国家跨国公司建立战略联盟或者建立合资企业来建立外部资源联系(linkage)、对资源进行杠杆利用(leverage)和学习(learning)进行 ODI,新兴经济体跨国公司在缺乏资源和国际化经验的情况下获得了新的竞争优势,并且联系、杠杆利用与学习可形成自我加速的过程,从而可以解释新兴经济体企业加速国际化的现象。

表 2.4   OLI 分析框架与 LLL 分析框架的比较

比较标准	OLI 分析框架	LLL 分析框架
所利用的资源	自有资源	通过与外部企业建立联系而接近并使用资源
地理区位	区位作为垂直整合的一部分	区位作为国际网络的一部分
制造或者购买	倾向于跨国界内部化生产	倾向与通过外部联系来生产
学 习	OLI 分析框架未涉及	通过重复联系和杠杆效应而学习
国际化过程	OLI 分析框架未涉及; 跨国公司的国际化被视为已经存在的	通过联系而逐渐推进的过程
组织形式	OLI 分析框架未涉及; 组织形式应该是跨国化的	全球整合形成迟来者优势
驱动范式	交易成本经济学	获得迟来者优势
时间框架	比较静态分析	累积发展过程

• 资料来源:Mathews(2006)。

LLL 分析框架已成为解释新兴经济体跨国公司形成与演化的重要理论,如 Ge & Ding(2008)以格兰仕为例,对中国制造业的研究证明 LLL 模型对新兴经济体跨国公司 ODI 有较强的解释力。LLL 分析框架用动态的过程来分析跨国公司的形成,这更符合全球化背景下企业战略行为特点。LLL 模型与 OLI 分析框架的区别如表 2.4 所示。LLL 分析框架是基于扩展的资源观理论提出的,在解释那些缺乏资源和国际化经验的新兴经济体跨国公司 ODI 方面可以替代 OLI 理论。LLL 模型有两个主要的贡献。首先,在解释尽管缺乏资源和国际化经验,但新兴经济体企业为何和如何进行国际化方面,突破了主流理论的局限。其次,用动态的过程来分析跨国公司的形成,而非像 OLI 理论那样基于静态的偏好。

(三) 基于企业成长视角的非平衡理论

主流理论将企业 ODI 看作是基于对特定资产占有所产生的竞争优势的结果。依据企业成长理论,企业在获得特定资产过程中,几乎总是不可避免的面临优势和劣势的不平衡。受这一观点的启发,为了建立能解释所有类型 ODI 的通用理论,Moon & Roehl(2001)提出了非平衡理论。该理论的基本观点是:跨国公司同时拥有所有权优势和所有权劣势,正是所有权优势和劣势的不平衡促使其进行 ODI。换言之,企业进行 ODI 可以由所有权优势驱动,也会由所有权劣势所驱动。其核心思想是强调在分析企业 ODI 的动因时要同时观察其所有权优势和所有权劣势,并且要考察这两者之间的不平衡。

依据非平衡理论,具有所有权优势的企业可以通过运用这些优势或者对市场进行内部化来进行 ODI,那些处于所有权劣势的企业为寻求新优势也会开展 ODI,这就可以解释那些缺乏所有权优势的新兴经济体跨国公司在发达国家进行资产寻求型 ODI 等非传统 ODI 类型。非平衡理论提出的重要意义在于:它启发我们在进行跨国公司(特别是来自发展中国家的跨国公司)研究时,不能局限于优势分析,而是要全面分析企业的优势、劣势及其互动关系对其 ODI 的影响。

(四) 整合多视角的 Y 模型

目前有关新兴经济体跨国公司的大部分研究一般只局限于单一理论视角的考察,这限制了对新兴经济体跨国公司的深入理解,因此有必要进行理论视角的整合。Peng(2006)整合产业、制度和资源观三个视角提出了企业国际化战略分析框架,该框架对新兴经济体跨国公司经营行为具有较好的解释力,被称之为 Y 模型 (Yang *et al*, 2009),如图 2.1 所示。该模型不仅重视企业跨国化经营的宏观制度与产业环境,也重视企业微观层面的因素,为较为全面理解经济全球化背景下企业战略行为提供了分析框架,有利于推进处于独特制度与经济环境中的新兴经济体跨国公司的理论研究。Yang *et al*.(2009)运用 Y 模型对中国海尔和日本松下的比较研究表明,Y 模型能解释新兴经济体与发达国家跨国公司形成与演化的异同,其研究结论也说明,新兴经济体跨国公司国际化战略是由产业和资源方面的因素共同影响的,并

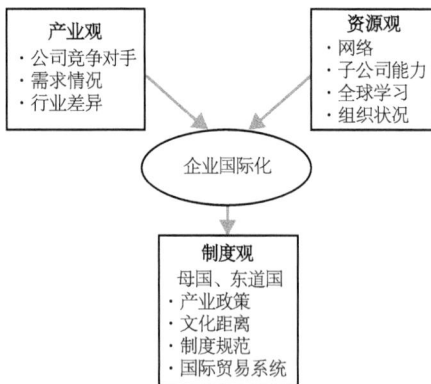

图 2.1 Y 模型

• 资料来源:Yang *et al*.(2009)。

且这种影响作用是嵌入一定的国内和国际制度环境中的。总体来看,整合了微观分析和宏观分析视角的 Y 模型为新兴经济跨国公司理论研究提供了有用的分析工具,但对这一模型的应用性研究还有待加强。

另外,在引入新的理论视角方面,一些学者从创业层面对新兴经济体企业跨国化经营进行了卓有成效的研究,对新兴经济体 ODI 研究富有启发性。国际创业研究领域把新兴经济体 ODI 视作一种创业行为,Yeung(1998)指出由于新加坡企业创业不足,政府通过在国外建立新加坡产业园等方式为企业国际化活动提供支持和帮助,政府在此起到创业者的角色。Lu(2007)发现,在国际化扩张过程中,新兴经济体创业企业通过对母国优势的杠杆化利用而获得成功。Yamakawa、Peng & Deeds(2008)认为,来自发达国家的风险投资提高了新兴经济体新创企业的管理效率和外部网络联系,从而推动了新兴经济体的新建企业到发达国家进行 ODI;高创业导向(自主性、创新性、超前行动、风险承担、冒险性行为)会促进新兴经济体的新创企业到发达国家进行 ODI。在研究新兴经济体 ODI 时候,创业视角通常从企业内在的、特有的优势及母国特有优势、外部环境条件、独特经营行为等方面分析新兴经济体企业的成功原因及优势来源。创业视角的引入,对深入理解新兴经济体企业在资源缺乏和有限的情况下进行 ODI 提供了全新的思路。

三、新兴经济体 ODI 理论的特点

对新兴经济体 ODI 的研究已成为国际直接投资、国际商务、战略管理等领域的热点,研究新兴经济体 ODI 既可以检验现有理论,也为发展新理论提供了机遇,更可以为新兴经济体跨国公司发展提供实践指导,因此很强的理论及现实意义。目前国内外学者对新兴经济体 ODI 研究主要有两大思路:

其一,强调 ODI 实践的普遍规律,侧重利用主流 FDI 理论及其拓展解释新兴经济体 ODI,试图将新兴经济体 ODI 实践纳入到传统分析框架中,其目的是说明新兴经济体在 ODI 方面与发达国家之间的差异并没有大到需要新理论来解释,从而证实主流 FDI 理论的普遍适用性。但总体上看,持这种研究思路的学者们倾向于认为新兴经济企业在一定的市场制度环境中已经开发出某些竞争优势,并且它们可以将这些优势直接扩展至国际市场。这实际上仍然沿袭了传统 ODI 研究思

路:企业必须拥有特定的竞争优势才能进行 ODI。

其二,认为主流 FDI 理论有其适用范围及局限性,强调新兴经济体 ODI 的独特性,因此认为有必要超越主流理论来解释新兴经济体 ODI。主流理论的局限性与深入研究新兴经济体 ODI 的必要性促进了理论创新,Mathews 进行了开创性的研究,提出了 LLL 分析框架。在其他研究视角方面,制度视角的引入加深了我们对制度环境对新兴经济体 ODI 的动因、竞争优势等方面的影响的理解,而创业视角的引入无疑为深入理解新兴经济体企业在资源缺乏和有限的情况下进行 ODI 提供了全新的视角。理论创新和研究视角的拓展,对深入研究面临全球化竞争的压力,同时受全球化的发展机遇的鼓舞,在国内制度转型背景下积极通过 ODI 进行全球扩张的新兴经济体企业来说,非常有必要。

毋庸置疑,新兴经济体 ODI 研究已得到了很大的发展,但是,目前的研究仍然存在不足之处:

第一,作为解释企业 ODI 行为的重要理论之一,OLI 理论是基于一定时期的实践背景提出的,因此具有其适用范围。OLI 理论在解释新兴经济体企业 ODI 行为存在一定的局限,如 OLI 理论无法解释新兴经济体企业是如何获得最先的竞争优势的,也无法解释这些作为迟来者的新兴经济体跨国公司是如何追赶上那些作为先行者的成熟跨国公司。与传统跨国公司兴起的 20 世纪上半期相比,由于在全球化背景下企业的经营与竞争战略等都作出了相应的调整,因此在解释新兴经济体 ODI 的蓬勃发展时,运用以西方发达国家跨国公司为研究对象得出的传统的 ODI 理论解释新兴经济体企业 ODI 行为和新兴经济体跨国公司的形成有其明显的局限。

第二,LLL 分析框架本身对联系、杠杆效应和学习这三个核心的模型要素之间的关系的分析仍有些模糊不清,Mathews 将学习解释为对联系和杠杆效应重复运用的结果,看起来似乎联系和杠杆效应是达到学习这一战略结果的战略方法。实际上,联系和杠杆效应似乎是通过战略联盟进行外部资产寻求的战略的应有之意,如图一个硬币的两面,因为离开杠杆效应的联系的是不存在的,反之亦然。

第三,从制度理论等新视角对新兴经济体 ODI 的研究仍处于发展阶段,对制度因素对新兴经济体 ODI 影响的机制仍然有待深入探讨,尤其是如何对制度因素进行量化的实证研究也是未来研究面临的挑战。

第四,在解释新兴经济体 ODI 时,主流理论和新兴理论的关系也值得探讨:是非此即彼? 还是互相补充? 抑或是存在通用的 ODI 理论?

经济全球化浪潮中,新兴经济体在世界经济中扮演的角色更加重要,因其发展背景、增长速度、制度环境等方面的独特性,新兴经济体 ODI 既可以检验既有理论,也为发展新理论提供了机会。主流 FDI 理论在多大程度上可以解释新兴经济体 ODI,研究新兴经济体 ODI 是否需要理论创新,这些问题是进一步的理论研究不能回避的主题。目前还没有一个单一的理论可以解释来自新兴经济体 ODI (Buckley *et al.*, 2007)。最近的理论研究已经注意到新兴经济体 ODI 与跨国公司的发展趋势是比较复杂的,因此需要更多的理论视角对此加以深入研究 (Bonaglia、Goldstein & Mathews, 2007)。因此,在未来的研究中,有必要在保留主流 FDI 理论的合理部分的同时,结合新兴经济体 ODI 研究的新进展,针对新兴经济体独特的发展背景和制度背景,拓展研究视角,进行理论创新,以便更好地解释新兴经济体 ODI 实践。

第三节
中国 ODI 的主要研究成果及其特点

随着中国企业"走出去"步伐的加快,中国 ODI 快速增长,20 世纪 90 年代中期以来,国内外学者对中国 ODI 的研究逐渐重视起来。学者们在结合现有 ODI 理论的基础上,结合中国的实际情况,对中国 ODI 进行了研究。

一、中国 ODI 的主要研究成果

(一) 国内学者对中国 ODI 的研究

国内学者对中国对外直接的理论研究主要包括两个方面:一是从中国作为发展中国家的研究背景出发,围绕中国 ODI 的必要性和可能性等基本问题,探讨适合对中国 ODI 的理论。这部分研究主要探讨中国对外发达国家逆向投资的理论

解释。二是尝试引入新的理论视角解释中国 ODI 实践。

在探索适合中国 ODI 的理论方面,代表性的研究有以下几种。

吴彬与黄韬(1997)提出了 ODI 的二阶段理论。该理论在主流 FDI 理论以利润最大化为 ODI 目的的基础上,将企业 ODI 目的扩大为包括利润、技术、资源、管理经验、适应东道国环境等在内收益最大化。该理论认为 ODI 包括"经验获得阶段"和"利润攫取阶段"这两个阶段,与东道国企业相比处于优势的企业,主要从事利润搜取型 ODI;与东道国企业相比处于劣势的企业,主要从事经验获得型 ODI。

冼国明和杨锐(1998)将发展中国家 FDI 分为两类:对发达国家的逆向投资(FDI-I,即学习型 FDI)、对其他发展中国家的水平投资(FDI-II,即竞争策略型 FDI)。从技术累积和竞争策略出发,他们构造了学习型 FDI 模型和策略竞争模型。该模型认为:随着技术的累积,发展中国家的一些企业逐步获得了所有权优势,当存在内部化动因和区位优势时,这些企业开始从事 FDI,但迫于发达国家跨国公司在技术、管理等方面的竞争优势的压力,发展中国家企业已经开始主动采取逆向投资,因此其 FDI 包含了策略竞争因素。同时,发展中国家政府通过政策支持等介入本国企业的逆向策略投资,进而改变了博弈的初始条件,激励了本国企业的 FDI 行为。

冯雁秋(2000)提出了"五阶段周期理论",认为我国的 ODI 可划分为五阶段,由此形成一个对外投资周期,一个周期完成后,另一个新的周期开始。划分阶段的依据是边际产业和优势产业的转换,而在每个阶段,学习型对外投资和优势型对外投资所处的位置都不一样。

孙建中(2000)提出了中国企业 ODI 的综合优势理论,指出综合优势表现在三个方面:一是投资动因的多极化;二是差别优势的多元化;三是发展空间的多角化。实际上,中国是一个经济发展不平衡、但高速增长的发展中大国,兼有发达国家和发展中国家的特征,其 ODI 的动因呈现出多极化和综合型;同时与被投资的东道国相比又具有多层次、综合性的差别优势;而且 ODI 的各个阶段并存、技术结构多层次性,投资主体多元性以及投资空间全方位性。这三个因素之间相互激励、相互促动,形成 ODI 的综合优势,进而取得综合效益。

楚建波、胡罡(2003 年)提出了跨国投资门槛论。该理论在区分企业不同投资动因和投资类型的基础上,以 ODI 的最低条件分析代替了传统的一般优势分析。其基本结论是:垄断优势并非 ODI 的必要条件和决定因素,发展中国家 ODI 行为是由企业的投资能力(企业本身所具备的一般条件)和对外投资"门槛"(企业实现一项特定的对外投资所必须具备的条件)两个因素共同决定的。实际上,随着技术的进步、制度的不断创新,以及企业的特殊投资动因和方式等因素的影响,发展中国家企业进行 ODI 的门槛有所降低,即使没有主流 FDI 理论中所述的各种优势,发展中国家企业依然可以进行 ODI。

马亚明、张岩贵(2003)从技术扩散的角度出发,论证了技术落后厂商进行 FDI 可能是为了在地理上靠近先进厂商以分享技术溢散的好处,而不是为了利用已有的优势,从而在理论上阐明了发展中国家企业进行 ODI 的经济合理性,并说明,跨国经营的实质不仅在于利用和发展原有的优势,还在于保持和寻求新的优势。

随着研究的深入,近年来,国内一些学者尝试引入新的理论视角或者整合各种理论视角来解释中国 ODI 的实践。如基于网络观的分析,林勇(2004)认为海外华商资源是我国企业"走出去"实施海外投资战略可利用的独特优势,并就我国海外华商资源分布的区位特点提出了我国海外投资的三种模式:东南亚模式、东欧模式与美国模式。王艳梅、王新华(2005)采用企业资源基础理论,结合企业的价值链分析方法认为:资源分布的不确定性以及绝大部分资源难以跨国转移的特性(Fahy,2002),决定了企业 ODI 的必然性,而我国企业的资源现状决定了我国企业 ODI 应以战略资源特别是技术资源的获取为主要目的。周长辉(2005)整合内部化视角、企业的资源与能力视角和制度与文化差异视角,提出了一个中国企业 ODI 驱动力与进入模式的个整合性框架。陈涛等(2007)基于制度、交易成本、资源理论的视角,从战略管理角度探讨了不同的战略管理理论对中国 ODI 的认识和理解,并强调了制度理论在分析中国公司 ODI 中的重要性。杜江和宋跃刚(2014)则实证分析了制度距离对我国 ODI 区位选择的影响。这些新颖的视角和研究方法无疑加深对中国 ODI 的理解,推进中国 ODI 的相关研究。

(二) 国外学者对中国 ODI 的研究

中国 ODI 的快速增长也引起了国外学者的注意,近年来,中国 ODI 成为国际商务等领域的研究热点,这些研究多关注中国 ODI 的优势及其来源。Buckley *et al.*(2007)将国外对中国 ODI 的理论解释主要分为以下三类:

1. 资本市场不完善

作为新兴经济体,中国存在资本市场不完善,这意味着在想当长的时间内可以以低于市场均衡利率获得资本,从而使得那些潜在的对外投资者对此加以利用。从这个方面说,新兴经济体企业(包括中国企业)可以将资本市场不完善转化为所有权优势(Buckley, 2004)。这种能力来源于各种特定的或相互联系的资本市场不完善:(1)国有企业和受到国家支持的企业可以获得低于市场利率水平的资本支持(如以软预算约束形式存在的资本支持)(Warner *et al.*, 2004);(2)银行系统给潜在的对外投资者提供软贷款(Antkiewicz & Whalley, 2006);(3)联合大企业的内部资本市场能有效对 ODI 进行补贴(Liu, 2005);(4)家族企业可以从家族成员那里获得低廉的资本(Child & Pleister, 2003)。

国外学者的研究认为以上四种情况在中国都存在(Buckley *et al.*, 2007),甚至有研究认为,软贷款约束是中国国有企业海外并购和进入东道国市场的"常规"模式(Warner *et al.*, 2004)。从这个角度看,资本市场不完善似乎可以解释中国在资源寻求型(主要是自然资源)ODI 和战略资产寻求型 ODI。

2. 所有权优势

一种观点认为新兴经济体跨国公司已经发展出所有权优势,从而使得它们在某些方面比当地企业和工业化国家跨公司运行更有效率。这些优势包括:灵活性(Wells, 1983)、对资本或资源的节约利用、从东道国嵌入中所获得的利益(如在新兴经济体背景下所积累的经验)以及与其他企业等建立关系从而接近和获得资源。最后一种优势也被称为关系资产(Erdener & Shapiro, 2005),如网络技巧和海外华人的关系网络。由于这些网络的存在,使得有关投资项目可行性和获利性的市场信息能轻松获得,并建立有利的商务关系从而促进海外投资的发展,结果投资和商务风险得以降低(Zhan, 1995),因此这些关系的存在为中国跨国公司提供了一种暂时性的"所有权优势"。

3. 制度因素

中国制度体系能决定中国企业到海外投资的能力和意愿。直接的、持续的、自由的对外投资政策会促进本国的对外投资,而随意性强、不断变动的政策则会起到相反的效果。另一方面,中国对外投资通常也会受政策限制,从而影响了中国对外投资总量、方向与资本流动范围。如果这些制度约束结合针对特定产业和所有权形式的企业的歧视政策,则会造成对外投资的扭曲。在这种情况下,就会出现通过非正规途径甚至非法途径进行对外投资的情况。

二、中国 ODI 研究的特点

国内外学者为探索适合中国对外直接实践的理论进行了有益的尝试。从国内学者的研究来看,他们在坚持主流 FDI 理论的合理性的同时,注意到了中国作为发展中国家积极开展 ODI,甚至主动到发达国家进行投资的现象,从动态的技术积累、策略竞争或者阶段发展等角度,提出了解释中国 ODI 的理论。与主流的以优势分析为中心的 ODI 理论不同的是,这些理论强调的是,在没有优势的情况下,可以通过学习或者经验获得来获取和积累优势。从国外学者的研究看,国外学者对中国 ODI 的研究在注重分析中国企业特定优势的表现和来源的同时,也注意到了中国独特的国内制度环境对中国 ODI 的影响。

总体来看,国内外学者的相关研究促进了中国 ODI 理论研究的发展。从已有研究来看,主流 FDI 理论并不能完全解释中国 ODI,这意味着需要立足于中国 ODI 的实践,吸取主流 FDI 理论和新兴经济体 ODI 理论的合理成分,引入新的视角,并将研究结论与现有 ODI 理论的观点进行对比分析,从中发现对新兴经济体乃至整个 ODI 理论研究的启示。

第四节
主流 FDI 理论解释新兴经济体 ODI 的不足之处

一、主流 FDI 理论与新兴经济体 ODI 理论研究的比较

在一定时间内,主流 FDI 理论为解释企业 ODI 活动构建了近乎完美的逻辑框架。主流 FDI 理论强调拥有特定优势是企业 ODI 的前提条件,无论是发达国家还

是发展中国家企业 ODI 理论莫不如此,因此大多数学者们的研究也总是设法去寻求这些企业的某种优势,并以此解释企业的 ODI 行为。这种基于企业特定优势的 ODI 理论对发达国家企业的 ODI 行为具有较强解释力,不管其投资是流向其他发达国家还是流向发展中国家,也可以解释发展中国家企业对其他发展中国家的投资。然而,理论是灰色的,实践之树常青,在经济全球化背景下,随着国际直接投资实践的发展,主流理论却难以解释经济全球化背景下所出现的非传统 ODI(如战略性投资、发展中国家的逆向投资等)(Moon & Roehl, 2001),也难以解释新兴经济体在 ODI 活动中所表现出的"超常规"行为,如尽管处于竞争劣势,但仍积极在发达国家进行 ODI、在发展的早期就大量进行 ODI 等,因为总体上看,发展中国家企业的特定优势并不突出,而特定优势被主流理论视作 ODI 的基础。正是对主流理论适用性的反思,促进了新兴经济体 ODI 研究的兴起。结合前文分析,主流 FDI 理论研究与新兴经济体 ODI 理论研究在理论方法、研究对象、假设前提、研究重点、主要研究范围、主要研究结论等方面都存在一定的区别,具体分析见表 2.5。

表 2.5 主流 FDI 理论与新兴经济体 ODI 理论研究的比较

比较标准	主流 FDI 理论	新兴经济体 ODI 理论
理论方法	新古典视角	进化视角、制度视角、资源观视角
研究对象	作为"先行者(Early-movers)"的来自发达国家企业的 ODI	作为"迟来者(Latecomers)"的新兴经济体跨国公司的 ODI,这些"迟来者"首先是东亚的部分新兴工业化国家和地区,如韩国、新加坡、中国台湾和香港,最近印度、中国内地也加入其中,也包括拉丁美洲等新兴经济体,如巴西、墨西哥等
主要研究范围	发达国家企业在其他发达国家、发展中国家的 ODI;发展中国家企业在其他发展中国家的 ODI	新兴经济体在发达国家的 ODI
假设前提	企业进行国际化扩张必须具备所有权优势,如高端技术、管理诀窍、营销技能、知名品牌等,ODI 的动因是充分利用这些优势,获取更多利益。因此,传统观点是资产运用导向的	"迟来者"在国际化扩张前并不具备强大的、可以直接应用于海外的所有权优势,其 ODI 动因是通过国际化扩张培育新的竞争优势。因此,新兴观点是资产寻求导向的
研究重点	大多从经济角度,如产业、市场竞争等来研究跨国公司行为。较少研究制度因素等对企业 ODI 影响	研究产业因素、制度因素、企业资源因素等对新兴经济体 ODI 及其跨国公司成长、演化与战略的影响
主要研究结论	传统跨国公司在国内已开发出某些垄断优势,并且可以将这些优势直接扩展至一定的区位,而且这种扩张过程是渐进的阶段化扩张	新兴经济体跨国公司并不完全依赖于对资源的初始占有而进行国际化,资产寻求是其 ODI 活动的重要动因,通过加速国际化等方式,新兴跨国公司可以实现跨越式发展

• 资料来源:本研究整理。

二、主流理论解释新兴经济体 ODI 的不足之处

主流 FDI 理论在解释新兴经济体 ODI 时,倾向于认为新兴经济体企业在特定发展背景下已开发出一定的优势,从而企业得以进行 ODI,这种理论解释具有一定的合理性。由于与发达国家企业相比,新兴经济体企业在技术、营销和管理技能等方面仍处于劣势,因此依据主流理论,新兴经济体企业只能在其他发展中国家进行 ODI,其 ODI 活动也只能限于价值链的低端。但是,最近的发展趋势显示,进入新世纪以来,新兴经济体 ODI 的区位包括发展中国家也包括发达国家,其活动既涉及资源导向,也涉及更高的价值增值活动(Luo & Tung,2007),这与 20 世纪 70、80 年代发展中国家企业通过运用产品与生产流程技术方面的企业特定优势,从而在要素成本、投入特征与需求状况与本国相似的发展中东道国进行 ODI 是不同的。这一发展趋势对主流理论无疑提出挑战。

在解释新兴经济体资产寻求型 ODI 时,主流 FDI 理论关于企业必须拥有所有权优势才能在国外进行 ODI 的假设无疑遇到挑战。由于新兴经济体通常是全球竞争的迟来者,当进行 ODI 时,它们在母国所拥有的企业所有权优势往往不足用以形成相对与本土企业的竞争优势,因此除了资产运用动因(asset-exploitation motives)外,新兴经济体企业 ODI 的动因还包括资产寻求动因(asset-seeking motives)。例如,Makino、Lau & Yeh(2002)采用组织学习和资产寻求视角的研究认为,新兴经济体企业不仅在它们拥有企业特定优势时进行资产运用型 ODI,也在试图寻求母国所缺乏的技术资源和技能时进行 ODI。Luo & Tung(2007)认为来自于新兴市场的跨国公司将 ODI 作为跳板(springboard)来获得战略资产,并减少在国内遇到的制度和市场方面的制约。以上有关新兴经济体资产寻求型 ODI 的研究说明,不少新兴经济体企业进行 ODI 之前也许并没有拥有优于东道国本土企业的所有权优势,基于所有权优势的资产运用动因更多是新兴经济体进入其他新兴经济体或发展中国家时的动因,而进入发达国家时更多是由发展所有权优势的资产寻求动因所驱动(Liu、Buck & Shu,2005),由于 OLI 理论及其拓展都没有改变“企业进行 ODI 之前必须拥有所有权优势”的假设前提,因此对新兴经济体 ODI 的解释显然力不从心。

作为解释新兴经济体最常用的理论,OLI 理论也存在不足之处。首先,OLI 理论以降低交易成本和通过内部化利用已有优势从而降低风险为基础和出发点,忽视了交易价值的创造和网络模式所提供的发展新优势机会,这就不能很好解释新兴经济体企业在对外投资中重视外部网络合作(如建立战略联盟)等进入模式以及加速国际化的现象。再次,OLI 理论没有考虑所有权优势、区位优势和内部化优势这三个核心概念之间的相互联系及动态变化。例如新兴经济体制度环境的改变,会导致国内企业母国区位优势的变化,从而企业所有权优势发生转变,最终使得企业内部化优势发生改变,推动企业进行 ODI(Cuervo-Cazurra,2007),OLI 理论对此还未有深入的分析。

尽管新兴经济体 ODI 总体上符合投资发展周期理论,但是,严格来说,投资发展周期理论只是解释了新兴经济体可能在什么时候进行 ODI,而无法解释企业为什么进行 ODI。同时由于投资发展周期理论本身需要不断完善,且一些新兴经济体企业在面临相对落后于发达国家的国内经济发展水平时仍体现了开展 ODI 的主动性,因此投资发展理论对新兴经济体 ODI 的解释力仍待完善。

主流理论将企业 ODI 看作是企业基于对特定资产占有所产生的竞争优势的结果,这种研究思路在一定程度上排斥了对那些通过国外扩张获取在国内难以获得的资源,从而获取竞争优势的企业 ODI 的研究,对于新兴经济体企业在经济全球化背景下重视外部合作、加速国际化等现象也缺乏解释,因而在解释新兴经济体 ODI 时并不具有普遍适用性。因此对新兴经济体 ODI 的研究有必要在吸收越主流理论合理性的基础上,拓展新兴经济体 ODI 研究的理论视角,同时进行理论创新,以便更好地解释新兴经济体 ODI 实践。

三、ODI 理论及其发展对中国 ODI 研究的启发

国内外学者在 ODI 相关领域的研究已经取得了一定的研究成果,但在解释新兴经济体 ODI 方面,目前还没有被普遍接受的 ODI 理论。鉴于新兴经济体本身的独特性及其 ODI 实践的复杂性,有必要在吸取主流 FDI 理论和新兴经济体 ODI 理论的合理成分的同时,综合各种理论视角对其进行深入研究。对新兴经济体 ODI 的研究既需要通过对个别国家和地区的 ODI 考察发现新兴经济体 ODI 的国

别特征,也需要总结出新兴经济体这类国家和地区 ODI 的一般性规律,从而全面推进新兴经济体 ODI 的研究。这是新兴经济体 ODI 研究的发展趋势,也是目前推进新兴经济体 ODI 研究的有效路径。

在解释中国 ODI 方面,主流 FDI 理论仍有其合理性,如这些理论仍可以解释中国到其他发展中国家的 ODI,因为企业在开展 ODI 前或多或少会具备一定的优势,即使来自新兴经济体的企业也不例外。但同时也要注意到,对于我国在发达国家开展的逆向投资,特别是高端产业领域的投资,发展中国家主流 FDI 理论仍缺乏解释力。如肖黎明(2007)认为,小规模技术理论很难解释像以中国联想集团、万向集团、华为技术和京东方等为代表的高新技术企业的 ODI 行为,也无法说明我国对欧美等发达国家的 ODI 日益增长的现象。与发达国家相比,发展中国家和地区在发展背景、经济增长速度、国内经济结构与制度环境等方面存在差异,这必然深刻影响其企业的 ODI 活动。因此,在考察发展中国家企业 ODI 时,要结合一国或地区具体的宏观经济与制度环境及 ODI 特征来研究,并考察由此所得出的研究结论与主流 FDI 理论和新兴经济体 ODI 理论的异同及其对 ODI 理论发展的影响。

作为最大的新兴经济体,中国 ODI 的实践为检验主流 FDI 理论和发展新理论提供了实践基础,因此有必要通过找寻中国 ODI 背后的动因,分析其决定因素,检验其实践效应,对中国 ODI 进行深入研究。在研究过程中,要避免当前研究中过分关注宏观层面因素的倾向,恢复 ODI 研究中企业的主体地位,分析企业 ODI 微观机制。同时,鉴于中国对外投资的复杂性,要避免研究视角的单一化。正是基于这一认识,笔者选择以中国 ODI 为例,并将这一研究主题置于新兴经济体背景下,采用经济学和管理学双视角结合的方法,综合宏观分析和微观分析,借鉴 ODI 研究的最新成果,通过探讨中国 ODI 的动因、决定因素和母国效应,以期加深对中国 ODI 的全面系统认识,为新兴经济体 ODI 研究提供有益的理论启示。

第三章
新兴经济体 ODI 的发展阶段

本章在回顾新兴经济体 ODI 发展阶段相关研究基础上,重点通过对中国 ODI 发展阶段的实证研究,检验新兴经济体 ODI 发展阶段的规律。

第一节
新兴经济体 ODI 发展阶段的主要观点

一、ODI 发展阶段的一般观点

20 世纪 80 年代初,邓宁(Dunning, 1981)在国际生产折衷理论的三优势(所有权优势、区位优势、内部化优势)基础上,通过引入直接投资流入与流出、净 ODI 以及人均国民生产总值等宏观经济变量,提出了投资发展周期理论(IDP 理论)。根据 IDP 理论,一国净 ODI 与其经济发展水平存在着极为密切的相关关系,具体而言,即随着经济的发展,人均国民收入(GNP)水平的提高,一国的净 ODI 将经历阶段发展的特征。具体说来,随着人均 GNP 水平提高,一国的净 ODI(即直接投资输出减直接投资输入之差)具有周期性规律,其间将经历四个阶段(见表 2.2)。1988 年,Dunning 又根据国际直接投资实践发展的新形式提出第五个阶段。此阶段的净 ODI 额仍然大于零,但绝对值已经开始下降。与前四个阶段相比,第五个阶段受经济发展阶段的影响程度大大减弱,一国的资本流入和流出都已得到了充分的发展,外资流入及境外投资都可能继续增加,但净境外投资额而更多地取决于发达国家之间的交叉投资,围绕零水平波动。

以人均净 ODI 表征 ODI 地位,以人均 GNP 表征经济发展水平,就可以按照

一国经济所处的不同发展水平,将该国 ODI 的演进过程划分为五个阶段(见图 3.1,其中序号 1—5 依次代表了这五个发展阶段),以表述该国 ODI 与经济发展水平之间的对应关系。IDP 理论问世以来,不断有学者对其进行实证检验,并在不同程度上验证了这一假说的合理性(Dunning、Kim & Lin,2001;Barry、Gorg & Mcdowell,2003;马林平等,2001;许真等,2016)。

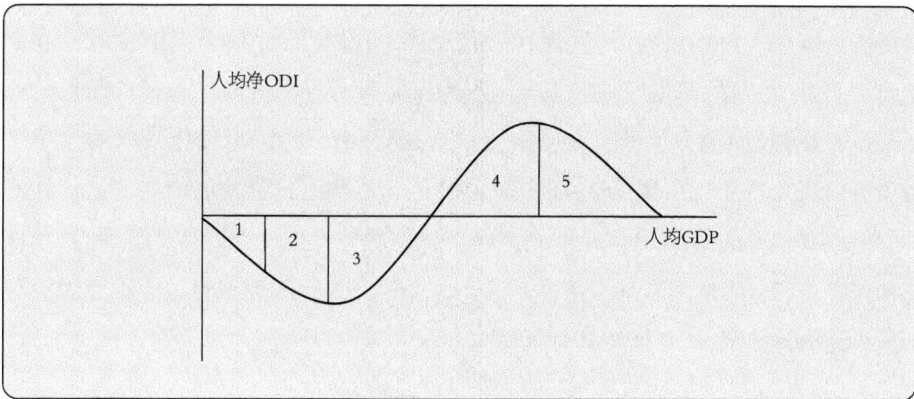

图 3.1 ODI 发展周期

二、新兴经济体 ODI 发展阶段的主要观点

新兴经济体 ODI 是伴随着这些国家与地区经济的快速发展而兴起的,自然地,一些学者尝试利用邓宁的投资发展周期理论(IDP 理论)来解释新兴经济体 ODI。对新兴经济体和发展中国家 ODI 的研究基本支持了 IDP 理论(Tolentino,1993),但 Lall(1996)指出应该考虑各国不同的次模式(sub-patterns)对 IDP 理论进行修正和拓展。一国特定的投资发展周期会因一国特定因素,如资源禀赋、国内市场规模、产业发展战略、政府政策导向和经济活动的组织等而有所不同,而且 IDP 理论对于潜在优势(要素)与直接投资(包括流入和流出)发展阶段的关系仍是模糊的,因此在这个领域仍然需要开展深入研究(Hoesel,1999)。Dunning & Narula(1996)也意识到,一国特定的投资发展周期会因一国特定因素,如资源禀赋、国内市场规模、产业发展战略、政府政策导向和经济活动的组织等而有所不同。

Dunning 等人(2008)分析了经济全球化对一国投资发展周期的影响,提出了全球化背景下,以新兴经济体为主的"新来者"(new players)的投资发展周期模型,如图 3.2 所示,该图显示,全球化使得"新来者"的投资发展周期加速。Yang 等人(2009)对中国海尔和日本松下的演化历程进行了比较研究,研究发现这两家跨国公司在不同国际化阶段所花时间不同。如从出口到首次进行 ODI,海尔用时 6 年,松下为 9 年;从设立首个境外生产工厂到首次并购,海尔用时 5 年,松下为 12 年。相对于传统跨国公司,新兴经济体跨国公司 ODI 发展确实呈现出加速国际化的特征。Lee & Slater(2007)发现,韩国三星公司没有囿于 ODI 与国内经济动态发展水平相适应的理论限制,其创业导向资产寻求型(entrepreneurial asset seeking)ODI 反而提升了母国发展路径。这说明,由于经济全球化带来的竞争压力和提供的发展机会并存,新兴经济体 ODI 的起步要比投资发展周期理论预计的早。但也有学者认为,IDP 理论对新兴经济体的对外直接投资仍具有解释力,如许真和陈晓飞(2016)运用新兴经济体 11 国 2002—2013 年的数据的实证研究表明对于新兴经济体国家,IDP 框架具有解释力。

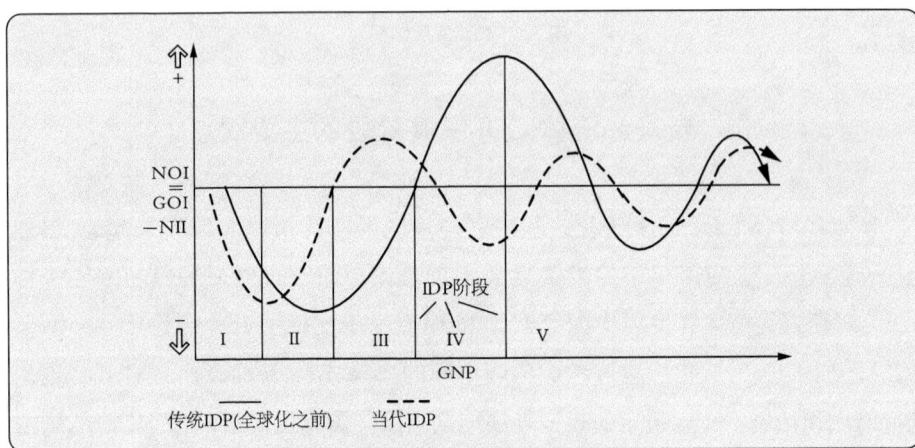

图 3.2 "新来者"的投资发展周期模型

• 资料来源:Dunning *et al.*(2008)。

针对中国 ODI 发展实践,国内学者进行了实证检验。代表性研究有:高敏雪、李颖俊(2004)对 1984—2001 年我国人均 GDP 和净 ODI 的时间序列数据进行了二阶回归建模,结果表明我国 ODI 发展路径符合 IDP 理论的 J 形曲线假设,但其发展阶段处于一种矛盾之中——理论上的第三阶段、实际中的第二阶段。邱之成、于李娜(2005)使用 1982—2002 年间的数据,建立起以净 ODI 额为因变量、以 GDP 和 GDP² 为自变量的非线性回归模型,对我国的 ODI 做了实证检验。结果显示,我国的净 ODI 与经济发展水平之间呈反 J 形曲线分布,但净 ODI 处于投资发展周期的第二阶段。杨健全、杨晓武、王洁(2006)选取 1985—2004 年间的相关数据作为研究样本,检验结果表明,我国 ODI 的发展轨迹符合 IDP 理论假设的"J 曲线"分布,并且我国目前正处于投资发展周期的第二阶段。薛求知、朱吉庆(2007)实证研究结果表明,一方面,中国 ODI 与邓宁的投资发展周期理论对经济发展与对外投资之间关系的规律性认识相吻合;另一方面,中国现阶段的 ODI 的实际情况与理论预期还存在较大的差距,ODI 的发展阶段滞后于经济整体发展水平。梁军、谢康(2008)根据邓宁的投资发展周期理论的实证分析表明,中国双向投资正在转入流出增幅高于流入增幅的结构,即投资发展周期的第三阶段,反映出了中国净 ODI 随中国经济发展水平的提高先降后升的特性。许杨敏(2014)选取 1982—2012 年中国 ODI 的样本数据的实证表明我国的经济发展水平与对外直接投资之间的关系总体上符合发展经济体的投资发展路径,这表明,我国对外直接投资的发展在受政策影响的同时,在根本上还是依据内部经济发展的规律而发展的。

从以上研究结果可以看,目前对中国对外直接发展阶段的判断不尽一致,有些研究结论与投资发展周期理论预期相一致,有些研究结论并不符合理论预期。造成这一现象的原因既可能是理论预测性较差,也可能是数据处理不一致,或者模型建立和模型变量选择存在一定的偏差所造成的,因此需要进一步实证检验。

第二节
中国 ODI 的发展阶段

经过改革开放后三十多年经济的高速增长,中国经济规模不断扩大。与此同时,中国 ODI 也快速增长,中国已成为世界瞩目的国际直接投资来源地,也成为新兴经济体 ODI 发展的重要力量。作为最大的新兴经济体,中国经济发展水平对其 ODI 有何影响? 中国 ODI 究竟处于哪个发展阶段? 是否符合投资发展周期理论,还是有其独特的发展路径？这是本研究试图回答的问题。本部分将对中国经济发展水平与ODI规模的数量关系进行实证分析,以判断目前中国境外投资所处的发展阶段。

一、中国 ODI 的发展历程

作为对外开放政策的一部分,1979 年 8 月,国务院提出"出国办企业",第一次把 ODI 作为一项政策确定下来。同年 11 月北京友谊商业服务公司在日本东京设立了合资企业"京和股份有限公司",从而拉开了中国企业 ODI 的序幕。之后,中国 ODI 逐步发展起来,从 1979 年不足 5 000 万美元至 2014 年一举突破千亿美元大关,规模迅速扩张。特别是近几年来,无论从总量来看,还是增长速度来看,中国ODI 发展进入了新台阶(见表 3.1)。

表 3.1　1979—2014 年中国 ODI 流量

年份	中国 ODI 流量(亿美元)	年增长率(%)	年份	中国 ODI 流量(亿美元)	年增长率(%)
1979	0.35	—	1997	25.62	21.2
1980	0.36	2.9	1998	26.34	2.8
1981	0.41	13.9	1999	17.74	−32.6
1982	0.44	7.3	2000	9.16	−48.4
1983	0.93	111.4	2001	68.84	651.5
1984	1.34	44.1	2002	27	−60.8
1985	6.29	369.4	2003	28.54	5.7
1986	4.5	−28.5	2004	54.98	92.6
1987	6.45	43.3	2005	122.61	123.0
1988	8.5	31.8	2006	176.34	43.8
1989	7.8	−8.2	2007	265.06	50.3
1990	9	15.4	2008	559.07	110.9
1991	10	11.1	2009	565.3	1.1
1992	40	300	2010	699.1	23.7
1993	43	7.5	2011	746.5	6.8
1994	20	−53.5	2012	842.2	12.8
1995	20	0	2013	901.7	7.1
1996	21.14	5.7	2014	1 231.2	14.2

• 资料来源:1979—1989 年数据来自赵美英、李春顶(2009),1990—2008 年数据来自商务部历年《中国对外直接投资统计公报》。

根据中国 ODI 规模的发展,结合 Wu & Chen(2001)、王迎新等(2003)及王晓红等(2008)人的研究,笔者将中国 ODI 的发展历程大体归纳为以下几个主要阶段:

(一) 探索起步阶段(1979—1984 年)

改革开放初期,我国对外开放的重点是扩大出口和利用外资,少数国有外经贸企业为了促进外贸发展和对外经济交流,开始在国外设立窗口企业,主要目的是为贸易服务。对外投资主体主要为中央和地方国有外贸专业公司、省市国际经济合作公司等,投资领域主要集中在贸易、航运、建筑工程承包等行业,投资区域多为进出口市场集中的地方,包括中国香港和澳门、东南亚地区。总体来看,受当时国内经济条件和政策所限,这一时期我国 ODI 还处于探索起步阶段,整体规模较小,至1984 年底,投资总额约为 3.8 亿美元,经批准的非贸易性境外投资企业为 113 家(见表 3.2)。

表 3.2　1979—1984 年中国非贸易性 ODI 情况

年　份	1979	1980	1981	1982	1983	1984	合计
举办境外投资企业数(家)	4	13	13	13	33	37	113
中方直接投资额(百万美元)	0.53	31.87	2.6	2	13	100	150

• 资料来源:《中国对外贸易统计年鉴》,中国展望出版社 1987 年版。

(二) 稳步推进阶段(1985—1991 年)

1985—1987 年,我国出现了第一次 ODI 高潮,1985 年 ODI 达 6.29 亿美元,比1984 年增长 369.4%。随后,随着相关政策的调整和规范,我国 ODI 进入稳步推进阶段,截至 1991 年底,我国 ODI 总额 52.5 亿美元,ODI 存量的复合增长率高达35%(王晓红等,2008),设立的境外非贸易性投资企业 1 200 多家(见表 3.3)。投资主体向大中型生产企业和综合金融企业扩展,如首都钢铁公司、中国国际信托投资公司等;投资领域逐步向资源开发、制造加工、交通运输等多个行业延伸;投资区域已经扩展到部分发达国家。

表 3.3　1985—1991 年中国非贸易性境外企业数及投资额情况

年　　份	1985	1986	1987	1988	1989	1990	1991	合计
举办境外投资企业数(家)	76	88	108	141	119	156	207	895
中方直接投资额(百万美元)	47	33	410	75	236	77	367	1 245

• 资料来源:根据《中国对外经济贸易年鉴》(2001 年)相关数据整理。

(三) 调整发展阶段(1992—2000 年)

1992—2000 年是我国"走出去"战略不断酝酿和最终明确的阶段。伴随着中国经济的快速发展和对外开放的不断扩大,我国 ODI 活动有较大的飞跃,1992 年 ODI 额猛增为 40 亿美元。1993 年开始,中国经济显示出过热的迹象,大中型国有企业经营效率低下,我国决定进行经济结构调整与完善。与此同时,我国境外投资项目普遍效益低下。在这种情况下,随着国家抑制经济过热的宏观调控政策以及外汇管理体制改革的实施,国家对境外投资着手进行清理整顿,严格审批手续,中国对外投资进入调整期,至 1998 年 ODI 增速放缓。尽管如此,与前一阶段相比,这一时期我国对外直接投资仍获得了较快增长,1992—1998 年总共 7 年的境外投资总额达到了 197.1 亿美元,约是 1979—1991 年总共 13 年的投资总额的 4 倍。随着我国宏观调控政策逐步取得成效,国际收支情况逐步好转,同时,也为了应对 1997 年亚洲金融危机对我国出口的影响,自 1998 年开始国家实行了鼓励企业开展境外带料加工装配业务的战略,政府相关部门出台了系列文件完善 ODI 管理体制,支持有条件的企业走出去,为我国境外投资的增长创造了有利的条件。

这一阶段我国 ODI 呈现出快速增长的局面,1992—2000 年底,我国 ODI 获得了突破性进展(见表 3.4),投资总额达 223 亿美元,投资遍及 100 多个国家和地区。由于相关政策的支持,我国境外加工贸易和资源开发成效显著。这一阶段,ODI 主体开始多元化,除了国有企业外,一些经营良好的民营企业如万向集团等开始海外跨国经营的尝试。从投资行业结构看,我国对外投资逐步从贸易窗口型投资向资源开发、生产制造等领域延伸,截至 2000 年年底,ODI 的 40％左右投向了生产性领域,在一定程度上提升了我国国际分工的地位。

表 3.4 1992—2000 年中国非贸易性 ODI 情况

年 份	1992	1993	1994	1995	1996	1997	1998	1999	2000
年末企业数(家)	1 363	1 657	1 763	1 882	1 985	2 130	2 396	2 616	2 859
年末累积中方投资额(亿美元)	15.91	16.87	17.85	18.58	21.52	23.25	25.84	31.74	37.25

• 资料来源:《中国对外经济贸易年鉴》(1994—2002)。

(四) 积极推动阶段(2001 年至今)

这一阶段中国 ODI 的加速发展有其经济环境和政策背景。2001 年我国加入世贸组织标志着中国对外开放进入一个全新的阶段,2002 年十六大报告进一步强调和明确了"走出去"发展战略思路,对外开放进入了"引进来"与"走出去"并重阶段。从宏观经济环境来看,2002 年后中国外汇储备的迅速增加,政府对资本项下外汇流动的严格控制也在逐步放松,实施境外投资的外汇储备基础较为充裕。2003 年,中国油气、钢铁、铝、铜等能源和基础性原材料市场供应紧张,价格全面上涨,同时,国际市场石油价格居高不下,在这一形势下,中国政府加紧实施能源、资源安全战略和经济外交战略,中国企业面向海外能源和资源类开发的投资活动空前活跃。2005 年汇率改革以来,人民币逐步升值,总体上有利于我国企业降低对外投资成本。从政府政策导向来看,相关部门出台系列政策推进对外投资便利化进程,引导企业对外投资活动,促进了企业 ODI 活动。

宏观经济环境和政策导向推动了中国 ODI 的加速发展。从投资规模来看,2001 年,中国境外投资额达到了一个历史峰值,当年的境外投资额高达 69 亿美元,较上年增长了近 6 倍。除 2002 年和 2003 年受世界经济衰退及国内遭遇 SARS 的影响,投资额有所下降外,中国 ODI 总体保持强劲增长势头(见表 3.5)。截至 2008 年底,ODI 存量达 1 839.7 亿美元,其中非金融类 ODI 存量达 80%。投资主体更趋多元化;投资区域除传统发达国家外,对亚洲和非洲等地的发展中国家投资增长迅速;投资行业分布广泛,制造业、批发和零售业、商务服务业聚集度较高,标志着中国 ODI 迈入了全新的阶段。2007 年美国次贷危机发生后,危机不断向全世界扩散,受世界经济和金融危机的影响,国际直接投资流动减缓,2009 年全球 ODI 较上年下降了 43%,同年中国 ODI 较上年增速大幅下滑,2010 年重拾升势,尽管如此,中国 ODI 的年度流量规模仍稳步增加,中国对外投资大国地位开始确立。

表 3.5　2001—2014 年中国 ODI 情况

年　份	2001	2002	2003	2004	2005	2006	2007
年度流量(亿美元)	68.8	27	28.5	55.0	122.6	176.3	265.1
年增长率(%)	590	−60.9	5.6	93	122.9	43.8	50.3
年　份	2008	2009	2010	2011	2012	2013	2014
年度流量(亿美元)	559.1	565.3	699.1	746.5	842.2	901.7	1 231.2
年增长率(%)	110.9	1.1	23.7	6.8	12.8	7.1	14.2

• 资料来源:商务部各年《中国对外直接投资统计公报》。

二、中国 ODI 发展阶段的实证检验

中国 ODI 与经济发展水平之间究竟是怎样的关系？其发展具体处于哪一个阶段？是否符合邓宁的 IDP 理论假设？本部分将在 IDP 理论假设的框架内,应用最新的统计数据,进行实证检验和分析。

(一) 数据的选择及来源

本部分所涉及的统计数据主要有中国 ODI、中国引进外商直接投资、人均GDP 等。在统计数据的选择上,主要基于以下考虑:首先,为反映中国经济及 ODI发展的最新动态,使研究结论更贴合实践,因此尽可能选择最新的统计数据,研究的时间系列数据跨度为 1982—2014 年总共 33 年;其次,由于不同的数据有不同的来源,同一数据也可能涉及多个来源,而不同的统计来源的统计方法和结果会存在一定的差异,因此要尽可能地保持数据口径的一致,减少数据采集存在的不足对实证研究的干扰。

关于中国 ODI 规模,目前至少有以下几个权威数据可以利用,一是国家商务部和原外经贸部的统计数据,二是国家外汇管理局的统计数据,三是权威国际组织的数据,主要以 UNCTAD 发布的历年《世界投资报告》为主。这几种数据中,商务部是从 2003 年首次公布 ODI 数据的,而且 2002—2005 年所公布的数据为中国非

金融类 ODI 统计数据,2006 年才开始公布全行业 ODI 数据,数据的覆盖面和连续性较差。原外经贸部数据只反映了经主管部门批准或备案过的企业 ODI 数额,国家外汇管理局数据不仅反映了经官方批准的企业经营性投资,还包括了相当的政府非经营性投资,但这两者均未反映未经政府批准的企业与私人对外投资。UNCTAD 的数据主要是根据中国政府申报数据,剔除其中的非经营性投资部分,考虑国际直接投资流动总额与区域分布态势,由国际权威研究机构推算出来的,相对而言,它考虑了未经政府批准的对外投资,因此可能更接近实际情况。因此,笔者使用 UNCTAD 公布的中国 ODI 年度流量数据。为保持口径一致,引进外商直接投资数据也选择 UNCTAD 公布的中国引进外商直接投资的年度数据,并由一国 ODI 减去吸收外国直接投资的差额得到境外投资净额,并在此基础上根据人口数据计算出人均境外投资净额。人均 GDP 由国家统计局公布的各年《中国统计年鉴》中的 GDP 和人口数量计算得来,其中 GDP 根据《中国统计年鉴 2014》公布的各年人民币兑美元的平均汇价折算为美元单位,具体数据见表 3.6。

表 3.6　中国 ODI 发展阶段实证检验计量分析数据(1982—2014)

年份	国内生产总值 (百万美元)	引进外商直接 投资(亿美元)	ODI 额 (亿美元)	人均境外投资 净额(美元)	汇率(1 美元 兑人民币)	人口 (亿人)	人均国内生产 总值(美元)
Y	GDP	FDI	ODI	PNOI	EXR	P	PGDP
1982	180 300.30	4.3	0.44	−0.379 7	1.892 6	10.165 4	177.366 7
1983	202 087.40	6.36	0.93	−0.527 1	1.975 7	10.300 8	196.186 1
1984	244 194.00	12.58	1.34	−1.077 1	2.327	10.435 7	233.998 7
1985	305 264.60	16.59	6.29	−0.973 1	2.936 7	10.585 1	288.390 9
1986	295 476.10	18.75	4.5	−1.325 5	3.452 8	10.750 7	274.843 6
1987	321 391.20	23.14	6.45	−1.527	3.722 1	10.93	294.045
1988	401 072.00	31.94	8.5	−2.111 2	3.722 1	11.102 6	361.241 5
1989	449 114.20	33.93	7.8	−2.318 5	3.765 9	11.270 4	398.49
1990	387 771.80	34.87	8.3	−2.323 9	4.783 8	11.433 3	339.16
1991	406 097.70	43.66	9.13	−2.981 3	5.322 7	11.582 3	350.619 2
1992	483 046.80	111.56	40	−6.107 3	5.514 9	11.717 1	412.258
1993	601 083.00	275.15	44	−19.503 5	5.761 9	11.851 7	507.170 3
1994	542 534.30	337.87	20	−26.522 3	8.618 7	11.985	452.677 8
1995	700 252.70	358.49	20	−27.946 4	8.350 7	12.112 1	578.143 1

（续表）

年份	国内生产总值（百万美元）	引进外商直接投资（亿美元）	ODI 额（亿美元）	人均境外投资净额（美元）	汇率（1 美元兑人民币）	人口（亿人）	人均国内生产总值（美元）
1996	816 489.90	401.8	21.14	−31.102 5	8.314 2	12.238 9	667.126 9
1997	898 243.60	442.37	25.63	−33.709 7	8.289 8	12.362 6	726.581 5
1998	946 300.90	437.51	26.34	−32.956 6	8.279 1	12.476 1	758.491
1999	991 356.90	403.19	25	−30.066 1	8.279 6	12.578 6	788.129 8
2000	1 080 741.00	407.72	9.16	−31.446 3	8.277 4	12.674 3	852.702 7
2001	1 175 726.00	468.46	68.84	−31.311 6	8.277	12.762 7	921.220 4
2002	1 266 046.00	527	28.5	−38.808	8.277	12.845 3	985.610 3
2003	1 640 968.95	535.05	28.54	−39.195 4	8.277	12.922 7	1 269.834
2004	1 931 710.26	606.3	54.98	−42.413 1	8.276 5	12.998 8	1 486.068
2005	2 291 358.18	724.06	122.61	−45.997 9	7.996	13.075 6	1 752.392
2006	2 658 408.39	727.15	211.6	−39.220 8	7.971 8	13.144 8	2 022.403
2007	3 383 824.30	835.21	224.69	−46.206 4	7.604	13.212 9	2 561.000
2008	4 521 827.33	923.95	559.1	−27.473 2	6.945 1	13.280 2	3 404.939
2009	4 990 525.69	900.33	565.3	−25.105 3	6.831 0	13.345 0	3 739.622
2010	5 931 203.19	1 057.35	699.1	−26.716 9	6.769 5	13.409 1	4 423.267
2011	7 324 952.78	1 160.11	746.5	−30.698 0	6.458 8	13.473 5	5 436.563
2012	8 229 229.31	1 171.16	878.0	−24.294 7	6.312 5	13.540 4	6 077.538
2013	9 184 996.61	1 239.11	1 010.0	−16.837 4	6.193 2	13.607 2	6 750.10
2014	10 321 731.13	1 285.00	1 160.0	−9.138 6	6.142 8	13.678 2	7 546.12

• 资料来源：笔者根据相关资料整理。

（二）计量模型的设定及实证检验

笔者根据表3.6所列相关统计数据，以人均国内生产总值（PGDP）为横轴，以人均境外投资净额（PNOI）为纵轴，借助于 Eviews 7.2 软件，考虑到了 PGDP 的二阶多项式对 PNOI 的作用关系，绘制出了中国 1982—2014 年的境外投资发展路径曲线及回归散点图。（见图3.3）。从图3.3的曲线特征来看，目前正处于资发展周期理论的第三阶段的 U 形发展区间，即将进入第四阶段，特别经过二阶的散点图看，效果更明显，因此中国 ODI 过去 30 多年来的发展历程基本符合投资发展周期理论。

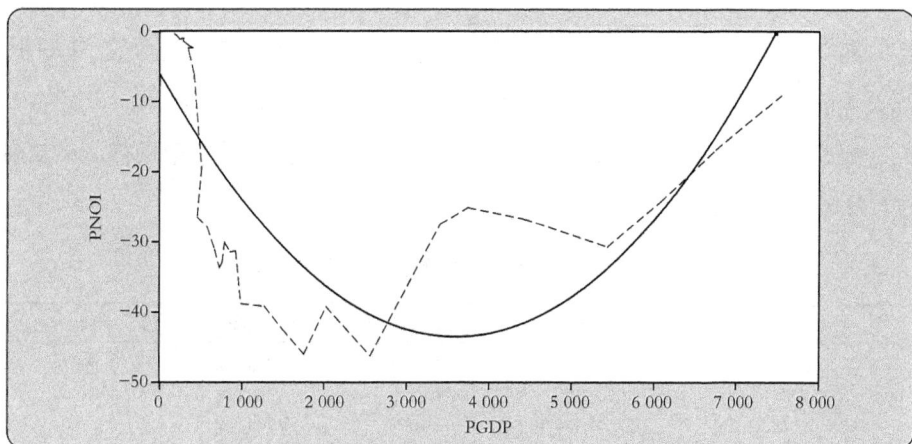

图 3.3 中国 ODI 发展散点图(1982—2014 年)

    在具体建模过程中,笔者以为人均境外投资净额 PNOI 因变量,反映境外投资的规模等基本特征;以人均国内生产总值(PGDP)为作为自变量,即经济发展阶段的标示变量。这里需要说明的是,国内外有关学者在 IDP 实证研究时,对自变量的选取上存在差异。很多学者选择人均 GNP 作为标示变量,而另外一些学者选择作为人均 GDP 标示变量或自变量。笔者认为,人均境外投资净额受人均 GDP 的影响的程度要大于 GNP 的程度,原因有二:首先,人均境外投资净额 PNOI 中包含了来自国外的收入,分析二者关系,应该剔除重叠部分;其次,国内生产总值 GDP 反映了地区的经济总量,体现了一个地区的科技含量、管理水平,包含了更多能影响境外投资的因素,进而会影响人均境外投资净额 PNOI,特别是考虑到中国对外开放的发展背景,用人均 GDP 做自变量更符合中国现实情况,因此,笔者在此采用了人均 GDP(PGDP)作为自变量。Tolentino(1993)、Narula(1996)、Dunning(2001)等学者在分析境外投资净额(NOI)与人均 GDP 关系时,都采用了二次方程函数来描述投资发展路径路线。另外,考虑到 PNOI 和 PGDP 的其他函数关系,有研究也采用了五次函数来拟合和验证投资发展阶段(项本武,2005),因此,作为对二次函数的补充和备选,笔者再采用一个五次函数来拟合和验证中国投资发展阶段。本研究设定的计量回归方程如下:

二次函数模型：$PNOI_t = \alpha + \beta PGDP_t + \gamma (PGDP_t)^2 + \varepsilon_t$

五次函数模型：$PNOI_t = \alpha + \beta (PGDP_t)^3 + \gamma (PGDP_t)^5 + \varepsilon_t$

其中，t 标示时间下标，α 标示常数项，β、γ 为一次项和二次项系数。$PGDP_t$ 为人均境外投资净额 $PNOI_t$ 人均国内生产总值。ε_t 为随机误差项。

依据表 3.6 的数据，借助 Eviews7.2 软件，首先对二次函数模型进行最小二乘法（OLS）的回归分析，结果如表 3.7。

表 3.7　二次函数模型的参数估计和检验结果

Variable	Coefficient	Std. Error	t-Statistic	Prob.
C	−6.093 125	3.429 157	−1.776 858	0.085 7
PGDP	−0.020 766	0.003 675	−5.650 019	0.000 0
PGDP^2	2.88E-06	5.34E-07	5.405 359	0.000 0
R-squared	0.515 837	Mean dependent var		−21.161 28
Adjusted R-squared	0.483 560	S.D. dependent var		15.659 80
S.E. of regression	11.253 72	Akaike info criterion		7.765 783
Sum squared resid	3 799.389	Schwarz criterion		7.901 829
Log likelihood	−125.135 4	Hannan-Quinn criter.		7.811 559
F-statistic	15.981 32	Durbin-Watson stat		0.289 475
Prob(F-statistic)	0.000 019			

同样借助于 Eviews7.2 计量分析软件，对五次方程的参数估计和检验结果如表 3.8。

表 3.8　五次函数的参数估计和检验结果

Variable	Coefficient	Std. Error	t-Statistic	Prob.
C	−20.198 80	3.070 836	−6.577 621	0.000 0
PGDP^3	−1.73E-10	1.27E-10	−1.367 082	0.181 8
PGDP^5	3.67E-18	2.50E-18	1.465 457	0.153 2
R-squared	0.069 121	Mean dependent var		−21.161 28
Adjusted R-squared	0.007 062	S.D. dependent var		15.659 80
S.E. of regression	15.604 41	Akaike info criterion		8.419 492
Sum squared resid	7 304.926	Schwarz criterion		8.555 538
Log likelihood	−135.921 6	Hannan-Quinn criter.		8.465 267
F-statistic	1.113 798	Durbin-Watson stat		0.139 305
Prob(F-statistic)	0.341 508			

通过比较上述两个方程的检验结果，显见五次函数模型没有通过统计检验，中国的实际数据不支持五次函数模型的假设。因而笔者认为 PGDP、PNOI 之间是

一个二次函数关系。

从表 3.7 可以看出常数项 C 未通过 t 检验,不显著,说明 PGDP、PNOI 的模型方程是一个过原点的曲线。这与中国国情实际比较吻合。在改革开放之前,以及改革开放初期,国外对中国进行经济封锁,中国的境外投资以及境外对中国的投资、出口活动非常不活跃,相对于中国总体 GDP 来说,境外投资几乎为零。因而从 1982 年为模型坐标起点时期来看,当时的境外净投资接近 0,因此在人均 GDP 为自变量、人均境外投资额为因变量的模型中,没有常数项 C。

从 PGDP 的系数为负数可以看出,在靠近原点(1982)的年份,PNOI 曲线是向下的,且越靠近原点,下降速率越大。但由于 PGDP 平方的系数为正数,虽然绝对值不大,但越靠后的年份,二次项的权重越来越大,曲线整体下降的趋势会得到遏制;一定年份之后,曲线会由下降趋势向上升趋势转变。

笔者通过选取 1982—2014 年间的数据,在 IDP 理论的框架内,就我国的 ODI 发展阶段进行了实证检验,结果显示:我国 ODI 的发展轨迹符合 IDP 理论假设的"J 曲线"分布,并且我国目前正处于投资发展周期的第三阶段,从图 3.4 可以看出,即将进入第四阶段。根据 IDP 理论,在第三阶段,本国企业的所有权优势和内部化优势日益上升,竞争力大为增强,外国子公司的所有权优势下降,外国区位优势在上升,本国对外投资将增加,增速有可能超过外资流入增速,但净对外投资额仍为负。本研究显示,目前我国净对外投资额仍为负数,但数额的增速有放慢的趋势,从而进一步验证了该理论的有效性。

三、中国 ODI 的发展趋势

在对以上模型进行最小二乘法(OLS)的回归分析基础上,笔者借助于 Eviews7.2 软件的预测模块,对中国 ODI 发展趋势进行了预测。这里的预测分两步开展。第一步,设定未来 GDP 的平均增速。1982—2014 年我国人均 GDP 年平均增速约为 10% 左右,但考虑到当前世界金融危机的影响,以及我国经济发展进入新常态,而且人均 GDP 基数不断增大,且本预测时间跨度较长,因此本研究设计了人均 GDP 高低两种速度,一个是 6.5%、另一个是 7%。第二步,根据设定的平均增速对 PONI 进行预测。预测结果上,进行了区间预测,另外一个是点预测。

（一）区间预测

假定人均 GDP 平均增速分别为 6.5%、7%,然后计算出 2015—2020 年 PGDP
值,利用 Eviews 分析软件的预测模块,可以分别预测出 2015—2020 年的发展趋
势,如图 3.4 和图 3.5 所示。从中可以看出未来中国对外投资将呈现快速发展的
趋势。

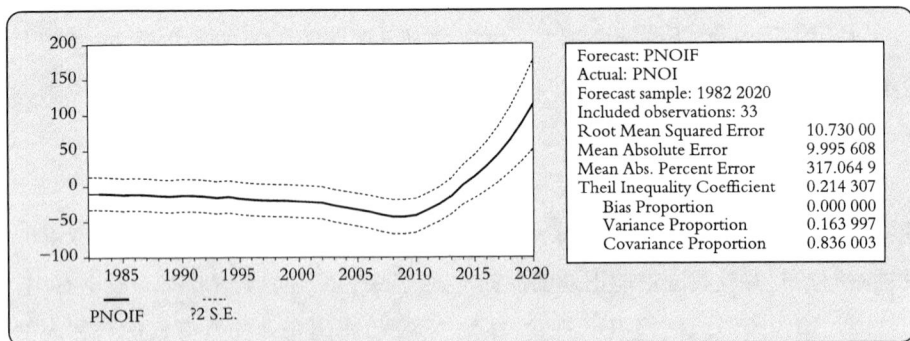

图 3.4 2015—2020 年中国 PNOI 发展趋势预测曲线(PGDP 为 6.5%)

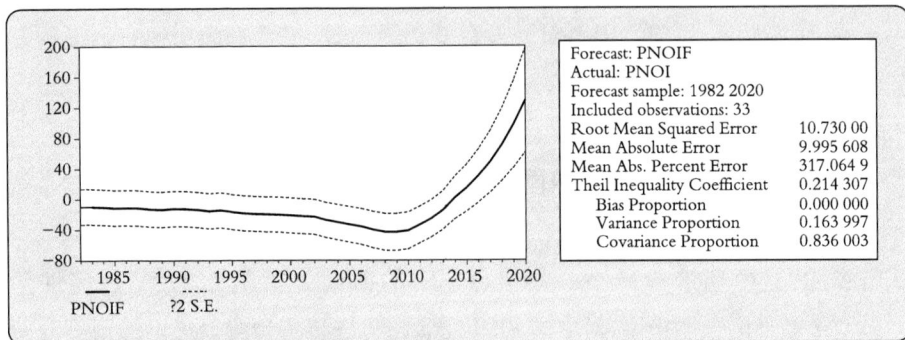

图 3.5 2015—2020 年中国 PNOI 发展趋势预测曲线(PGDP 为 7%)

（二）点预测

假定人均 GDP 平均增速分别为 6.5%、7%,然后计算出 2015—2020 年 PG-

DP 值,然后再根据拟合的二次函数来预测 PNOI 的发展趋势,结果如表 3.9 所示。用函数模型预测 2015—2020 年中国人均境外投资净额(PNOI),测算的数据反映了预测的平均值,从表 3.9 可以看出,人均 GDP 平均增速为 6.5％和 7％时,中国人均境外投资净额均在 2015 年达到正值,进入投资发展周期理论所预测的第四阶段。

表 3.9 中国人均对外投资净额(PNOI)预测数据

年份	人均 GDP 平均增速为 6.5%		人均 GDP 平均增速为 7%	
	人均国内生产总值 (PGDP)	人均对外投资净额 (PNOI)	人均国内生产总值 (PGDP)	人均对外投资净额 (PNOI)
2015	8 036.617 8	13.279 470 18	8 074.348 4	14.248 990 41
2016	8 599.181 046	28.586 481 97	8 639.552 788	29.755 170 76
2017	9 201.123 719	46.986 474 34	9 244.321 483	48.387 299 17
2018	9 845.202 38	68.988 869 84	9 891.423 987	70.659 862 73
2019	10 534.366 55	95.181 193 88	10 583.823 67	97.166 205 41
2020	11 271.772 2	126.240 691 2	11 324.691 32	128.590 255 1

中国 ODI 阶段的发展也得到以下实践背景与理论观点的支持:

首先,中国引进外商直接投资将由快速增长进入稳定增长的阶段。从引进外商直接投资来看,在中国对外开放由政策性开放逐步向制度性开放过渡的背景下(张幼文等,2007),中国引进外资政策已由过去通过提供政策优惠措施扩大引资规模向通过外资政策的制度化提高引资质量转变。随着我国引进外资时在技术、环境保护等方面要求的提高,以及国家对本国关键和核心产业发展的重视,对外资的规制将更加合理和规范,这些为优化外资质量和结构的制度将会限制不符合中国经济发展战略的外资进入中国,从而使得我国引进外资的增长势头趋缓。

其次,中国 ODI 规模将进一步扩大。这些支持中国 ODI 进一步发展的条件主要包括:(1)受益于工业化和城市化进程的加快,中国经济将进一步发展,国内经济的快速发展将为我国企业进行 ODI 奠定坚实的经济基础,特别是国内经济发展以及消费升级的进一步发展需要海外资源,这会促进资源寻求的境外投资的规模扩张。(2)我国"走出去"战略的实施将进一步推动我国 ODI 的发展。ODI 是我国"走出去"战略的重要组成部分,也是积极应对经济全球化挑战,主动参与国际分工,有效利用国际国内两个市场两种资源的积极举措,随着"走出去"战略的继续推行,我国将会在放宽对外投资限制、提供政策支持等方面为企业对外投资助力,这有助于更多企业"走出去"。(3)国内企业的快速发展。在我国通过引进利用外资承接国际产业转移,大力发展加工贸易的过程中,国内企业通过融入跨国公司全球生产链,制造能力、技术水平、管理能力等都在不断地提高,而且,由于国际竞争的国内化,使得我国不少本土企业获得了国际化经营的经验,具备了一定的国际化经营理念,发展视野也得以拓展,竞争力大大提升,这也为我国企业进一步走出去打下了坚实的基础,特别是中国一批有条件的大型企业和企业集团已成长为具有较强国际竞争力的跨国公司,如2015年美国《财富》杂志公布的世界500强名单中,包括中国香港和中国台湾地区在内,中国有103家企业榜上有名,这些跨国公司已在世界范围内进行资源配置,未来将成为我国ODI发展的主力军。

再次,外部环境中存在有利于中国ODI发展的有利因素。其一,当前世界金融危机带来的新机遇。由于世界金融危机的爆发,一方面,中国所需要的国外资产价格更具吸引力,另一方面,出于复苏本国经济的需要,越来越多的国家欢迎中国企业到当地投资,如不少东欧国家设立工业集聚区、开发区,大力吸引中国企业;其二,中国积极参与双边和多边区域投资与贸易合作,将为我国ODI发展创造有利的外部环境。

另外,依据小泽辉智(Ozawa,1992)的动态比较优势投资理论,作为一个新兴的发展中大国,随着本国动态比较优势的转变,发展中国家和地区将结合本国的工业化战略经历一个从只吸引外资进入到向国外投资的发展过程。从我国经济发展实际和战略目标来看,ODI的发展是我国缓解贸易顺差、缓解贸易摩擦的需要,更是经济发展、融入国际分工和培育具有竞争力的跨国公司的需要(尹贤淑,2009),因此,发展ODI也是我国所必需的。

综上所述,可以断定,随着我国经济发展水平的不断提高,以及我国过去过多强调引资规模政策的调整,我国ODI将呈现快速增长的趋势。事实上,中国净境外投资额近年来确实出现了负值逐渐变小的变化趋势,这从预测曲线表出现拐点并逐步向上翘升的特征也可看出,从而进一步验证了IDP理论的有效性。

第三节
对新兴经济体 ODI 发展阶段的进一步分析

自 20 世纪 80 年代以来,新兴经济 ODI 规模逐渐扩大,以"金砖四国"为例,新兴经济体 ODI 发展主要经历了三个阶段:20 世纪 80 年代的缓慢增长阶段、20 世纪 90 年代的平稳增长阶段和 21 世纪以来的急剧扩张阶段。正是进入新世纪以来以"金砖四国"为代表的新兴经济体 ODI 的急剧扩张,使得理论界开始关注新兴经济体 ODI,并讨论新兴经济体 ODI 发展阶段是否已超越了主流 FDI 理论。与其他新兴经济体相比较,中国对外直接的规模扩张也较快,见图 3.7。自 1990 年,中国进入发展中国家和新兴经济中前 12 大 ODI 来源国之列,其存量从 1990 年起,一直稳居发展中国家和新兴经济中前 10 大来源国之列,2000 年超过 ODI 较早的韩国、马来西亚、阿根廷等国和地区。自 2008 年开始,中国 ODI 流量在"金砖四国"中始终位居第一。2014 年中国 ODI 流量在全球国家和地区排名中居第 3 位。

一、IDP 理论能否预测新兴经济体 ODI 的发展阶段

根据 Dunning 的投资发展周期理论(IDP 理论)所提出的一国 ODI 发展将经历五个阶段的假设,笔者对中国对外投资发展阶段的实证研究显示,我国 ODI 的发展轨迹符合 IDP 理论假设的"J 曲线"分布,并且我国目前正处于投资发展周期的第三阶段,且刚进入第三阶段不久,尚未形成大规模 ODI 的实力。根据 IDP 理论,这一阶段,本国企业的所有权优势和内部化优势日益上升,竞争力大为增强,外国子公司的所有权优势下降,外国区位优势在上升,本国对外投资将增加,增速有可能超过外资流入增速,但净对外投资额仍为负。笔者的研究显示,目前我国净对外投资额仍为负数,但数额的增速有放慢的趋势。进一步对中国 ODI 发展趋势的实证研究发现,随着中国经济进一步的发展,中国人均对外投资净额将逐渐转为正值,进入第四阶段,大致符合 IDP 理论的假设,从而进一步验证了该理论的有效性。但是,在预测时,笔者也注意到未来世界经济的周期性波动以及中国经济结构

的内部调整可能会对中国经济增长带来的影响,因此,最终中国 ODI 是否完全符合 IDP 理论的预测,则要视未来世界经济发展趋势和我国经济发展水平而定。

二、"由近及远"的传统观点是否适合新兴经济体 ODI

除了 IDP 理论外,其他 ODI 理论和国际化理论也对一国 ODI 发展阶段进行了论述。技术创新与产业升级理论认为,发展中国家企业 ODI 在很大程度上受"心理距离"的影响,我国对外投资主要集中在亚洲的区域分布现状也说明作为发展中国家,中国 ODI 主要集中在地理位置接近和文化距离相近的地区。技术创新与产业升级理论还认为发展中国家企业对外投资遵循"周边国家—其他发展中国家—发达国家"的发展顺序,国际化阶段理论(Johanson & Vahlne, 1977)也认为,企业早期投资大多位于地理相近和文化相似的国家和地区,随着国际化经验的积累,更多则投向距离更远、文化相似性小的地区。从中国投资区域分布的历史变迁来看,我国在 20 世纪 80 年代对外投资的起步阶段,对外投资主要投向中国香港和澳门以及东南亚周边国家和地区,自 20 世纪 90 年代中期我国对外投资逐步向发达国家扩张(见表 3.10),因此中国 ODI 区域分布变迁符合上述理论的判断。进入 21 世纪后,中国 ODI 有向发展中国家和地区"回流"的趋势,这一趋势在近几年尤为明显,2012 年、2013 年和 2014 年这三年中,中国当年流向发展中经济体的 ODI 占比分别为 86.3%、85.1% 和 79.3%,这一回流趋势无疑受到中国与亚洲地区区域经济联系和合作逐步加深的影响。从区域分布来看,这三年中当年流向亚洲的 ODI 占比分别为 73.8%、70.1% 和 69%,其中流向中国香港地区的 ODI 分别占 58.4%、58.3% 和 57.6%。因此,从区域扩张范围来看,中国 ODI 经历了从周边发展中国家和地区到发达国家和地区,然后到发展中国家和地区的发展历程。但进一步的分析表明,当前中国 ODI 主要以发达国家为主,原因在于中国 ODI 大部分投向了低税率地区,这些地区只是中国对外投资的中转地而非目的地(王碧珺,2013)。以 2014 年为例,中国 ODI 流向中国香港、开曼群岛、英属维尔京群岛和卢森堡的投资共计 842.07 亿美元,占当年流量总额的 68.4%,占流量前 20 个国家和地区的 75.8%,中国企业在上述国家和地区设立的境外投资企业以商务服务企业为主,2014 年主要并购项目大多通过这些境外企业再投资完成。由此,我们可以

推论中国对上述国家和地区的投资并非最终目的地,而是中转地。可见,主流 FDI
理论和国际化理论基本能解释中国 ODI 地理扩张的规律。

表 3.10　中国 ODI 区域分布比例的历史变迁(1990—2008)

地区 ＼ 年份	1990—1992	1993—1995	1996—1998	1999—2001	2002—2003	2004—2008
发达国家	69.4	64.1	49.9	36.1	22.6	21.9
西欧	2.6	2.6	2.2	1.7	4.2	4.0
欧盟	2.3	2.4	2.0	1.6	4.1	3.8
其他西欧国家	0.3	0.3	0.2	0.1	0.1	0.2
北美	41.6	39.9	31.3	23.7	12.8	13.2
其他发达国家	25.2	21.6	16.5	10.7	5.6	4.7
发展中国家	30.6	35.9	50.1	63.9	77.4	78.1
非洲	4.0	5.2	11.0	16.1	8.4	8.9
北非	0.2	0.2	0.8	1.1	0.9	1.0
其他非洲国家	3.8	5.0	10.3	14.9	7.6	7.9
拉美和加勒比	4.9	4.9	10.0	13.8	7.1	6.9
南美	3.6	3.2	8.4	8.9	4.2	4.5
其他拉美国家和加勒比	1.2	1.8	1.6	4.9	3.0	2.4
中东欧	4.2	5.8	4.9	4.4	4.6	4.9
亚洲	16.6	18.7	22.2	27.9	56.6	58.4
西亚(中东)	1.1	1.2	1.0	1.6	1.5	2.7
中亚	0.1	0.3	0.5	1.5	0.9	1.4
南亚、东亚和东南亚	15.4	17.3	20.7	24.8	54.2	54.3
大洋洲	0.9	1.3	1.9	1.7	0.7	1.0

· 资料来源:1990—2003 年数据来自 Buckley *et al.*(2008);2004—2008 年数据由笔者计算。

从发展历史来看,新兴经济体和发展中国家大约经历了三次对外直接投资的
浪潮。第一次浪潮是 20 世纪 60 至 80 年代,对外直接投资主体以拉美发展中国家
为主;第二次浪潮始于 20 世纪 80 年代中期,投资主体以亚洲新兴工业化国家为
主;第三次浪潮始于 20 世纪 90 年代,以中国、俄罗斯、巴西、印度等新兴经济体为
主。这三次对外直接投资浪潮的比较如表 3.11 所示。

表 3.11　新兴与发展中经济体 ODI 的三次浪潮

三次浪潮	第一次浪潮	第二次浪潮	第三次浪潮
时期	20 世纪 60 年代至 80 年代中期	20 世纪 80 年代中期至 90 年代	20 世纪 90 年代至 21 世纪
主要投资者	以拉美发展中国家为主	以亚洲新兴工业化国家为主	以新兴经济体为主
代表性经济体	巴西、阿根廷、委内瑞拉、菲律宾等	韩国、马来西亚、中国香港和台湾地区、新加坡等	中国、俄罗斯、巴西、印度等
目的地	同区域内其他发展中国家	主要是发展中国家,但投资区域更大,包括一些发展中国家	逐步扩大到全球范围

(续表)

三次浪潮	第一次浪潮	第二次浪潮	第三次浪潮
ODI 的类型	第一产业,小规模的制造业,主要为垂直投资	对发展中国家以第一产业和难以进行贸易的服务业(如金融和基础设施)为主,对发达国家以成熟的、具有成本优势的产业(如汽车、电子、IT 服务等)和资产增强型 ODI 为主,包括垂直投资和水平投资	与第二阶段类似,但对发达经济体的投资更多
优势来源	主要是国家层面的特定优势,包括低成本、生产加工能力、网络与关系(如种族联系)、组织结构优势(如联合大企业所有权、适应发展中国家的技术、适合第三世界的管理模式等)	主要是国家层面和企业层面的优势,和第一阶段相同	主要是国家层面和企业层面的优势,包括规模经济、技术优势、管理水平和组织能力对要素和产品市场的垂直控制等
投资动机	资源与市场寻求型的 ODI,资产运用	对发展中国家是资源与市场寻求型 ODI,对发达国家是市场和资产寻求型 ODI,总体以资产运用为主,资产寻求少量	与第二阶段相似,同时资产寻求型 ODI 增加,对市场的控制在增强
政策制度	进口替代、ODI 管制	出口导向、ODI 协调和促进	熊彼特主义、ODI 促进

• 资料来源:结合 Dunning、Hoesel & Narula(1996)和 Gammeltoft(2008)年的研究整理。

以上以中国为例,并结合历史视角对新兴经济体 ODI 的考察说明,总体上新兴经济体 ODI 基本遵循"由近及远"的规律,即新兴经济体 ODI 一般首先主要投向地理位置和文化距离接近的区域,通常是同区域内的其他新兴经济体和发展中国家,然后再逐步向区域外扩张。

三、新兴跨国公司演化是遵循传统路径还是跨越式发展

传统理论(如国际化阶段理论)认为,传统跨国公司通常遵循常规的阶段化演进,即传统跨国公司的成长要经历不规则出口活动、通过代理商出口、建立国外销售子公司和从事国外生产与制造的逐步演化的过程,且这个过程是缓慢的、渐进的,同时伴随着国际化经验学习的积累。典型例子如日本松下的跨国化发展。第二次世界大战后,松下公司的国际化主要经历了以下几个渐进的阶段:第一个阶段是 1951—1960 年的产品出口阶段,并且出口范围逐步扩大。1951 年松下开始向东南亚、南美出口干电池、收音机等产品。1953 年出口扩大到美国,先在纽约设立办事处,后在美国设立贸易公司。第二个阶段是 1961—1967 年的在发展中国家建

厂阶段。1961 年松下公司在泰国进行初次海外投资,与当地公司合资建立生产干电池的工厂,至 1967 年底松下公司已在发展中国家建立了 8 家工厂。第三个阶段是 1968—1978 年的在发达国家建厂阶段。1968 年松下分别在澳大利亚和法国投资建厂,1973 年进行了首次海外并购。第四个阶段是 1979—1989 年发达国家建立大型工厂的阶段。1979 年松下在美国投资建立大型彩电制造厂。第五个阶段是 20 世纪 90 年代后的跨国并购阶段。一些研究认为新兴跨国公司也遵循阶段化演进路径(Cuervo-Cazurra, 2008)。海尔是新兴跨国公司中走渐进式发展路径的典型代表。海尔在海外投资过程中,从投资区位来说,遵循"由近及远"的原则。先是在香港设立贸易公司,然后是在东南亚,再后是在美国、欧洲等。在对东道国文化相似性选择方面,早期投资大多位于地理相近和文化相似的国家和地区(如印度尼西亚),随着国际化经验的积累,更多则投向距离更远、文化相似性小的地区(如美欧)。在跨国化发展过程中,产品/业务也逐步由单一走向多样化,在投资方式上,跨国化多以新建方式,后期开始进行并购。

需要指出的是,也有证据显示新兴经济体跨国公司会按照非常规模式演化以便追赶上传统跨国公司,包括内向型国际化(如通过 OEM 成为成熟跨国公司本地生产或者全球供应的联盟伙伴等)、为加速国际化而进行阶段跨越(stage jump)等(Child & Rodrigues, 2005;Li & Chang, 2000)。造成这种现象的原因主要有:首先在全球化背景下,由于国内市场制度改革和向国外开放市场所带来的竞争压力,"迟来者"要遵循"先行者"的渐进式的阶段发展模式是不可能的;其次,经济全球化的深化为新兴经济体跨国公司提供了巨大的发展机遇,如可通过国际并购在短时间内获得高端要素等,政府为提升国际竞争力大多为本国或本地区跨国公司的跨国扩张提供支持,这弥补了新兴经济体跨国公司自身实力的不足,为其超越常规发展创造了条件。

新兴经济体跨国公司加速国际化的演化特征得到了相关研究的证实。如Bonaglia 等人(2007)对来自中国、墨西哥和土耳其的三家白色家电产业领域的跨国公司的实证研究证实:这些来自新兴经济体的跨国公司并没有简单重复传统跨国公司的阶段演化路径,而是将全球化竞争视作提升企业能力的机遇,通过对迟来者优势的杠杆化利用、与市场领导者建立战略合作关系等方式加速国际化,成长为跨国公司。Yang 等人(2009)对中国海尔和日本松下的演化历程进行了比较研究,发现这两家跨国公司在不同国际化阶段所花时间不同(见图 3.6),相对于传统跨国公司,新兴经济体跨国公司发展确实呈现出加速国际化的特征。

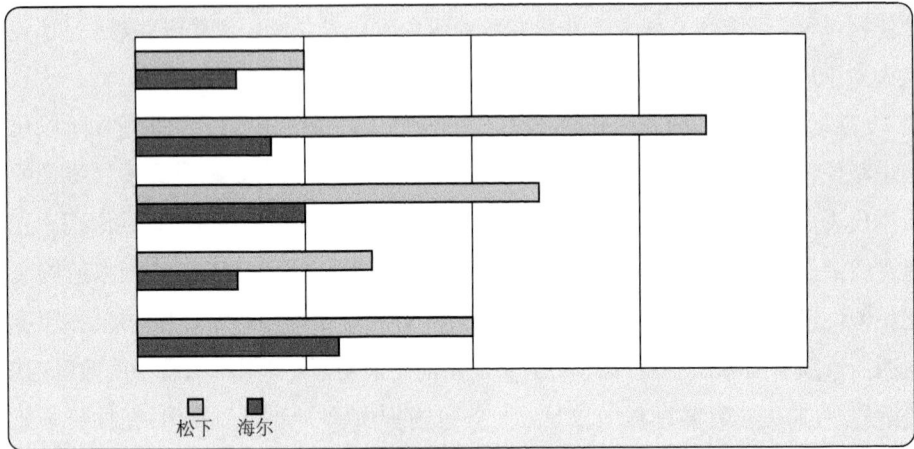

松下　海尔

图 3.6　日本松下公司和中国海尔公司国际化进程发展阶段的比较

总体上,新兴经济体 ODI 的发展阶段仍遵循传统路径,传统理论基本可以解释其 ODI 的发展规律。新兴经济体 ODI 的发展阶段除受到本国经济发展水平的影响外,还会受到世界经济及区域经济发展趋势的影响。在研究进入 21 世纪后为何个别新兴经济体 ODI 的发展阶段会超越主流 FDI 理论和国际化理论的预期时,我们不能否认新兴经济体 ODI 规模的扩张是基于经济全球化不断深化的发展背景。由于经济全球化为企业提供的巨大发展机遇,一些来自新兴经济体的跨国公司,如中国的联想、海尔,印度的 Tata、Mittal Steel 等,在全球竞争中确实有优异的表现,主流理论确实不能完全解释其 ODI 发展规律,但是,笔者对中国的实证检验、对新兴经济体 ODI 的历史考察以及新兴跨国公司发展路径的考察显示,新兴经济体内个别或部分企业的优异表现并不能否定主流 FDI 理论和国际化阶段理论的合理性。因此,对新兴经济体 ODI 发展阶段的判断需要将新兴经济体总体发展规律和个别新兴跨国公司的演化阶段结合起来,只有这样才能全面把握新兴经济体 ODI 的发展阶段与趋势。

第四章
新兴经济体 ODI 的动因

企业 ODI 的动因(motivations)指企业进行 ODI 活动时企业主观希望达到的目标。一直以来,ODI 动因并不是一个单独的研究领域,大多散见于国际商务、国际投资与贸易以及企业管理理论中。由于缺乏对 ODI 动因的深入研究,在 ODI 的溢出效应、区位选择等相关研究中,企业 ODI 通常被视作同质的、外生的行为(Driffield & Love, 2007)。20 世纪 90 年代中期以来,随着跨国公司研发投资全球化的发展、跨国并购成为跨国公司全球扩张的重要方式以及新兴经济体的 ODI 及其跨国公司的兴起,理论界开始重视 ODI 动因的研究。本章在对新兴经济体 ODI 的动因进行理论分析的基础上,主要从企业微观层面出发,重点研究中国企业 ODI 的动因及其特征,并进一步讨论相关研究结论对新兴经济体 ODI 动因研究的启示。

第一节
ODI 动因的类型

一、ODI 的主要动因

依据主流 FDI 理论,企业进行 ODI 的动因主要是为跨国界转移与利用自身优势,弥补在国外市场经营所面临的外来者劣势(liability of foreignness),在东道国形成相对于当地企业的垄断地位或者竞争优势,从而获取超额利润或租金。基于 OLI 理论,Dunning(1993)对 ODI 动因进行了深入细致的分析,将 ODI 的主要动因划分为以下四类:

(1)资源寻求型 ODI(resource-seeking motivation)。ODI 的目的是为了获得特定的资源,这些资源有些是在国内无法获得的(如一些自然资源),有些可在国外以更低的价格获得,如东道国所提供的相对于母国价格低廉的非熟练劳动力。在国际贸易理论中,这类 ODI 通常也被称作垂直 ODI(vertical ODI)。

(2)市场寻求型 ODI(market-seeking motivation)。ODI 的目的是为了在国外开发新的市场。导致企业开展市场寻求型 ODI 的原因包括:追随已在国外建立生产设施的供应商或消费者;为使产品适合当地需求或消费品位;减少因国外市场距离较远所产生的高服务成本;为拉近与消费者的心理距离、压制潜在竞争者等。在国际贸易理论中,这类 ODI 通常也被称作水平型 ODI(horizontal ODI),其目的是为了避免运输和贸易成本或者规避贸易壁垒。

(3)效率寻求型 ODI(efficiency-seeking)。这类 ODI 大多发生在两种情况下:一是利用不同国家传统要素禀赋可获得性和成本的差异;二是利用规模和范围经济以及利用消费者品位和供应能力的差异。

(4)战略资产寻求型动因(strategic asset-seeking motivation)。主要目的是为了获得新资产,增加跨国公司现有的资产存量,这些资产可以维持或增强对外投资企业的整体竞争力,或者削弱其竞争对手的整体竞争力。

Dunning 的分类方法较为全面,然而也存在不足之处。如效率寻求动因与资源寻求动因非常接近,存在部分重叠(Ecke,2003),战略资产寻求型 ODI 在以优势前提为核心的 OLI 理论中无法得到解释。Wesson(1993)对 ODI 的动因进行了创新性划分。根据企业进行 ODI 是开发其已有优势还是为了获得新资产,他将 ODI 的动因划分为资产运用(asset-exploiting ODI)和资产寻求型 ODI(asset see-king ODI)。资产运用型 ODI 指为利用既有的所有权优势所开展的 ODI;资产寻求型 ODI 指由企业获得有价值的资产的意图所驱动的 ODI,这些有价值的资产在东道国可获得,而国内无法获得的或只能以不利条件获得。这种分类方法得到学界的普遍认可(Narula & Marin,2005),类似的分类方法还有 Kuemmerle(1999)将跨国公司从事 R&D ODI 的动因划分为增强现有知识能力(home-base augmen-ting)和本部对企业现有知识的运用(home-base exploting)两类,Cantwell & Mu-dambi(2005)将 ODI 划分为竞争力开发型 ODI(competence exploiting ODI)和竞争力创造型 ODI(competence creating ODI)。国内学者对 ODI 的资产寻求动因也有一定的研究。王旭(2006)认为,资产寻求论作为新兴的所有权优势获取理论,与传统的资产运用论相互补充,成为解释跨国公司所有权优势形成的重要理论。吴先明(2007)认为,寻求创造性资产为目标的 ODI 已成为跨国公司国际扩展的主要特征,这说明跨国公司 ODI 不仅是利用其特定优势的过程,也是建立新的优势的过程,这突破了折衷范式的分析框架。刘明霞(2009)认为,发展中国家对发达国家 ODI 是由寻求创造性资产动因所驱动,这种创造性资产不同于自然资产,它是包含在人、所有权、制度和物质能力中的知识、技巧、学习和经验积累及组织能力,即基于知识的资产。

资产寻求型 ODI 已得到相关实证研究的证实。Chang(1995)考察了日本电子制造企业进入美国的情况发现,日本企业在美国的 ODI 主要由开发能力的动因驱动。Almeida(1996)对进入美国半导体产业的 ODI 的研究发现,外国企业在美国半导体产业的 ODI 的动因主要是为了获得本地技术。Shan & Song(1997)对美国生物技术产业的外国直接投资研究发现了类似的证据。Ivarsson & Jonsson(2003)对 2000 年进入瑞典的 287 家多数股权的外资企业进行实证研究证实:国外跨国公司为了接近本地技术资源会进行资产寻求型 ODI,大多数外资企业通过内部 R&D 和与本地商业伙伴的企业间的外部协调获得的技术能力,不仅是为了适应本地市场,也是为了在国际范围内运用。另外,对新兴工业化国家和发展中国家跨国公司的研究也发现,越来越多企业在开展战略资产寻求型 ODI。如 Kumar(1998)发现,在过去 20 多年中,新兴工业化国家企业在发达国家的投资快速增加,这意味着新兴工业化国家企业到发达国家 ODI 是为了提升其非价格竞争优势,而到发展中国家的 ODI 则是为了加强其价格竞争优势。从以上实证研究结果可以看出,资产寻求动因是企业 ODI 的重要动因,无论是发达国家对发达国家的投资,还是发展中国家对发达国家的投资,其中都包含资产寻求的动因。

总结以上分析,从广义来说,企业进行 ODI 的动因主要有两类:一是资产运用动因,即企业运用它们已经拥有的资产或者竞争能力;二是资产寻求动因,即增强它们的资产与能力。从资产运用角度来看,ODI 被看作是企业特定资产的跨国界转移;从资产寻求角度看,ODI 被视作获得战略资产(如技术、营销和管理技巧等)的途径。由于寻求资源、寻求市场和寻求效率三类 ODI 主要是通过对企业已拥有的特定资产的运用来获取跨国经营收益的方式,所以,资产运用动因主要包括三类:获得自然资源(寻求资源)、巩固目前的市场或开拓新市场(寻求市场)、更加有效地协调和整合跨国经营(寻求效率)(Narula & Marin, 2005; Dunning, Kim & Park, 2008, Franco *et al.*, 2008)。而战略资产寻求动因也就是资产寻求动因。

二、ODI 的其他动因

现实中,各类企业经营活动的动因是多样的,也是复杂的,除传统的资产运用与资产寻求动因外,企业 ODI 还存在其他动因。Dunning(1993)将无法归类到市场寻求、效率寻求、资源寻求和战略资产寻求四种动因类型中的其他 ODI 动因归为三类:逃避型 ODI(escape investments),指为了逃避母国政府的限制政策或宏观组织政策而进行的 ODI;支持型 ODI(support investment),指投资企业是企业整体的一部分,其 ODI 活动为支持整体企业的活动而进行的;被动投资(passive investments),指尽管在企业管理等方面具备 ODI 的一些特征,但更接近国际间接投资形式。这三类动因中,逃避型 ODI 的存在说明国内制度约束会成为企业 ODI 的驱动因素。2006 年的《世界投资报告》则认为,发展中国家企业对外投资的动因除寻求市场和寻求效率外,实现母国政府对国有跨国公司规定的战略要求也是其动因之一,这意味着在发展中国家,国有企业 ODI 动因还受政府政策导向的影响。甚至有研究认为,企业 ODI 的动因与创业者个人兴趣也相关(Gugler & Boie, 2008),这说明有时企业 ODI 动因受企业主个人偏好影响,存在较大随意性。

第二节
新兴经济体 ODI 动因的理论解释与实证分析

与发达经济体相比,尽管缺乏技术、品牌等所有权优势,但新兴经济体企业仍通过 ODI 积极进行国际化扩张,其中一些企业成长为跨国公司,成为全球竞争的重要参与者。新兴经济体跨国公司并不完全依赖于对资源的初始占有而进行国际化,也不像传统的第三世界跨国公司那样大多依靠有限的资源在其他发展中国家开展国际化,这一发展趋势引起了理论界对新兴经济体 ODI 动因的关注。理论研究和实证研究都显示,资产运用动因和资产寻求动因是新兴经济体 ODI 的主要动因。

一、新兴经济体 ODI 动因的理论解释

(一)主流 FDI 理论的解释

资产运用视角的 ODI 理论将 ODI 看作是企业跨国界转移或运用企业特定优势的活动,这些理论有一个重要的假设前提:企业在东道国投资时应该拥有某种形式的能产生租金的资源。Caves(1971)认为技术与营销专业知识是企业垄断优势的主要来源。Hymer(1976)认为这种优势包括能比其他企业以更低成本获得生产要素、对更高效率生产的知识或者控制、更好的营销技能或者差异化产品。OLI 理论中,所有权优势主要包括技术优势、厂商规模优势、组织管理优势和金融货币优势等。与上述理论不同,内部化理论则关注企业资源(如技术等)的另一个特征,即作为公共物品、能产生租金,这使得资源通过企业内部转移比其他方式(如许可、出口)转移成本更低。该理论认为,在一般控制与所有权状况下,企业为减少资源转移方面的交易成本,更倾向于对中间产品、技术诀窍和金融资本的转移进行内部化,当这种内部化跨越国界时,就是企业的 ODI 行为。Kogut & Zander(1993)则认为,企业是否进行 ODI 取决于知识内部转移与企业间转移的相对效率,而不是市场不完善。总体来看,无论是将 ODI 看作是对企业特定优势的运用,还是看作对能产生租金的资源面临市场不完善时的对策,传统研究一般都假设为了开展 ODI,企业必须拥有某种可以在东道国运用的专有资产。

对发展中国家 ODI 的研究的主流观点与以上相类似:发展中国家企业之所以得以进行 ODI,是因为企业拥有一定的竞争优势。与发达国家跨国公司所有权优势来源于高端技术和管理不同,根据小规模技术理论,发展中国家跨国公司竞争优势主要来源于适应发展中国家当地条件的小规模生产技术和管理知识。在 Lall(1983)看来,尽管发展中国家跨国公司的技术特征表现为规模小、使用标准化技术和劳动密集型技术,但发展中国家对外国技术的吸收却包含一定的创新,正是这种创新活动给企业带来了竞争优势。Cantwell(1989)和 Tolentino(1993)则进一步

指出,要具备这种技术创新能力,企业应先具备学习和组织能力。

尽管各种主流 FDI 理论关于发达国家与发展中国家企业优势的来源的分析有所不同,但包括垄断优势理论、OLI 理论、小规模技术理论等在内的主流 FDI 理论有以下基本观点:一是企业进行 ODI 之前需具备一定优势,这些优势来源于企业排他性占有技术、营销和管理技能等资产;二是企业从事 ODI 是为了运用形成于母国的既有资产,获取超额利润或租金。简而言之,其核心观点是:当企业拥有能形成垄断优势或竞争优势的专有资源和技能时 ODI 才会发生。这正是资产运用性 ODI 的特征。在某种程度上,主流理论依旧能解释新兴经济体跨国公司的国际化扩张,特别是新兴经济体跨国公司通过利用它们独特的能力在其他发展中国家进行的资产运用型 ODI 活动。如 Sim & Pandian(2003)以中国台湾和新加坡的跨国公司为例,利用 OLI 理论解释亚洲新兴跨国公司 ODI 的优势,证实了 OLI 理论解释新兴经济体 ODI 的合理性。

(二) 新兴经济体 ODI 理论的解释

相关研究已经注意到企业之所以进行 ODI 不仅是为了运用现有资产,也是为了在东道国发展企业特定优势或获得必要的战略资产。这些研究认为企业特定优势不仅来源于对资产的占有,也来源于通过接近或协调的方式从东道国企业那里获得互补性资产的能力(Duning,1995,1998,2000)。之所以如此,是因为企业所寻求的关键资源和能力通常是存在于区位中而不是单个企业中。那些试图通过 ODI 开发新优势的企业自然具有在他们能够获得战略资产的区位进行 ODI 活动的动力。在解释新兴经济体资产寻求型 ODI 时,主流 FDI 理论关于企业必须拥有所有权优势才能在国外进行 ODI 的假设无疑遇到挑战,因此新兴经济体 ODI 理论重点对企业 ODI 的资产寻求动因进行了研究。

基于资源观视角的 LLL 分析框架,在缺乏资源和国际化经验的情况下,新兴经济体跨国公司通过建立外部联系来获得或接近企业所缺乏的资源,通过学习(对联系和杠杆效应的应用过程)积累跨国经营经验。这正是资产运用型 ODI 的典型特征。这一理论对新兴经济体企业如何通过 ODI 获得新优势进行了动态刻画,更符合全球化背景下企业战略行为特点。基于企业成长视角的非平衡理论,具有所有权优势的企业可以通过运用这些优势或者对市场进行内部化来进行 ODI,那些处于所有权劣势的企业为寻求新优势也会开展 ODI,这就可以解释那些缺乏所有权优势的新兴经济体跨国公司在发达国家进行资产寻求型 ODI 等活动。整合多视角的 Y 模型则证明,所有权优势或垄断优势并非企业进行 ODI 的唯一决定因素,企业的资源状况、产业竞争环境与制度环境以及它们的共同作用都会影响企业 ODI 决策。从这个角度来说,缺乏所有权优势的新兴经济体企业进行 ODI 也就在意料之中了。根据创造性资产寻求理论(周伟,2006;尹冰,2006;吴先明,2007b;丁祥生、张岩贵,2007),发展中国家对发达国家的投资不是短期利润推动的,而是战略性因素驱动的,即寻求创造性资产进而提升本国企业竞争力。姜萌萌、庞宁(2006)在双缺口模型的基础上,提出技术缺口概念,进而提出发展中国家弥补技术缺口不能只靠吸引外资,应积极地发展 ODI,认为技术缺口是发展中国家跨国直接投资的动因之一。这些理论实际上来源于 Dunning 所提出的资产增强型 ODI 的研究,对新兴经济体企业资产寻求型 ODI 具有一定的解释力。

经济全球化背景下,跨国公司更加重视全球资源配置与整合,尽管大多只拥有低成本优势,缺乏品牌、技术、高端管理知识等所有权优势,但来自新兴经济体和其他发展中国家企业在发达国家的直接投资迅猛发展,其寻求本国缺乏的或在国内较难获得的核心资产是其 ODI 活动的重要动因。相关理论,如 LLL 理论、非平衡理论对此进行了较为充分的解释,具有启发性。

二、新兴经济体 ODI 动因的实证分析

近年来自新兴经济体的跨国公司 ODI 区位范围日趋广泛,既包括发展中国家也包括发达国家,并且其 ODI 活动也不断向先进产业和更高价值增值活动领域拓展,为此,学界对新兴经济体企业 ODI 动因进行了实证研究。需要说明的是,由于新兴经济体对其他新兴经济体和发展水平较低的国家的投资已在资产运用导向的主流 FDI 理论框架中得到合理解释,因此对新兴经济体 ODI 动因的研究主要围绕资产寻求动因和其他动因而展开。

来自发达国家的传统跨国公司 ODI 主要是跨国界运用其国内已拥有的资源,

而不少新兴经济体跨国公司实践表明,获得技术、品牌、国际销售渠道等战略资产是新兴经济体跨国公司 ODI 的重要动因,因此所有权优势并非跨国公司形成的先决条件,而有可能是其形成后进行 ODI 所要实现的战略目标,特别是进入发达国家时,新兴经济体跨国公司的 ODI 更多是由发展所有权优势的资产寻求动因所驱动。Lecraw(1993)研究发现印度尼西亚出口导向型企业倾向于利用其在母国得到的资本,结合其在低成本劳动力和生产投入方面的优势,在高收入国家投资,其目的是为了获得管理与营销专业知识、技术,Chen & Chen(1998)在对台湾企业的 ODI 研究中发现了类似的模式。另外,研究还发现,许多到发达国家 ODI 的新兴工业化国家企业①,通过在发达国家进行积极的并购,(van Hoesel, 1999),或者通过与文化或种族背景相似的当地供应商和客户建立关系网络(Chen & Chen, 1998),来获得知名品牌、先进生产技术和广泛的营销网络。

新兴经济体在发达国家的 ODI 表现出强烈的资产寻求动因,这一特点在进入21 世纪后尤为明显(Dunning *et al.*, 2008)。例如,Makino、Lau & Yeh(2002) 采用组织学习和资产寻求视角,通过对中国台湾地区 328 家企业的实证研究发现,新兴经济体企业不仅在它们拥有企业特定优势时进行资产运用型 ODI,也在试图寻求母国所缺乏的技术资源和技能时进行 ODI;Child & Rodrigues(2005)对中国市场寻求型企业国际化模式与动因的案例研究显示,这些企业通过并购等方式进行国际化扩张,其 ODI 是为了获得技术和品牌等战略资产,从而在国际市场中建立竞争优势;UNCTAD(2006)对发展中国家跨国公司的全球问卷调查也证实了这一点,创造性资产寻求是转型国家尤其是中国 ODI 位居第二的 ODI 的重要驱动力量;Erdilek(2008)对土耳其跨国公司的研究发现,其国际化活动的动因包括寻求自然资源、市场、技术与品牌;Bertoni、Rabbiosi & Elia(2008)对 2000 年到 2007年之间"金砖四国"在西欧、北美和日本等发达国家与地区的 417 宗跨国并购案件进行了研究,来自企业层面的证据显示,尽管通过资产运用战略(exploitation strategy)来开发新市场、补充已有垂直投资和相关投资是这些企业进行跨国并购投资的主要动因,但是,有三分之一的企业的跨国并购有通过资产寻求战略获取新资产和增强新能力的重要动因。

---

① 20 世纪 90 年代,新兴经济体逐渐取代了新兴工业化国家这一称谓。

以上有关研究说明,不少新兴经济体企业进行 ODI 之前也许并没有拥有优于东道国本土企业的所有权优势,基于所有权优势的资产运用动因更多是新兴经济体进入其他新兴经济体或发展中国家时的动因,而进入发达国家时更多是由发展所有权优势的资产寻求动因所驱动。相对于作为全球竞争的先行者的传统跨国公司,新兴经济体跨国公司通常是全球竞争的迟来者,当进行 ODI 时,它们在母国所拥有的企业所有权优势往往不足用以形成相对于本土企业的竞争优势,因此除了资产运用动因外,新兴经济体跨国公司 ODI 的动因还包括资产寻求。

由于在发展历史、所处发展阶段、国内资源禀赋、国内制度环境等方面不同,不同新兴经济体 ODI 动因的存在一定的国别差异。Dunning *et al.*(2008)首次对此进行了较为全面的分析,如表 4.1 所示。一些主要的新兴经济体 ODI 动因包括了资产运用和资产寻求动因,资产运用动因和资产寻求动因是我们在观察新兴经济体 ODI 过程中都能看到的互补的动因。但 Dunning 等人的研究主要是基于理论推断和经验判断,没有较为具体的实证研究来加以佐证。因此,有必要在整体分析新兴 ODI 动因的基础上,对新兴经济体 ODI 的国别动因进行研究。中国 ODI 的迅猛发展为检验已有研究结论提供了机会,因此对中国 ODI 动因的研究具有理论意义。

表 4.1　主要新兴经济体 ODI 的动因

国　家	ODI　动　因
巴　西	主要是地区投资,如拉丁美洲;最近向加拿大扩张;大量石油领域和金融投资,其中一些金融投资进入避税天堂
中　国	主要是市场寻求型和自然资源寻求型 ODI,最近有关知识与品牌的 ODI 活动增加;得到政府直接或间接的大量支持
印　度	起先主要是为了进入新市场和规避政府的政策限制,但最近的 ODI 更多是为了接近和获得技术与品牌
韩　国	主要是为了规避母国高成本和劳动力市场上面临的困难,也是为了进入产品市场;在欧盟和美国的资产增强型 ODI 增多
马来西亚	离岸金融、运输和一系列多样化的活动;在欧盟和美国有一些资产增强型 ODI
墨西哥	主要投资区域是南美和北美;为成为全球竞争参与者而进行接近市场和知识寻求型 ODI
俄罗斯	主要是能源和采矿业的投资;规避国内政策监管
南　非	包括采矿和市场寻求型 ODI;成为跨国公司在次撒哈拉非洲的重要的区域中心

· 资料来源:Dunning *et al.*(2008)。

第三节
中国 ODI 的动因分析

目前理论界认为中国的 ODI 既是资产运用也是资产寻求型(Dunning, 2006；Buckley *et al.*, 2008)，但这些结论多来源于经验分析，也缺少对中国国情与制度背景的深入分析。本节将对中国 ODI 动因进行理论分析和实证研究，并找出中国 ODI 动因与新兴经济体 ODI 一般动因的异同。

一、中国 ODI 的主要动因

(一) 资产运用动因

1. 获得自然资源

作为经济蓬勃发展的新兴大国和工业化快速发展的国家，充足、稳定和相对低廉的资源供应是中国宏观经济与社会正常运转的重要保障。近年来，随着中国经济持续快速发展、经济规模不断扩大、城市化进程加快以及人口的增长使得资源需求不断上升，资源紧张的态势正日益显现。我国虽然自然资源总量丰富，但由于人口众多，人均资源占有量大多低于世界水平，如耕地、淡水、能源、铁矿等重要战略资源的人均占有量不足世界平均水平的一半到 1/3，其中，煤炭、石油、天然气人均剩余可采储量分别只有世界平均水平的 58%、7.6%和 7%[①]，其他生产资源如铁矿石、铝、铜等人均占有量也大大低于世界平均水平。我国资源供需矛盾日趋突出，而受经济增长模式和技术水平制约，提高资源利用效率和大范围应用新能源又非一日之功，因此近年来进口成为我国满足国内石油、天然气、铁矿石等资源需求的途径，但国际市场价格剧烈波动给我国国民经济稳定运行带来冲击。因此除靠国内生产和从国际市场进口外，通过 ODI 来确保稳定的资源与能源供应自然成为

---

① 江国成.国家发改委：推进资源能源产品价格改革.经济参考报,2009-08-04.

满足国内需求的重要途径。

自提出充分利用国内外"两种资源、两个市场"的战略方针后,我国逐步迈开了在境外了获取资源的步伐,通过后向一体化获得或者确保国内自然资源消费的需要已成为中国 ODI 的重要动因(Taylor, 2002)。这些自然资源主要包括石油与天然气、矿产资源等,还包括渔业资源、木材与其他农产品等。截至 2014 年末,采矿业 ODI 存量达到 1 237.3 亿美元,占我国 ODI 存量的 14.1%,资源类企业成为中国 ODI 中举足轻重的力量。截至 2014 年末,中国非金融类 ODI 存量及资产总额的前 40 位企业中,中国石油天然气集团公司、中国石油化工集团公司、中国铝业公司、中国海洋石油总公司、中国五矿集团公司、中国有色矿业集团有限公司、宝钢集团、金川集团等大型央企和国有企业均榜上有名。

2. 寻求市场

与其他大多数新兴经济体一样,寻求市场一直是中国 ODI 的重要动因,包括维持、扩大和开发出口市场(Cai, 1999)。Buckley *et al.*(2007)通过对 1984—2001 年中国 ODI 动因的研究得出了相同的结论。寻求市场之所以成为重要的动因,与中国企业所面临的国内和国际市场环境是分不开的。

从国内推动因素来看,在一些传统制造业,如纺织与服装、自行车、鞋类和家用电器等行业,尽管中国在劳动力成本和低成本技术制造方面有较强的比较优势,但是,产能过剩却是这些行业面临的大难题。以家用电器行业为例,我国空调、冰箱、洗衣机、微波炉等产量均居世界第一,据估计洗衣机产能过剩为 30%、冰箱为 40%、微波炉为 45%、电视机为 87%(Cheng & Stough, 2007),企业面临产能过剩压力足见一斑。除了面临国内同行的竞争外,随着投资与贸易自由化的推进,国内市场的开放使得这些企业还不得不面对外资的竞争。产能过剩和竞争压力,使得这些企业有强烈的走出国门寻找市场的动因。

从国外拉动因素来看,中国企业所面临的出口贸易壁垒也不容忽视。尽管加入 WTO 后,我国企业面临的整体关税水平降低了,但面临的非关税壁垒如绿色环保壁垒、反倾销、反补贴等却层出不穷。根据中国商务部提供的信息,至 2013 年,中国连续 18 年成为遭遇反倾销调查最多的国家,连续 8 年是遭遇反补贴最多国家。中国仍是贸易保护主义最大受害国。贸易壁垒让企业应接不暇,甚至失去一些国外市场,如中国彩电行业因反倾销而在欧盟市场溃败,而 ODI 通常具有可促进当地就业等因素,因此较出口更受东道国欢迎,这也对中国企业 ODI 产生了间接的激励。同时,由于区域贸易和双边贸易自由化的发展,一些特定国家往往能享受到配额等方面的优惠的贸易条件,因此面临国际贸易保护主义,中国企业通过 ODI 可绕过贸易壁垒,巩固国际市场份额。

当然,以上所分析的这类 ODI 带有被动防御的特征。事实上,有证据显示,中国企业开始也重视通过 ODI 开发新的市场,在寻求国外市场中表现出一定的主动性(UNCTAD,2003)。尽管大多数企业通常是通过出口非差异化的成熟产品来参与国际竞争,但已有一些具备相关技术优势的企业,如华为、中兴、海尔、联想等开始主动在境外开展大规模的资本密集的投资。这些企业的跨国经营活动,也起到了改变企业产品形象的作用,促进了中国企业及其产品的本土化。

3. 寻求效率

当企业进行效率寻求型 ODI 时,通常会在国际范围内对在境外已经建立起来的资源寻求型或市场寻求型 ODI 企业进行重组和优化,以便充分利用不同区位的要素禀赋等有利条件,更加有效地协调和整合企业跨国经营活动。伴随着中国企业国际化经验的积累和跨国经营能力的提升,特别是中国跨国公司的兴起,在全球化竞争背景下,中国企业 ODI 中寻求效率的动因也逐步增强(Teagarden & Cai,2009)。UNCTAD(2006)全球调查显示,中国跨国公司效率寻求型 ODI 主要集中在亚洲和三个产业领域:电子产品、服装和 IT 服务。Ge & Ding(2009)通过对格兰仕跨国化成长的案例分析,揭示了这家中国制造业代表性跨国公司通过跨国化经营提升效率,培育新的竞争优势的过程。总体上看,由于中国企业在国内就可获得大量和低廉的劳动力供应,并且这类 ODI 活动对企业的全球整合与协调能力要求比较高,因此与发达国家跨国公司相比,效率寻求并不是当前中国企业进行ODI 的重要动因。但是,由于近年来劳动力成本的上升、劳动力供应紧张以及面临其他更低成本的新兴经济体如越南、印度等的竞争,预计未来中国对外寻求效率的直接投资会增多。特别是随着亚洲区域一体化进程的加快,中国与东盟地区自由贸易区的建立,投资更加便利,有利于中国企业在利用区域经济一体化和国际劳动分工方面开展效率寻求型 ODI。

（二）资产寻求动因

资产寻求型 ODI 指由企业获得有价值的资产的意图所驱动的 ODI,这些有价值的资产在东道国可获得,而国内无法获得或只能以不利条件获得,也称为战略资产寻求型 ODI。战略资产指难以模仿、稀缺的、供专用的专业资源与能力(Amit & Schoemaker, 1993),主要包括技术、品牌、销售渠道、市场知识等。由于与发达国家的竞争对手相比,新兴经济体企业通常缺乏这些战略资产,在竞争上处于劣势,而这些战略资产往往难以通过贸易的形式获得,通过与发达国家企业建立合资企业和战略联盟的方式所得也比较有限,远不能满足新兴经济体企业尤其是跨国公司国际扩张的需要,因此通过 ODI 来获得战略资产通常被其视为重要的途径,这对于中国企业来说也不例外。研究发现,获得战略资产通常是跨国并购的重要驱动因素(Anand & Singh, 1997),这就不难理解为何近年来新兴经济体跨国公司在国际并购市场上如此活跃,而且不乏大手笔。

来自新兴经济体的跨国公司更倾向于在发达国家投资来获得高端技术,弥补其竞争劣势(Pananond & Zeithaml, 1998),这方面中国企业(特别是中国跨国公司)也不例外。从实践来看,中国企业目前进行 ODI 所寻求的战略资产主要包括技术和品牌。Liu 等(2002)认为,海尔 ODI 的内部动因是为了提高研发能力。姜黎辉、张朋柱(2004)分析了中国企业在技术资源的约束下,一些企业如何通过并购国外研发型公司方式提升技术资源,典型案例如京东方并购韩国现代显示技术株式会社、华立集团并购飞利浦的手机研发机构以及万向集团并购美国"UAI"公司等,其共同点是通过并购方式获得的核心技术为其中国境内的下游产业链服务。姚利民和孙春媛(2007)通过中国对发达国家逆向投资的决定因素的实证分析显示,寻求和获取先进技术或信息的战略动因。另外,尽管有些企业如海尔等通过多年跨国经营已经在国外获得一定的品牌认同度,但为提升产品的"来源国印象"(country of origin),更快地让国外消费者接受企业产品,通过并购方式获得国外市场知名品牌成为一些中国企业的选择,如表 4.2 所示。这类并购既涉及一般消费品行业,也涉及一些技术含量相对较高的制造业,有利于中国企业全球品牌的建立。

除了技术与品牌外,通过跨国并购获取销售渠道也是资产寻求 ODI 的重要动因。如 1997 年万向收购英国 AS 公司 60％的股份,该公司为在欧洲市场上以销售各类轴承为主的营销公司,当年万向海外销售收入达到 2 000 万美元以上,而 1994 年万向海外销售收入刚突破 1 000 万美元。2009 年苏宁电器通过认购 LAOX 定向增发股份,持有 LAOX 公司 27.36％的股权,成为其第一大股东,正式入主这一有近八十年历史的日本电器连锁企业。这是中国企业对日本上市公司的首个收购案,也是中国家电连锁企业首次涉足国外市场。

表 4.2　中国企业的国际品牌并购

年份	中国企业(并购方)	外国企业(被并购方)	品　　牌
2015	中国化工全资子公司中国化工橡胶有限公司	全球五大轮胎生产商倍耐力(Pirelli)(意大利)	中国化工将拥有乘用胎的高端品牌
2014	好孩子国际控股有限公司	百年儿童品牌 Evenflo、欧洲高端儿童用品品牌 Cybex(美国)	Evenflo、Cybex
2011	复星国际	著名时尚品牌 Folli Follie 集团(希腊)	Folli Follie 及 Links of Lon-don 两个时尚品牌
2009	浙江万通铝业有限公司	游艇制造企业 DALLA PIETA(意大利)	DALLA PIETA
2009	美克国际家具股份有限公司	Schnadig(美国)	Compositions; Schnadig; International Furniture; Karpen
2008	福建双飞日化有限公司	Solar(美国)	Body & Earth; Green Canyon Spa
2006	中国蓝星集团	Drakker Holdings(比利时)	Adisseo
2005	海尔(最终放弃并购)	Maytag(美国)	Maytag
2005	南京汽车集团	MG Rover(英国)	MG
2005	联想	IBM PC 业务(美国)	Think 系列产品(如 Think Pad)
2003	TCL	Thomson(法国) Schneider(德国)	Schneider, RCA, Alcatel
2002	上海海欣集团	Glenoit Textile(美国)	Glenoit

• 资料来源:笔者整理。

通过以上分析可以得出结论:与其他新兴经济体企业一样,中国企业 ODI 包括资产运用与资产寻求两种动因,符合新兴经济体 ODI 的一般规律。

二、中国 ODI 的制度套利动因

中国 ODI 中,有个比较显著的特征是对"避税天堂"和低税率地区的投资所占比例较高,如表 4.3 所示。

表 4.3　中国对自由港和避税地的投资(流量)

年　份	2003	2004	2005	2006	2007	2008
香港地区(亿美元)	11.48	26.28	34.2	69.31	137.32	386.4
开曼群岛(亿美元)	8.07	12.86	51.63	78.33	26.02	15.24
英属维尔京群岛(亿美元)	2.10	3.86	12.26	5.38	18.76	21.04
占当年中国 ODI 的比重(%)	75.86	78.21	80.00	72.32	81.04	75.60
年　份	2009	2010	2011	2012	2013	2014
香港地区(亿美元)	356.00	385.05	356.55	512.38	628.24	708.67
开曼群岛(亿美元)	53.66	34.96	49.36	8.27	92.53	41.92
英属维尔京群岛(亿美元)	16.12	61.20	62.08	22.39	32.22	45.7
占当年中国 ODI 的比重(%)	75.32	68.83	62.69	61.84	69.8	64.7

• 资料来源:《2012 年度中国对外直接投资统计公报》。

　　从流量水平来看,中国内地对外直接投资持续大量流向"避税天堂"和低税率地区。根据《2014 年度中国对外直接投资统计公报》提供的数据,2014 年,中国内地对外直接投资流向中国香港、英属维尔京群岛、开曼群岛的投资共计 796.29 亿美元,占到当年流量总额的 64.7%。其中中国香港占当年流量的 57.6%,主要流向商务服务业、批发零售业、金融业等;英属维尔京群岛占 3.7%,主要流向商务服务业;开曼群岛占 3.4%,主要是商务服务业投资。从存量水平来看,中国香港、开曼群岛和英属维尔京群岛占据中国内地对外直接投资存量前二十位的国家(地区)的前三位。截至 2014 年末,以上三个地区的对外直接投资存量占中国内地对外直接投资存量的比重高达 68.4%。业内估计仅民营企业目前在避税地大约注册了 20 万—30 万家离岸公司。对这些企业而言,注册离岸公司主要是基于以下目标:(1)方便投资融资。严格控制的外汇制度和复杂的海外上市审批手续,直接影响到企业的国际引资。通过注册一家海外离岸公司,以该公司的名义进行海外融资及上市,可以极大地简化海外上市的运作手续。如国内知名企业 SOHU 就借用注册于开曼群岛的离岸公司在美国上市。其他国内不少大型上市企业,如中国联通、中国电信、中国电力等在上市过程中离岸公司起到了关键作用。(2)合法避税。所有离岸法区均不同程度地规定了离岸公司所取得的营业收入和利润免交当地税或以极低的税率(如 1%)交纳,有的甚至免交遗产税等。利用离岸公司作为控股公司投资中国可以规避税收。显然,对避税天堂的投资既不是资产运用导向的,也不是战略资产寻求导向的,主流 FDI 理论对此无法解释(Sutherland & Matthews,

2009)。除了主流 FDI 理论的优势分析外,对中国企业 ODI 的动因的分析还要注意到中国的制度环境。

相关文献强调,在国内持续的经济自由化和制度转型过程中,新兴经济体企业还通常面临各种制度空缺和限制(Makino、Lau & Yeh, 2002; Khanna & Palepu, 2006)。制度约束以及针对特定产业和所有权形式的企业的歧视政策,容易导致一国对外投资的扭曲,会出现通过非正规途径甚至非法途径进行对外投资的情况(Aggarwal & Agmon, 1990)。Dunning(1993)对逃避型动因的识别说明,当企业在母国遇到制度方面的限制时,企业会通过 ODI 方式来逃避这种限制,主动为企业发展创造适合的环境。Witt & Lewin(2007)也认为,企业会为逃避本国制度约束而进行 ODI。对中国企业而言,尽管我国在建立市场经济制度方面已经取得很大的进步,但由于国家对不同所有制企业作用定位的不同以及地方政府对引进外资的过度重视等原因,不同所有制、不同规模企业之间在税收、财政支持、融资等方面所获得的市场地位是有差别的,具体来说就是外资企业通常享受较多的超国民待遇,大型国有企业较易获得垄断地位,民营企业还存在各种显性或隐性的产业进入壁垒和限制。因此,制度的约束会促使一些企业通过 ODI 来绕过制度壁垒,获得制度差异所产生的收益。王元龙(1996)的研究也发现,追求优惠政策是我国企业 ODI 的动因之一。特别是在对引进外资和"走出去"均给予较大的激励时,这种制度环境就会激发本土企业先"走出去"获得政策奖赏,并以"外资"身份回到国内再次获得税收等方面的优惠政策,这类投资通常也被称为"回程投资"(Round Tripping Investment)。另外,Sutherland & Matthews(2009)通过案例研究证明,当国际市场较容易获得融资时,企业也会在避税地进行投资,绕道进入国际资本市场融资,如新浪、平安、联通、华晨、联想、娃哈哈等国内大公司在离岸金融中心均有注册,主要与谋求海外上市和资本运作有关。显然,当国内和国外涉及企业经营与发展的某些方面的制度存在差异时,通常是国外制度较国内制度更少制约企业经营时,企业会通过 ODI 在东道国建立企业,并以所投资的企业为依托来东道国或母国提供的制度便利。张海亮、齐飞和卢曼(2015)提出三种形式的套利动机,并以矿产资源型国有企业的分析为例,基于实物期权理论,构建套利动机推动下的投资决策模型,结果表明在制度套利推动下,国有企业会利用海外监管缺位和补贴优惠等来加速海外布局。笔者将中国企业这类 ODI 命名为制度套利型 ODI(institutional arbitrage ODI),即我国企业为利用国内与东道国和地区之间的制度差异所进行的 ODI,这种投资既会在企业面临国内制度约束时发生,也会在企业受到东道国的制度激励时产生。制度套利型 ODI 则可视为企业受一定制度环境约束或激励时所进行的主动调整。

Boisot & Meyer(2008)从交易成本的角度对中国企业国际化中的制度套利行为进行了解释。他们认为,由于中国国内市场的分割,地方保护主义和物流系统的低效,使得本土企业在国内所面临的产能成本(capacity costs)、经营成本(operating costs)、科斯式交易成本(coasean TCs)、管理成本(administrative costs)等在内阿罗式交易成本(Arrovian TCs)比较高[1],而国际市场提供的制度优势(如知识产权保护等)反而降低了企业跨国交易成本。当企业在国内的跨省交易成本高于跨国交易成本时,企业则会进行制度套利活动,从而大幅降低交易成本。在这种情况下,企业 ODI 与其说是对国际市场的进入战略,不如说是对国内市场的退出战略。笔者借鉴该分析方法对中国 ODI 的制度套利动因进行解释,如图 4.1 所示。

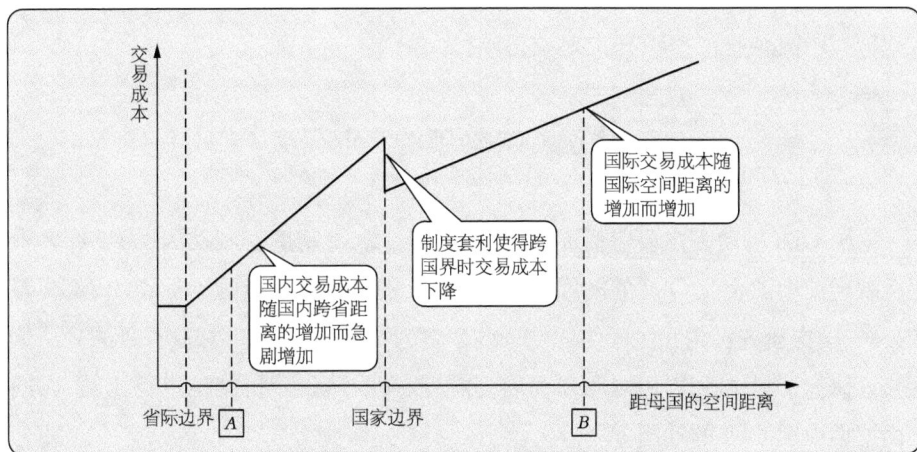

图 4.1 中国 ODI 的制度套利动因

---

[1] 作者将与经济体系运行相关的交易成本称为阿罗式交易成本。科斯式交易成本指发现愿意发生市场交易的人,识别正好愿意以一定条件交易的人,谈判、起草合约以及确保交易履行等所引致的成本。前者涉及成本范围较广,后者范围较窄。产能成本指由于市场分割导致企业无法达到一定规模,企业产能过剩导致利润下降所带来的成本。经营成本主要由跨省际物流成本构成。管理成本指由于国内市场分割导致跨省经营时发生的额外管理与行政方面的成本。

如图 4.1 所示,假设交易成本与空间距离之间存在正向关系。在本省内,交易成本通常较低和比较稳定,但当企业进行跨省经营时交易成本快速上升。图中的阶梯函数的垂直段显示,当企业在最近的国家开展跨国经营时,企业的交易成本比在最远的省份进行跨省经营的成本更低,这时就产生了制度套利型 ODI。超过国家边界后,跨国交易成本随着距离而上升,但跨国交易成本线的斜率比国内跨省交易的成本线斜率要小。从图 4.1 可知:跨出本国国界时交易成本迅速下降正是制度套利型 ODI 的驱动力所在,在图中 A 点,企业为获取制度套利的收益,有可能不通过渐进方式进行国际化,而是在成长的更早的阶段进行 ODI,甚至直接跳跃至图中 B 点处进行 ODI。

另外,Deng(2003)指出,中国跨国公司与其他跨国公司不同的是,在 ODI 动因方面,政府在推动国家对外投资方面的作用更大。但笔者认为,母国政府希望通过境外投资实现的相关战略目标主要依赖企业实体的 ODI 来实现,最终基本上都转变为以上主要动因中的一种或若干种动因,典型的例子如中投公司在能源领域的投资。因此本部分主要从企业微观主体的角度来分析中国 ODI 的动因,以期更深入地把握中国企业在 ODI 中的利益诉求。

三、中国 ODI 动因的实证研究

中国 ODI 的动因主要包括资产运用、资产寻求及制度套利动因,为更加客观地反映当前中国企业 ODI 的动因,笔者选择了相对比较权威的国际组织、跨国咨询公司、国内研究机构和民间组织及一些学者的实证研究来加以分析,目的是从这些实证研究资料中找出中国 ODI 动因,并与前文的理论分析结论进行比较,以期全面把握中国 ODI 的动因。

跨国咨询公司罗兰贝格 2003 年针对中国行业领先的 50 家大型企业的调查显示,中国企业 ODI 的动因主要包括:(1)在东道国建立本地经销网络,这点在产能过剩和国内需求减少的产业表现尤为明显;(2)支持出口和开辟新的市场;(3)获得原材料和自然资源供应;(4)获得先进技术、尖端制造诀窍或者全球品牌(Wu,2003)。

2005 年 FIAS/MIGA/IFC/CCER 联合对中国 ODI 情况进行了调查。据

UNCTAD(2006)提供的资料显示,此次调查涉及 150 家跨国公司,其中:从规模来看,14%为员工超过 10 000 人的大型跨国公司,约 50%为雇员数在 500—10 000 人之间的公司,25%为雇员数在 100—500 人之间的公司,其余为员工数在 100 人以下的公司;从所属行业来看,11%来自第一产业,56%为第二产业,33%为第三产业;从所有权性质来看,49%为民营企业,34%为国有企业,6%为集体或合作及其他性质的企业。该调查具有代表性,调查结果显示,中国跨国公司 ODI 的动因依次为:市场寻求动因(占被调查企业 85%)、创造性资产寻求动因(51%)、资源寻求动因(40%)、效率寻求动因(39%)。

商务部研究院课题组在 2005 年采用分层抽样的方法,选择在境外投资较多的省市,然后在各个省市中广泛选择受访企业,调查遍及三大产业,共计回收有效问卷 411 份。调查结果(见表 4.4)显示,我国企业积极开展海外直接投资的主要动因有以下三个方面:(1)拓展海外市场,扩大市场份额。主要由国内需求不足、同类企业竞争激烈的内在动力所驱动。(2)获取高新技术,增强企业竞争力。特别是对发达地区的投资是我国企业迅速与国际接轨、获取高新技术和先进管理经验的一个重要渠道,是提升国际竞争力、了解国际市场的发展趋势的重要途径;(3)企业战略发展的需求。随着企业的发展壮大,企业的生产经营已纳入到全球的经济活动中,越来越多的企业走出国门,开展海外投资,如获取情报信息的受访企业占受访企业回答比例的 10.8%。(4)企业走出去的其他因素还包括分散经营风险、在当地市场购买原材料进口到我国等。

表 4.4　中国企业 ODI 动因(1)

项　　目	企业回答数	占回答总数比例(%)
增加市场销售份额	198	25.4
学习和引进外国的先进技术	87	11.2
获取情报信息	84	10.8
获得外国的先进技术	80	10.3
分散经营风险	69	8.9
在当地购买原材料进口到我国	61	7.8
在当地做技术开发	54	6.9
降低原材料成本	53	6.8
其　　他	52	6.7
节约劳工成本	40	5.1

• 资料来源:商务部研究院课题组(2007)。

中国贸促会在 2006 年对来自中国各行各业和绝大多数省份的 235 家企业的调查结果如表 4.5 所示。由调查结果可知,中国企业 ODI 主要是瞄准国外市场,包括在被投资国生产、销售及从被投资国再次出口至其他市场。

表 4.5　中国企业 ODI 动因(2)

投　资　目　的	占被调查企业的比例
在被投资国生产并销往当地	57%
在被投资国市场上分销已经生产的商品	35%
提供中国市场所需的资源	14%
在投资所在地生产但销往它国	14%
获取公司总部所需的技术与经验	6%

· 注:此调查选项为多选
· 资料来源:中国贸促会(2007)。

为了解我国实施"走出去"战略后企业整体 ODI 情况,中国贸促会于 2008 年 12 月至 2009 年 2 月再次进行了较大规模的调查,回收的有效调查问卷达到 1 104 份,其中关于企业对外投资目的如表 4.6 所示。显然,扩张市场是中国企业对外投资最主要的目的,而获取国外先进技术和管理经验居于第二位,第三是降低成本,而开发自然资源、获取国际知名品牌和回避贸易壁垒等也是企业对外投资所关注的目标。与 2006 年的调查结果相比,这次调查结果中扩大市场依旧是中国企业 ODI 的主要目的,但中国企业 ODI 的动因有三个明显的变化:一是以获取先进技术和经验以及国际知名品牌的资产寻求型 ODI 显著增加。这说明随着整体发展水平的提升,我国企业更加重视高端要素,体现了企业渴望通过对外投资培育新竞争优势的动因。二是降低成本即效率寻求型 ODI 增加。这主要与国内生产成本上升相关。三是为回避贸易壁垒而进行的市场寻求型 ODI 显著增加。这反映了全球金融危机背景下,我国面临贸易壁垒增加,企业为应对贸易保护主义而不得不选择 ODI 方式来规避贸易壁垒。

表 4.6　中国企业 ODI 动因(3)

投　资　目　的	占被调查企业的比例
扩大市场	39%
获取先进技术和经验	30%
降低成本	24%
开发自然资源	19%
获取国际知名品牌	19%
回避贸易壁垒	16%

· 资料来源:中国贸促会(2009)。

中国贸促会 2013 年的调查则显示,相比 2009 年的调查数据,企业海外扩张最重要的目标是"扩张市场",接下来依次是"获取国外先进技术和管理经验"、"降低成本"、"开发自然资源"和"获取国际知名品牌"。

此外,景劲松、陈劲、吴沧澜(2003)通过问卷调查和访谈,发现中国企业在海外进行研发投资的主要动因是通过广泛开展国际技术合作和建立少量国外技术监测性研发机构,实现了解竞争对手,判断技术发展趋势,吸收国外的先进技术和科学知识,提高企业技术能力的战略目的。Rugman & Li(2007)通过对 TCL 等中国跨国公司的分析认为,中国大型跨国公司的优势多来源于在相对低廉的劳动力成本与自然资源投入的基础上所实现的规模经济,因此,在进行跨国直接投资时,这些跨国公司通常是知识寻求者(knowledge seekers)而不是知识拥有者(knowledge takers)。

以上来自国内外的实证研究显示,中国 ODI 的动因主要有资产运用动因和资产寻求动因,其中资产运用动因主要包括市场寻求和效率寻求和资源寻求动因,而资产寻求动因主要包括对技术、管理经验和国际品牌等战略资产的寻求。这一研究结论也得到了相关统计计量方面的实证分析所支持。如邱立成等(2008)研究了中国的 ODI 和若干宏观经济变量之间的关系后认为,中国 ODI 是以资源导向和市场导向型为主的。刘阳春(2008)通过对第三届中国国际中小企业博览会、第八届中国国际高新技术成果交易会和第一百届中国出口商品交易会的参展企业进行实地问卷调查,并对所采集的 87 个有效样本进行计量分析,研究结果显示中国企业 ODI 存在多种动因,其重要性依次为实施公司扩展战略与寻求市场、获取信息、组织学习和获取先进技术的寻求创造性资产动因与利用专属优势动因、寻求自然资源与克服贸易壁垒动因等,而表现为降低成本、节约运输成本和为在东道国的子公司供货的寻求效率动因不是中国企业 ODI 的主要动因。黄静波、张安民(2009)基于 1982—2007 年的对外投资流向对中国 ODI 动因类型的实证研究发现,能源需求成为中国 ODI 的重要原因。王碧珺(2013)通过实证研究,并结合所搜集的 293 个项目的具体分析表明,整体而言,中国大型海外投资项目最主要的投资目的是获取自然资源(数量上占比 41.3%,数额上占比 51.3%),其次是获取市场,第三是获得技术。但制造业项目则有所不同,最主要的投资动机是获取技术(数量上占比 35%,数额上占比 45.5%)。通过投资海外,中国的制造业企业期望获得先进的技术、被消费者认可的品牌以及市场渠道,从而提高利润率,延伸价值链。另外,获取自然资源仍然是中国制造业投资的重要目的(数量上占比 33.9%,数额上占比 31.6%)。

关于中国对外直接制度套利动因,尽管目前还无权威渠道直接对此进行大规模调查研究,但已有调研资料中实际有所涉及。在 2003 年罗兰贝格的调查中,有 8% 的被调查企业提到其 ODI 活动存在其他方面的动因,这与主流理论的判断并不一致。在商务部研究院课题组的实证调研中,也有近 7% 的企业将其 ODI 的动因归为其他类型。另外,UNCTAD(2006)对转型经济和发展中国家 ODI 的全球调查中也出现了类似的情况。然而,大部分研究一般对这类动因要么根本不提及,要么只是简单地将其归类为"其他",殊不知,这些被人为忽略的部分,正是中国 ODI 的独特之处。造成这一现象的原因可能包括:调查者在设计问卷时先入为主,偏重于传统的资产运用与寻求动因,问卷设计不尽合理;企业出于各种顾虑不愿回答比较敏感的问题,造成问卷的回答未能全面反映客观实践;由于对这部分制度套利型 ODI 难以进行全面统计,导致缺乏相关的数据供理论研究者进行深入分析。近年来,一些学者已经注意到了这方面研究的不足,开始对这部分动因进行深入挖掘和分析。如项本武(2005)对我国资本外逃现象进行了研究,证实部分资本外逃与我国 ODI 政策相关。此外,Sutherland & Matthews(2009)通过对注册在开曼群岛、英属维尔京群岛等地的在美国上市且主要在中国经营的 72 家企业的案例研究表明,这类回程投资不仅是为了享受中国内地所提供的优惠政策,而且是为了通过注册在避税地而到美国、中国香港等地融资,这些回程投资增强了企业的资本实力。

从以上所提供的实证资料看,这些实证研究既涉及中小企业,也涉及大型企业,投资企业来自国内大部分地区,覆盖三大行业,投资目的地包括发达国家、新兴经济体与其他发展中国家,代表性较强。从实证结果来看,前文所提出的"中国 ODI 同时存在资产运用与资产寻求动因"的分析结论得到了证明,这一研究结论与理论界对新兴经济体 ODI 动因的分析基本符合,说明和其他新兴经济体类似,中国企业 ODI 也存在传统的资产运用与寻求动因。而制度套利动因则在目前新兴经济体 ODI 研究中还未全面涉及。

中国对外投资之所以存在以上动因并不难理解。Luo & Tung(2007)认为新兴经济体企业(跨国公司)ODI 有两个原因:满足母国经济和社会发展的需要、弥补企业竞争劣势。中国企业也不例外。无论是出于传统的资产运用与寻求动因,还是出于利用不同制度差异的制度套利动因,中国 ODI 的增长既是中国经济发展到一定阶段,企业走出国门求生存和进一步发展的产物,也是企业(主要是国有企业)为满足国内经济和社会发展需要的战略选择,同时是中国市场经济制度有待完善的制度背景下,企业为寻求适合自身生存与发展的制度环境所进行的理性选择。

第四节
中国 ODI 动因的特征

中国 ODI 主要包括资产运用、资产寻求与制度套利三种动因,对其特征进行分析,有助于更深入理解中国政府及企业在 ODI 中的战略目标与利益诉求。本部分将从动因的历史演化、影响因素以及不同投资区域与产业的动因表现等方面,深入分析中国 ODI 动因的特征,并探讨这些特征对于新兴经济体 ODI 动因研究的启示。

一、区 域 特 征

目前中国 ODI 的分布区域既包括发达国家,也包括新兴经济体与转型国家,还包括其他发展中国家。中国对不同类型的东道国直接投资动因的侧重点通常会有所不同。陶涛、麻志明(2009)利用引力模型,选取了 37 个国家 2000—2004 年的情况组成面板数据,并把样本按照东道国不同分为发达国家、东盟十国、转型国家和其他发展中国家四组。对中国 ODI 的驱动因素进行检验发现,中国对发达国家的直接投资可以归结为追求技术型 ODI,而对东盟、转型国家和其他发展中国家的直接投资更多地表现出追求市场型和追求自然资源型特征,因此目前我国对发达国家的投资主要以战略资产寻求为主,对其他新兴经济体和发展中国家的投资则以寻求市场和资源的资产运用动因为主。这一结论不难解释,一般来说,先进技术、品牌和管理知识等战略资产往往有区位集中的特点,并且多嵌入一定的组织结构中,具体来说,这类中国企业迫切需要的战略资产大多集中在发达国家的企业中。因此,中国资产寻求型 ODI 多以发达国家为投资目的地。对于新兴经济体来和其他发展中国家来说,这类地区是近年来我国企业重点开拓的国际市场,通过 ODI 方式来带动出口、开发新市场自然成为重要的途径,如中国在东盟地区的制造业的投资。另外,资源寻求型 ODI 受东道国资源禀赋的约束,因此我国这类投资多集中资源丰富的非洲和亚洲等发展中国家以及少数发达国家,如 2014 年中国对澳大利亚投资流量 40.49 亿美元,流向采矿业 30.85 亿美元,占 76.2%;2014 年末中国对澳大利亚投资存量 238.82 亿美元,占中国对外投资存量的 2.7%,位居第 3,行业分布中,采矿业投资存量为 166.27 亿美元,占比高达 69.6%。

二、产 业 特 征

一般来说,企业在不同产业 ODI 动因的侧重点不同,同一产业中不同的价值链环节的投资动因也会有所不同。从目前我国 ODI 的情况来看,一般来说,采矿业领域的投资主要集中在资源丰富的国家和地区,多为获取自然资源。制造业 ODI 主要是为了巩固原有市场份额或开拓新市场以及寻求全球低成本制造基地,这类投资多集中在亚洲和非洲,获取先进技术、品牌等需求也较为迫切。这类投资多表现为在发达国家的并购投资和研发投资。服务业特别是银行和保险等金融业多以寻求市场为主,但其中商务服务业较制造业对企业 ODI 要求低,易成为企业在避税地和低税率地区注册壳公司的选择,因此商务服务业中较易涉及制度套利型 ODI 活动。这也解释了为什么我国对开曼群岛、英属维尔京群岛和香港的投资主要以商务服务业为主,Sutherland & Matthews(2009)对中国回程投资的 72 家企业的案例研究中,绝大多数为商务服务企业,涉及投资服务、商务咨询、计算机软件与程序服务、人才代理、教育服务。从价值链环节来看,以高新技术产业为例,研发和销售投资多集中在发达国家,主要是资产寻求型投资,生产主要放在发展中东道国,多为资产运用型投资(徐卫武、王河流,2005)。

三、演 化 特 征

中国 ODI 动因的演化是由我国国内经济发展形势及外部环境变化而造成的，也是由我国企业竞争力和竞争战略的转变所驱动的。

从宏观经济层面来看，在不同的经济发展阶段，一国 ODI 的政策导向会有所不同。在经济起步阶段，随着改革开放政策的推行，我国经济从封闭走向开放状态，对国际市场的信息、销售渠道等方面的要求比较迫切，因此，早期中国 ODI 是为对外贸易服务，表现为收集国际市场信息和开拓市场。随着中国经济快速进入工业化时代，获取国民经济与社会运转的资源以及满足大规模工业生产所需的外部市场成为 ODI 的重要诉求，而整体经济发展水平的提升也使得我国对高端要素的需求增加。从历史演化角度来看，中国 ODI 动因呈现出资产运用为主，资产寻求动因的重要性逐步上升的特征。这点也得到实证调查研究的支持。对中国 ODI 起步发展阶段的调查研究，如 1988—1989 年间复旦大学世界经济研究所对上海、北京和福建的 37 家中国 ODI 企业的调查(Ye Gang, 1992)，1991 年中国对外经贸大学跨国公司研究中心对国内 20 多家大公司海外投资动因的问卷调查以及 1993 年山东省中国海外企业研究课题组对山东省 9 家公司海外直接投资动因的问卷调查(谢康，1997)均显示，这一时期中国 ODI 的动因以获得国际市场信息、保护出口市场和带动出口的资产运用动因为主。而 20 世纪 90 年代中后期以来，商务部、中国贸促会及一些学者的研究证明，通过 ODI 获得先进技术和品牌等战略资产的资产寻求动因更加受到企业重视，同时在开发新市场方面企业体现出更大的主动性。

从企业微观层面来看，随着改革开放的逐步深入，企业发展阶段的推进也意味着我国企业原先普遍所依赖的低成本竞争模式越来越不适应激烈的全球竞争，因此在开拓市场的同时，通过跨国并购等方式获取高端要素如先进技术与管理知识、品牌等成为我国企业的必然选择。

四、互 补 特 征

企业的 ODI 动因通常不是单一的，往往具有互补特征。中国 ODI 的各种动因彼此并非完全独立存在,大部分投资本身包含了多种动因。例如联想并购 IBM 的 PC 业务是为了获得 IBM 的 Think 系列产品的技术优势和建立全球品牌的资产寻求型 ODI,也是为了在全球范围内进行资源整合的效率寻求型 ODI,客观结果上也达到了开拓全球市场的目的,所以其并购行为同时包含了资产运用与资产寻求两种动因。另一个更典型的案例是 2001 年万向收购美国 UAI,后者是生产、制造与销售制动器零件的公司,符合当时实行相关产业多元化战略的万向准备向制动器领域拓展的需求。收购 UAI 使万向获得每年约 7 000 万美元的国际市场份额,为万向国内生产企业提供至少 2 000 万美元的年订单,并可以将 UAI 品牌和技术引入中国,同时获取 UAI 的国际化销售网络的便利。中国 ODI 动因的互补特征在其他新兴经济体 ODI 动因研究中也得到印证。如 Klein & Wöcke (2007)研究发现,南非跨国公司在 ODI 中同时存在资产运用动因和资产寻求动因,并且这两种动因是相互作用的,资产运用型 ODI 通常会促进企业资产寻求型 ODI。

中国 ODI 的互补特征也解释了中国发达地区的制造业企业为什么不全部向内地进行产业转移,而要进行境外投资,主要原因在于这些企业的投资活动并不只是为了寻求低成本制造要素,还涉及开拓国际市场、通过投资实现本地化从而与东道国市场建立稳定的联系、获取国外先进制造技术等目标,当国内市场不能全部实现这些目标,走出去成为必然的选择。而且,随着中国对外开放的深入,中国经济与世界经济融合度的提高,企业更多面临的是全球化的竞争,因此除了考虑国内市场外,企业也要思索如何进行国际化竞争。

五、制 度 特 征

依据主流理论,企业从出口到 ODI 的国际化过程是一个渐进的、逐步累积国际化经验的过程。这类模型的假设前提是:企业跨国经营比国内经营要花费更高的成本,学会在国外市场经营也比学会在国内市场经营要更困难,因此为弥补跨国经营的所带来的额外成本,企业必须拥有一些竞争优势,而在获得这些竞争优势前,企业必须在国内市场成长壮大,具备一定的基于市场或产品的竞争优势才有可能走出国门。但对中国企业而言,由于制度套利型 ODI 的存在,主流理论在此失去了解释力,对此现象的解释离不开中国的制度背景对 ODI 动因影响的分析。

过去 30 年来,中国对外开放主要是靠政策性开放来推动的。所谓政策性开放指通过特殊的优惠政策引进外资、促进出口的方式来推动对外开放。尽管这种开放模式促进了中国经济的巨大发展,在这一过程中形成的政策引致性扭曲(policy-induced distortion)却带来了开放效益的流失,如资源价格的扭曲导致大量引进资源消耗型产业,中国资源日益紧缺;要素市场的扭曲使得内资企业在获得高端人才、资本等方面面临不公平竞争;汇率扭曲及其导致的对外扭曲促成了巨额外汇储备的形成(张幼文,2008)。这是中国政府在制定 ODI 政策时必须考虑的客观现实,也是会影响企业走出去的动因。另外,从地方政府在中国改革开放中扮演的角色来看,在"区域发展导向型"的市场经济体制中各级地方政府有强大的经济职能和发展动力(张幼文,2008),通过政策激励吸引外资成为发展的主要手段,由此而形成的政策竞争客观上更有利于外资的发展,挤压了内资企业的发展空间,再加上国内市场经济制度不完善的约束,如国内市场分割、知识产权保护欠缺等,这就为内资企业 ODI 中的制度套利行为提供了驱动力,企业根据自身所处的制度环境来调整 ODI 的目的也就成为题中之义。

中国 ODI 的动因一定程度上受政府政策导向的影响是理论研究者普遍关注的现象,有学者甚至将中国 ODI 称为政府政策驱动的 ODI(state-policy driven ODI)(Morck *et al.*,2008)。冯华和辛成国(2015)的实证研究进一步表明,政府政策的支持、母国制度质量和融资环境的改善在促进和保护中国对外直接投资方面均具有不同程度的积极作用,是我国能否成功实施 ODI 的特定制度优势,其中,政府政策支持度、法律与秩序、投资环境、储蓄率和国内信贷的影响效果最为显著。在对中国跨国公司的研究中,Deng(2004)认为中国政府对中国跨国公司的对外投资活动仍有较大影响。Gugler & Boie(2008)也认为,中国企业 ODI 的动因与政府干预有关,因为在中国的商务环境中,企业 ODI 活动会受到政企关系影响。Buckley *et al.*(2008)通过对中国 ODI 政策的发展历程说明,尽管政府对企业 ODI 的干预逐渐减少,但一定程度上国有企业 ODI 活动仍需承担一定的国家政策目标,如获取稳定的自然资源供应等,并且政府也会通过一定的政策对企业 ODI 进行引导,例如,商务部和外交部在 2004 年和 2005 年先后两次发布《对外投资国别产业导向目录》,2007 年商务部和外交部又会同发改委发布了《对外投资国别产业导向目录

(三)》,意在引导我国企业在投资国别与产业选择方面有针对性地开展对外投资。2014 年商务部启动制定对外投资合作的五年规划以及重点国别和重点行业的规划;颁布了新修订的《境外投资管理办法》,推动出台《境外投资条例》,推进境外投资法制化建设;发布《对外投资合作国别(地区)指南(2014 版)》。在特殊情况下,政府甚至会直接设立国有公司进行 ODI。鉴于巨额外汇储备的压力,2007 年 9 月我国成立了中国投资有限责任公司,作为专门从事外汇资金投资业务的国有投资公司,这也是我国通过主权财富基金方式实行"走出去"战略的尝试。可见,中国企业 ODI 动因确实会受到政府政策导向的影响。

第五节
新兴经济体 ODI 动因的进一步分析

新兴经济体 ODI 动因研究主要有两个关注点:(1)新兴经济体 ODI 的资产寻求动因;(2)制度因素对新兴经济体 ODI 动因的影响。下面结合这两个研究重点对新兴经济体 ODI 动因作进一步分析。

一、资产运用动因与资产寻求动因

本章的理论分析和实证调查资料证明,中国 ODI 同时存在资产运用与资产寻求动因,这一研究结论与理论界对新兴经济体 ODI 动因的分析基本符合。新兴经济体 ODI 既包括资产运用动因,也包括资产寻求动因,这从危机后新兴跨国公司择机进行跨国并购的战略行动也可得到证明。为抵御危机冲击或出于战略转移的需要,危机后,不少发达国家跨国公司不得不进行战略收缩,如跨国汽车巨头抛售了沃尔沃、路虎、捷豹等高端品牌,这为新兴跨国公司择机进行跨国并购提供了机遇,一些非国有新兴跨国公司表现尤为活跃。目前来看,其并购主要包括两类:(1)通过并购向产业链高端延伸。这类并购主要是为了获得发达国家跨国公司的技术、品牌、国际销售渠道和其他高端要素,借机向产业链高端延伸。新兴跨国公司通过并购方式获取高端要素并进行整合,有利于快速追赶发达国家跨国公司,从而缩短演化时间。最典型的案例是中国的吉利汽车,2009 年吉利收购全球第二大自动变速器公司澳大利亚 DSI 公司, 2010 年吉利又以 18 亿美元收购沃尔沃 100％股权,正是通过一系列跨国并购,吉利汽车由低成本战略向安全和节能转型,逐渐摆脱了来自新兴经济体的低端制造的形象,助推吉利汽车逐步向产业链高端延伸。(2)通过并购实现进一步提升行业地位。如作为全球排名第五的风力发电机组供应商,印度 Suzlon 公司 2008 年再次购得位列世界十大风力发电机组供应商之一的德国 Repower 公司 30％的股份,从而将其持有的该公司股份提高至 66％。

总体来说,我国企业对外投资资产运用动因包括资源寻求动因、效率寻求动因和市场寻求动因,资产寻求动因主要是指 ODI 是为了获得技术、品牌、营销渠道等战略资产。在解释新兴经济体资产寻求动因方面,新兴经济体 ODI 理论有较强的解释力。如中国跨国公司 ODI 中,79％ 采用合资的形式,21％为独资子公司形式 (Kang & Ke, 2005),这与 LLL 模型关于新兴经济体跨国公司重视外部资源利用,通过合资、战略联盟等方式杠杆化利用资源,从而达到弥补自身竞争劣势的结论一致。无论处于何种动因,新兴经济体 ODI 的发展既是新兴经济体自身经济发展到一定阶段,企业通过跨国化发展求生存和发展的产物,也是企业为满足国内经济和社会发展需要的战略选择,同时是新兴经济体国内经济制度转型过程中,企业为寻求适合自身生存与发展的制度环境所进行的理性选择。

二、制度因素对动因有何影响

值得注意的是,除了资产运用与寻求动因外,中国企业 ODI 还存在制度套利动因,即面临国内制度约束时,企业为利用母国与东道国之间的制度差异所进行的 ODI,这一特点是目前新兴经济体 ODI 研究中并未提及的。对中国对外投资动因的特征的进一步研究表明,制度因素对中国 ODI 的动因有较大的影响。这一研究结论也证明,引入制度视角对于深入理解中国 ODI 的重要性。

中国对外投资的制度套利动因的存在为新兴经济体 ODI 研究强调制度分析提供了证据。中国对外投资制度套利动因的存在是中国企业在国内特定的经济发展阶段的产物,这一研究结论并不能完全推广至其他新兴经济体,如表 4.1 所示。在其他一些类似的经济制度转型国家,如印度和俄罗斯,企业 ODI 也包括规避国内政策监管的动因,但是,在市场化程度更高的其他新兴经济体,如韩国,企业对外投资更多地表现市场化的资产运用与寻求动因。对资源禀赋丰富的俄罗斯和巴西来说,通过境外投资获取资源并不是对外投资的主要动因,而对中国和印度这两个资源需求大国来说,其境外投资则表现出强烈的自然资源寻求动因。因此,新兴经济体之间的差异导致其主导的 ODI 动因存在一定的差异。未来研究中,需要对更多新兴经济体 ODI 动因进行国别研究,进一步探讨制度因素对新兴经济体 ODI 动因的总体影响。

综合以上分析,新兴经济体 ODI 仍然存在传统的资产运用动因和资产寻求动因。目前新兴经济体 ODI 研究主要强调新兴经济体对外投资中的资产寻求动因,这主要源于理论界对新兴经济体企业相对缺乏所有权优势仍积极在发达经济进行 ODI 的关注。从这个角度说,深入分析新兴经济体企业 ODI 的资产寻求动因,从而为新兴经济体通过 ODI 来培育竞争优势提供实践指导,是非常具有理论与实践价值的。同时,新兴经济体企业 ODI 还包括企业 ODI 中常见的资产运用动因,因此如何通过加深新兴经济体 ODI 资产运用动因的研究,为新兴经济体资产运用型 ODI 提供实践指导也是非常必要的。另外,与发达国家对外投资不同,制度因素对新兴经济体企业 ODI 动因的影响是客观存在的,但未来研究制度因素对新兴经济体 ODI 动因的影响要结合国别情况进行具体分析。

第五章
新兴经济体 ODI 的决定因素

ODI 的决定因素(determinants)既包括企业内部驱动企业进行跨国直接投资的特定因素,也包括决定企业 ODI 区位选择的外部影响因素。本章拟在理论分析的基础上,分别从东道国与母国特征出发,对中国 ODI 中经济与制度方面的决定因素提出理论假设,并进行实证检验。研究目的是结合理论分析与实证检验,找出中国 ODI 的一般决定因素及其特征,并分析新兴经济体 ODI 理论和主流 FDI 理论的理论适用性。

第一节
新兴经济体 ODI 的主要决定因素

ODI 的决定因素是一个较为复杂的研究主题,由于研究的理论基础、分析视角与方法的不同,学界对其可谓仁者见仁,智者见智。Chakrabarti(2001)对 20世纪 60 年代至 90 年代相关研究文献进行了全面梳理,归纳出有关 ODI 的八个决定因素:市场规模(market size)、劳动力成本(labor cost)、贸易壁垒(trade barrier)、经济增长率(growthe rate)、开放性(openness)、贸易赤字(trade deficit)、汇率(exhange rate)和税收(tax)。但是,除 ODI 与市场规模的正相关关系得到已有实证研究的普遍支持外,有关其他七个因素对 ODI 的影响的实证研究结果都存在不一致,甚至相互矛盾之处。事实上,目前理论界对于不同因素对新兴经济体ODI 的影响方向和影响程度仍存在争议。新兴经济体 ODI 所涉及的决定因素非常多。在宏观层面,东道国市场规模、双边贸易联系、汇率水平及波动、政府治理基础、税收政策、母国经济发展水平以及国内与国际制度环境,在微观层面,企业技术水平等都是文献中讨论较多的新兴经济体 ODI 的主要决定和影响因素。

一、主要决定因素

一般而言,新兴经济体 ODI 的宏观决定因素主要包括:母国和东道国的宏观经济因素、国内或国际的制度环境的影响。

(一) 宏观因素

从宏观因素来看,在面临经济全球化带来的发展机遇和挑战时,大多数新兴经济体通过主动开放国内市场,调整国内经济制度,积极与世界经济接轨,经济获得快速增长,产业结构得以改善,为其 ODI 的发展奠定了基础。国内经济发展对新兴经济体 ODI 的决定作用已得到大量实证研究的证明。Lin(1995)对我国台湾地区跨国公司 ODI 的经济决定因素进行了较为全面的分析。其研究发现,我国台湾 ODI 主要是由资本的快速积累和劳动力短缺所驱动的,制造业发展所带来的可在地区外运用的产业资产与诀窍也推动了 ODI 的发展;此外,外汇管制的放松、汇率、出口利润、地区经济增长和国际利率水平均对台湾地区的 ODI 有影响;从产业层面来看,由快速工业化所带来的技术成熟度则是主要决定因素。Andreff(2002)通过包括发达国家、发展中国家和 26 个转型国家在内的总共 176 个样本国家的实证研究显示,母国经济发展水平、母国产业结和国内市场规模是转型经济跨国公司 ODI 的决定因素,但技术水平并不如有关第三世界跨国公司研究文献所强调的那样有显著影响,这说明转型国家 ODI 主要还是由国内经济发展水平而不是技术水平所决定的。Frenkel *et al.*(2004)通过分析 5 大主要工业国和 22 个新兴经济体国家的双边 ODI 流量数据发现,距离、投资国特征、东道国特征在决定 ODI 流量上起到了重要作用。Buckley *et al.*(2007)首次对中国 ODI 的决定因素进行了较为全面的研究,其研究认为,20 世纪 90 年代初期之前,中国 ODI 主要受中国与东道国之间的文化相似性和距离接近性、东道国市场规模影响,20 世纪 90 年代后,中国对外投资主要受东道国自然资源禀赋影响。

表 5.1　制度环境对新兴经济体 ODI 的影响

研究者	主　要　结　论
Dunning, Hoesel & Narula(1998)	东亚新兴经济体跨国公司通过并购等方式在发达工业化国家所进行战略资产寻求型 ODI 活动是由国家经济结构重建和自由化、出口导向、更开放和政府支持来促进的
Cuervo-Cazurra (2007)	外资进入、对国内企业保护减少等制度环境的改变是促使拉美企业进行 ODI 并成为跨国公司的重要驱动因素；制度环境的改变也改变了企业的优势
Pananond(2007)	对比 1997 年金融危机前后泰国跨国公司的国际化扩张活动时发现，由于对透明度要求的提高，泰国跨国公司由传统的重视网络能力变为更重视技术能力
Chittoor & Raya (2007)	由于贸易体制自由化导致的国内市场向国际竞争者开放，以及 WTO 专利体系的监管，印度制药业原来通过反向工程所形成的传统竞争优势在国际化经营中面临压力
Cuervo-Cazurra & Genc(2008)	与发达国家跨国公司相比，发展中国家跨国公司的劣势部分地是由于它们不得不在母国欠发达的制度环境中经营，但是当它们在类似制度环境的欠发展中国家进行 ODI 时，这种劣势反而成为一种相对于发达国家跨国公司的优势
Deng(2009)	中国 ODI 是与中国长期发展战略相匹配的，中国政府在企业海外产业投资中起到重要驱动作用；中国跨国公司通过并购获得战略资产是中国独特的制度环境的必然逻辑

• 资料来源：笔者整理。

除了宏观经济层面的因素外，宏观制度环境对新兴经济体 ODI 也存在重要影响。对大多数新兴经济体来说，除面临持续的经济自由化和制度转型外，新兴经济体企业还面临各种制度限制（Makino、Lau & Yeh，2002），这些制度因素会影响新兴经济体 ODI 决策，最终影响新兴经济体企业 ODI 的规模。如表 5.1 所示，母国政策和国际政策环境对新兴经济体企业的竞争优势、ODI 战略选择等都产生了重要影响。

另外，地理与心理距离在新兴经济体企业国际化过程中也有决定作用。一般规律是：企业通常在与母国地理距离或心理距离相近区位开始国际化过程，因为通常企业起先已通过贸易往来或其他互动方式建立了经验、关系与认识等。这一点在新兴经济体跨国公司 ODI 中表现得比较明显，除来自亚洲的中国（程惠芳、阮翔，2004）、韩国（Erramilli *et al.*，1999）、印度（Pradhan，2003）与马来西亚（Zin，1999）的跨国公司外，对拉美新兴经济体跨国公司 ODI 的研究也得出了类似的结论。Cuervo-Cazurra（2008）通过对来自巴西、阿根廷、墨西哥等三国 20 家大型跨国公司的研究发现（见表 5.2），拉丁美洲跨国公司 ODI 区位选择的决定因素受到经济发展水平的差距和文化距离的影响。

表 5.2　拉美跨国公司 ODI 区位选择的决定因素

| | | 发 展 水 平 | |
		差 距 小	差 距 大
文化距离	远	适应发展中国家消费需求,不受文化限制	不受文化和发展水平限制;或者为完善企业资源而寻求资产与能力
	近	依赖政府关系和制度/发展水平	受文化限制,且为了更大的市场机会

· 资料来源:Cuervo-Cazurra(2008)。

(二) 微观因素

尽管新兴经济体 ODI 理论认为新兴经济体企业在缺乏所有权优势情况下仍可进行 ODI,但从实践来看,新兴经济体企业自身所有权优势仍是其 ODI 的决定因素,因为在市场化竞争中,无任何优势的企业在国内竞争中通常难以生存,进行 ODI 的可能性不大。伴随着国内经济的快速增长与国内市场经济制度的改革,新兴经济体企业也积累了一定的技术和管理方面的优势,这是新兴经济体企业进行 ODI 的重要微观决定因素。Singh(2001)对 469 家印度企业从 1980—1990 年的面板数据的实证研究显示,生产经验、管理技能、企业规模和大企业联合所有权是印度海外投资企业竞争优势的主要来源。Wang、Hsu & Fang(2008)通过对我国台湾地区 114 家高技术企业的实证研究发现,公司治理水平、专利水平、管理者受教育程度、R&D 密度是我国台湾地区企业国际化活动的决定因素。

二、研究新兴经济体 ODI 决定因素应注意的问题

理论界对新兴经济体 ODI 决定因素的研究既沿用了一般 ODI 决定因素研究的思路,着重从宏微观层面分析经济因素,也考虑到了新兴经济体独特的制度背景,为后续研究打下了较好的基础,但仍存在待改进之处。这些也是未来研究中应注意的问题。

第一,研究结论不一致,甚至相互矛盾。以技术优势在新兴经济体 ODI 中的决定作用为例,有学者认为中国 ODI 可用小规模技术理论和技术地方化理论解释(代中强,2009),但 Singh(2001)对印度企业的研究却显示,拥有相对劳动密集型

技术企业更容易进行 ODI 活动的传统假设却并未得到验证。造成这种局面的主要原因既在于不同新兴经济的经济发展阶段与规模、制度环境本身存在一定的差异，也可能是学者运用的方法、变量的选择、时间范围的选取、国别样本的覆盖面以及 ODI 本身度量等原因造成的。因此有必要加深个案研究，对不同新兴经济体 ODI 的决定因素进行深入探讨，以便在对个案的特殊性进行分析的基础上，对研究结论进行归纳和总结，并与已有研究进行比较，找出一般规律，推进新兴经济体 ODI 决定因素研究的系统化。

第二，从制度层面研究 ODI 的决定因素是近几年来理论研究的热点，但实证研究较少。尽管新兴经济体 ODI 研究很注重制度因素的影响，但与经济因素相比，由于政治、法律等制度因素不易量化，因此相关研究大多停留在理论分析层面，实证研究较少。实证研究的滞后导致理论研究结论缺乏实证支持，影响了结论的可靠性。

第三，多注重研究东道国的宏观经济决定因素，对母国方面的决定因素的研究相对较少。东道国决定因素涉及企业 ODI 的区位选择，母国因素决定了企业选择 ODI 而不选择其他国际化方式的环境影响因素，因此，ODI 决定因素关系到两个方面：选择进行 ODI 的决定因素和区位选择的决定因素。有必要对这两方面的决定因素都进行深入研究，以便全面掌握 ODI 的决定因素。

第四，实证研究中数据样本偏小，影响研究结论的可靠性。由于数据的可获得性和笔者精力所限，有些研究中时间序列数据偏少，有些研究者所选择的东道国样本数量偏少，这一定程度上影响了研究结论的可靠性，需要在后续实证研究中加以改善。

一般而言，一国或地区 ODI 水平与规模是一国综合国力的体现，对外投资规模不仅受母国经济发展水平、技术能力及政治、法律、制度环境的影响，也是母国各种投资主体在一定国际投资环境下理性选择的结果，因此会受到东道国经济与制度环境的影响以及国际环境的影响。由于不同新兴经济体之间的差异性角度，新兴经济体 ODI 的决定因素是较为复杂的研究主题。不同学者选择的研究对象、研究的理论基础、获取的样本和采用的实证分析方法存在一定的差异，研究的侧重点也不尽相同，所得出的研究结果也不尽一致，甚至相互矛盾。本章着重将从母国特征方面对中国 ODI 的决定因素进行实证分析，目的是探讨中国 ODI 的母国决定因素，充实新兴经济体 ODI 的相关研究。

第二节
中国 ODI 的母国决定因素

本节拟在相关研究的基础上进行理论分析,结合中国作为投资母国的特征提出理论假设,然后构建理论模型,并进行计量分析和实证检验,最后对实证研究结果进行归纳和讨论。目的是将相关研究结论与现有 ODI 理论的观点进行比较,从而研究新兴经济体 ODI 理论与主流 FDI 理论的理论适用性。

一、理论分析与假设

从母国特征研究 ODI 的决定因素是新兴经济体 ODI 研究的重要主题。目前,国内已有一些文献涉及中国对外投资的母国决定因素研究,如表5.3所示。这些实证研究对中国 ODI 的母国决定因素进行了较为深入的分析,但存在选择的时间序列数据少,多集中分析宏观经济因素,缺少对制度因素的量化分析等问题。基于此,本部分将在已有研究的基础上,结合新兴经济体 ODI 研究的最新进展以及我国的经济与制度特征提出理论假设。在进行理论假设时,对变量的选择仍遵循前一节有关东道国决定因素研究的变量选择原则:变量的可计量性、数据的可获得性和一般化原则。

表5.3 中国 ODI 的母国决定因素实证研究回顾

文献来源	决 定 因 素	研究方法	主要研究结论
官建成、王晓静 (2007)	人均 GDP、出口、吸引外资、技术能力	逐步回归法和岭回归法	中国 ODI 的决定因素主要是出口和吸引外资,现阶段技术能力尚不构成中国 ODI 的决定因素
翟浩然(2008)	国内生产总值	Granger 因果检验	我国的经济增长与 ODI 具有明显的相关性
邱立成(2008)	内资企业出口、国内工资水平、资源需求	OLS 回归	对外贸易、资源需求、工资水平因素都对我国 ODI 有显著的影响
俞毅、万炼 (2009)	初级产品进口总额、工业制成品进口总额、初级产品出口总额、工业制成品出口总额	VAR 模型	我国进出口商品结构与 ODI 存在长期均衡关系

（续表）

文献来源	决 定 因 素	研究方法	主要研究结论
张炜等（2009）	对外贸易额、人民币实际汇率、制造业职工平均工资	VAR 模型	我国 ODI 与这三者之间存在长期均衡关系，对外贸易和平均工资的增长会导致 ODI 的上升，且影响较为显著，而人民币实际汇率的影响较弱
赵美英、李春顶（2009）	引进外商直接投资、国内生产总值、外汇储备、出口、世界总产出、世界总进口	OLS 回归	对我国 ODI 影响最大和最显著的因素是我国外汇储备规模和出口贸易水平
黄静波、张安民（2009）	年平均汇率、年出口总额、能源年需求总量、国内生产总值和出口制成品显性比较优势（RCA）指数	Granger 因果检验	ODI 和出口、能源需求、GDP、制造业 RCA 指数是显著正相关的，出口、能源需求的变化对中国的 ODI 影响最大；此外，我国的对外投资并没有显著表现出规避贸易壁垒的特点，经济制度的变化对企业"走出去"影响也不显著
代中强（2009）	专利申请变量、专利发明申请、国民生产总值、出口、进口、外商直接投资	随机效应模型	长三角、珠三角和环渤海地区的 ODI 行为主要由三大经济圈企业的所有权（技术）优势和经济发展推动所致，规避贸易壁垒和策略型投资的动因并不明显
Liu, Buck & Su（2005）	人均 GDP、人力资本投资、出口、引进外商直接投资	GMM 估计	经济发展水平是中国 ODI 发展的主要原因
Deng（2009）	制度环境	案例分析	中国企业通过跨国并购获得战略资源是中国独特制度背景的合理逻辑
Rui & Yip（2008）	制度环境	案例分析	中国企业在利用跨国并购实现获得战略能力弥补竞争劣势、杠杆化利用其独特的所有权优势等目标的同时，也在利用国内的制度激励，并减少国内制度约束
杨恺钧和胡树丽（2013）	经济发展水平、技术发展水平、外资流入量、政府政策支持和鼓励、市场经济制度建设、政府治理水平等	面板数据分析	经济发展水平、外资流入量和政府政策的支持和鼓励对金砖国家的对外直接投资有显著影响
杨建清（2015）	经济发展水平、工业化程度、研发资本投入、金融发展水平、外商直接投资和工资水平等 6 个指标	GLS 估计	经济发展水平和外商直接投资对东部、中部和西部三大区域的对外直接投资影响显著；金融发展水平对东中部地区的对外直接投资影响显著，对西部地区不显著；工业化程度对东部地区对外直接投资有显著影响，而对中西部地区影响不显著
高宇（2016）	资源性产品的进口、与基建相关的设备的出口、纺织轻工产品的出口等	引力模型	我国对非洲直接投资的资源型动因和政治援助型动因明显，而市场占有和跨越贸易壁垒并不是我国企业投资非洲的主要原因

• 资料来源：笔者整理。

（一）区域经济发展水平

依据投资发展周期理论(Dunning，1981)，一国经济发展与其 ODI 存在正相关的关系。对新兴经济体和发展中国家 ODI 的研究基本支持了投资发展周期理论，相关实证研究也证实了我国经济发展水平对 ODI 的影响(翟浩然，2008；代中强，2009；黄静波、张安民，2009；Liu、Buck & Su，2005)。但是，一国特定的投资发展周期会因一国特定因素，如资源禀赋、国内市场规模、产业发展战略、政府政策导向和经济活动的组织等而有所不同(Dunning、Kim & Park，2008)，因此，一国经济发展的具体实践会对该国投资发展周期有独特影响。就中国国情看，区域经济发展不平衡是中国经济发展的重要特点，这一特点与中国独特的"区域发展导向型的市场经济模式"(张幼文，2004)直接相关。改革开放以来，为实现"一部分地区先富起来"的发展目标，通过设立经济特区、沿海开放城市、沿海经济开放区等区域发展战略的实施，我国东部沿海等一些地区凭借区位和制度等方面的优势，率先获得了巨大的发展，成为中国经济增长的发动因，其经济发展水平也超过了国内其他地区，也成为我国 ODI 发展最快的地区。根据《2014 年度中国对外直接投资统计公报》提供的资料，截至 2014 年末，东部地区非金融类 ODI 存量占地方企业对外非金融类直接投资存量的比例为 81.6%，西部占 10.6%，中部占 7.8%，我国 ODI 存量前十位的 10 个省区中，有 8 个来自经济发展较快的东部及沿海地区。

我国区域经济发展水平不平衡的现状从我国 GDP 的区域构成可得到直接的证明。根据国家统计局提供的资料，2014 年我国 GDP 中，包括北京、天津、河北、辽宁、上海、江苏、浙江、福建、山东、广东、广西、海南 12 个省、自治区和直辖市在内的东部地区 GDP 占 62.9%，包括山西、内蒙古、吉林、黑龙江、安徽、江西、河南、湖北、湖南 9 个省和自治区在内的中部地区占 30.2%，包括重庆、四川、贵州、云南、西藏、陕西、甘肃、宁夏、青海、新疆 10 个省和自治区在内的西部地区仅占 16.5%，因此，有关研究发现从长期来看我国经济增长与 ODI 的关系并不显著也就不足为奇(赵美英、李春顶，2009)。对此，本文提出以下假设：

假设 1：中国 ODI 规模是由中国发达地区经济发展水平所决定的。

（二）区域企业技术水平

包括垄断优势理论、产品生命周期理论和折衷理论等在内的主流 FDI 理论都强调了企业 ODI 中技术优势的重要性。技术优势在发展中国家对外直接理论，如小规模技术理论（Wells，1983）、技术地方化理论（Lall，1983）和技术创新与产业升级理论（Cantwell，1989；Tolentino，1993）中也得到了重视。但与以发达国家 ODI 实践为研究对象所得出的主流 FDI 理论不同，发展中国家 FDI 理论则着重分析了发展中国家企业在进行 ODI 之前，从国外引进技术对本土企业技术创新与技术优势积累的重要性。对新兴经济体 ODI 的研究也并不否认技术优势对企业 ODI 的重要性（Luo & Tung，2007）。因此，理论上推断，我国 ODI 与我国企业的技术水平应该相关。但这并未得到实证研究的普遍支持。官建成、王晓静（2007）选取我国 1993—2005 年科技经费投入、科技人员投入及科技产出三个方面的数据来综合衡量我国的技术能力，其证研究发现，现阶段技术能力尚不构成中国 ODI 的决定因素。代中强（2009）的研究可为解答实证结论的不一致提供思路。他采用 2003—2006 年我国长三角、珠三角和环渤海三个地区共 9 省市的面板数据进行实证分析，结果显示，三大经济圈企业的所有权（技术）优势是这三大地区 ODI 的重要决定因素，而这三个地区正是我国经济相对比较发达的地区，是我国企业技术水平相对较高的地区（游光荣、狄承锋，2001），也是我国 ODI 比较活跃的地区。因此，笔者推断我国 ODI 并不是由全国的平均技术水平决定的，而是由经济发达地区的技术水平决定。基于主流 FDI 理论的"优势前提论"，提出以下假设：

假设 2：中国 ODI 与中国发达地区企业的技术发展水平正相关。

（三）对外贸易

一般观点认为，对外贸易对直接投资存在两种影响，一种是贸易会替代对外投资，另一种是贸易会促进对外投资。Mundell（1957）较早对贸易与投资的关系进行了论述。从传统的 H—O 理论的两国家、两要素和两产品模型的分析框架出发，他认为，如果满足要素价格均等化这一条件，并假定资本可在国际间自由流动，当两国之间存在关税壁垒、产业壁垒等阻止自由贸易的障碍时,贸易与资本流动具有完全替代关系。WTO 1997 年对不同开放程度的国家投资状况的研究指出,相对于对外开放程度较高的亚洲国家,奉行保守政策、对外开放程度较低的拉丁美洲国家中,替代国际贸易的直接投资的比重非常高,由此可见,东道国严厉的贸易壁垒威胁确实会助长直接投资替代贸易的活动。更多研究发现贸易与直接投资之间还存在互补共存的关系。如 Hein(1992)和 Lucas(1993)分别对拉美各国以及东南亚各国数据进行的分析研究认为,实施促进出口贸易政策的国家明显更多地吸引了大量的 ODI,出口贸易显著有利于 ODI。Dunning、Kim &Lin(2001)在将贸易水平纳入投资发展周期理论的基础上,考察了韩国和中国台湾的贸易和直接投资的发展轨迹,认为一个国家或地区的进口行为增加将导致外资流入增加,外资流入增加会导致出口增加,而出口增加又会导致对外投资的增加。

Markuson & Svenson(1984)认为,要素流动和商品贸易之间不仅存在替代性而且还存在互补关系,它们之间表现为替代性还是互补性,依赖于贸易和非贸易要素之间是"合作的"还是"非合作的"。如果两者是合作的,则贸易和要素的流动表现为互补关系,反之则表现为替代关系。因此,笔者提出以下假设:

假设 3:中国 ODI 与对外贸易总额相关。

(四) 资源需求

获得自然资源是中国 ODI 的重要动因之一。随着我国经济的增长,对资源的需求也越来越大,但从目前情况来看,支持我国经济增长的战略资源如石油和天然气,我国的储量分别是世界平均水平的 11％和 45％(邱立成、王凤丽,2008)。除此之外,我国有色金属资源短缺问题也比较严重。在已探明的 45 种主要有色金属矿产资源中,我国人均储量居世界第 80 位,仅为世界平均水平的一半,而我国有色金属矿产资源消费需求已居世界第 1 位。原材料生产满足不了国民经济快速发展的需要,其中占有色金属产量 95％左右的铜、铝、铅、锌尤为突出(朱景和,2008)。特别是进入新世纪后,国内资源供需缺口越来越大,单靠国内资源供给已经不能满足国民经济发展的需要,通过在资源禀赋丰富的国家进行投资来获得稳定的资源供应成为我国的战略选择,因此,笔者提出以下假设:

假设 4:中国 ODI 与国内资源需求正相关。

（五）劳动力成本

OLI 理论(Dunning，1981)认为，以劳动成本为主要组成部分的生产成本是区位优势的重要来源。国内劳动力成本上升会提高企业经营成本，此时劳动力成本较低的东道国更能吸引 ODI，效率寻求型 ODI 便随之发生，因此，从母国角度来看，国内劳动力成本上升会促进本国 ODI 的发展。就中国情况来说，劳动力成本优势支撑着中国经济的高速增长，一方面它支撑着我国对外贸易中的高出口率，另一方面又是吸引外商投资的重要因素。但由于以职工工资为主体的直接劳动力成本快速增长、以社会保险为主体的间接成本呈上升趋势等原因，目前我国劳动力成本已进入上升期(张本波，2008)。尽管我国区域经济发展不平衡使得企业向内地进行产业转移，但对中国企业 ODI 动因的分析显示，企业 ODI 的动因具有多样性，在国内劳动力成本上升的趋势下，企业仍会进行对外投资，因此，笔者假设：

假设 5：中国 ODI 与国内劳动力成本正相关。

（六）引进外商直接投资

经济全球化趋势下，越来越多的新兴经济体和发展中国家采取更加开放的政策，其中引进外资成为开放型发展战略的重要内容。对新兴经济体和发展中国家来说，很多时候，内向国际化(inward internationalization)可视为企业开始进行国际化的开端(Mathews，2006)。所谓内向国际化，是指通过引进国外资本、技术和人才等要素，在本土通过合资、战略联盟等方式实现国内市场国际化，不断学习和积累国际化经营知识与经验，逐步实现企业的国际化。内向国际化之所以能促进外向国际化(指采取"走出去"的方式参与国际竞争)，主要原因在于两者之间存在网络、学习、技术溢出、竞争力提升的联系机制(朱玉杰、赵兰洋，2006)。官建成、王晓静(2007)也认为发展中国家大力吸引外资可以通过外资企业的溢出效应和示范效应带动自身对外投资规模的扩大。而且，引进外资后，国内企业出于"策略型"竞争的目的，将增加 ODI(Compa *et al.*，1998)。

作为最大的新兴经济体，通过对外开放承接国际产业转移，中国吸引了大规模的外商直接投资。UNCTAD《世界投资报告(2009)》显示,2008 年,中国继续成为发展中国家吸收外国直接投资最多的国家。外资所带来的资本、技术和管理等广义生产要素与中国廉价劳动力、土地等生产要素的结合,在促进中国外贸扩张、产业结构优化、经济增长的同时,也将大量本土企业吸纳进国际跨国公司的全球生产与供应网络,使得中国企业在内向国际化过程中不仅提升了企业竞争实力,也积累了国际化经营的经验,储备了"走出去"的知识。Deng(2009)通过案例研究证明,吸引外资对中国企业跨国并购有促进作用。目前,由于全球 ODI 大量涌入,中国企业的内向国际化已经达到相当的程度,因此,笔者提出以下假设:

假设 6:中国 ODI 与中国引进外商直接投资规模正相关。

(七) 外汇储备

根据国家统计局提供的资料,除 1980 年为−12.96 亿美元外,1978—2008 年间,我国外汇储备总额逐年增加,1978 年仅为 1.67 亿美元,2006 年首次突破万亿美元,2008 年达到创历史记录的 18 088 亿美元。然而,外汇储备的持续增加,不仅使我国在相当程度上丧失了货币政策操作的主导权,也加大了人民币汇率升值压力。而且,由于我国外汇储备结构所存在的问题,特别是在我国数额庞大的外汇储备中,较大部分购买了美国各类债券,美元的波动造成我国外汇储备的损失。因此,如何在保证我国外汇储备的安全性、保值性的同时,也注重其流动性和赢利性,成为当务之急。其中,利用外汇储备充足的优势,制定更加积极的对外投资发展战略是解决途径之一。从目前来看,在利用我国巨额的外汇储备,积极"走出去"方面,我国已经开始运作,成立中投公司即是例证①。简而言之,我国不断增加的外汇储备为我国企业以及主权基金等 ODI 提供了资金支持,因此可以加大"走出去"的力度,推动我国 ODI 的发展。因此,笔者提出以下假设:

假设 7:中国 ODI 和中国外汇储备规模正相关。

---

① 中国财政部通过发行特别国债的方式筹集 15 500 亿元人民币,购买了相当于 2 000 亿美元的外汇储备作为注册资本金,设立中投公司作为从事外汇资金投资管理业务的国有独资公司,在全球范围内对股权、固定收益以及多种形式的另类资产进行投资。具体见中投公司网站:http://www.china-inv.cn/about_cic/aboutcic_overview.html。

(八) 人民币汇率

汇率是影响国际投资的一个重要因素。Aliber(1970)认为,由于币值高估,一个低资本成本国家的公司能够以比其国内公司低的贴现率来资本化其在东道国市场上的未来收益,由此刺激货币相对强势国家的公司更多地开展 ODI。对母国来说,当本国货币升值时,本国企业会因本国货币的价值和购买力的优势开展 ODI。实证研究结果通常倾向认为母国货币的升值会增加母国 ODI 流出。如 Grosse & Trevino(1996) 发现,相对于美元的母国货币的升值对在美国的直接投资量是一个显著的正的决定因素。另外,当母国企业 ODI 是为了获取技术、管理技能等重要资产时,母国货币相对于东道国货币升值时,本币购买力相应增加,东道国资产成本降低,会促进母国企业的资产寻求 ODI 活动。这在 Blonigen(1997)对日本企业在美国的跨国并购投资的实证研究中得到了支持。

中国的 ODI 主要是以美元为单位来计量的,美元兑人民币的汇率水平对中国的 ODI 也会产生影响,因为这会直接反映在投资的成本当中。自 2005 年 7 月 21 日起,我国开始实行以市场供求为基础、参考一篮子货币进行调节、有管理的浮动汇率制度,人民币汇率不再盯住单一美元,形成更富弹性的人民币汇率机制。自此,人民币进入了升值通道,汇改 4 年来,人民币升值幅度高达 20% 左右。2015 年 8 月 18 日,国际清算银行发布数据显示,2015 年 7 月份,人民币实际有效汇率指数为 132.13,名义有效汇率指数为 127.46,这两种指数再次刷新自 1994 年 1 月国际清算银行有数据记录以来的最高水平。这段时期也是我国 ODI 规模快速扩张的时期,因此,笔者提出以下假设:

假设 8:中国 ODI 与人民币汇率水平相关。

(九) 市场经济制度

新制度经济学认为,制度安排支配着公众及私人的行为,从而影响资源配置的效率,导致经济绩效的差异(诺斯,1994)。制度视角是近年来新兴经济体 ODI 研究的新视角。在制度与新兴经济体 ODI 关系方面,Aggarwal & Agmon(1990)指出,政府的大力支持,包括自然资源和其他投入方面的特权、低成本的资本、补贴等弥补了新兴经济体企业海外所面临的所有优势和区位优势方面的不足,但是,新兴经济体投资者通常会遇到各层次繁琐的 ODI 审批等制度约束,从而影响了新兴经济体对外投资总量、方向与资本流动范围。另外一些研究也证实,母国制度变化(如国内市场经济制度的推行、对产业的限制等)对新兴经济体 ODI 活动有重要影响(Singh, 2001)。并且,与发达国家相区别的是,母国政府在新兴经济体对外直接投中的作用通常是非中性的(Pananond, 2007; Chittoor & Raya, 2007)。

在改革计划经济体制、不断完善市场经济制度的过程中,我国市场经济制度的建设激发了包括国有经济、民营经济等在内的国内各经济主体的活力。在这一过程中,中国 ODI 制度也不断完善,主要表现是在 ODI 中对企业所有权性质、规模等方面限制的减少、审批程序的规范化和制度化等,政府在 ODI 监管上开始注重法律等市场化手段的运用,弱化行政手段的约束,,以为企业 ODI 提供便利。另一方面,由于我国市场经济制度还需要进一步完善,适应我国作为发展中大国的国情,政府对市场经济活动如企业税收、投资、融资等方面必然进行适度的干预,仍会在一定程度上对企业的境外投资活动产生影响。Deng(2009)认为,中国跨国公司通过并购获得战略资产是中国独特的制度环境的必然逻辑,制度套利型 ODI 的存在本身也说明了在特定经济制度与政策背景下,国内企业作为理性经济人所作出的现实选择。可见,国内市场经济制度建设对中国 ODI 存在直接影响。

基于以上分析,笔者提出以下假设:

假设 9:我国市场经济制度建设的进程对中国 ODI 有重要影响。

(十) 经济开放度

一国或地区的经济开放度是 ODI 的重要决定因素,一些实证研究也显示 ODI 和开放度之间存在正向相关关系(Chunlai, 1997; Asiedu, 2002)。经济开放度较高的国家通常对资本跨国界流动等所设置的障碍较少,有利于本国 ODI 的发展。更重要的是,总体来看,开放经济体比封闭经济体经济增长更快,原因在于开放的发展比封闭的发展更少扭曲,更有利于经济增长(Edwards, 2002),而经济发展是本国 ODI 发展的基础。新兴经济体既是经济全球化的积极参与者,也是经济全球化的重要力量,大部分的新兴经济体通过经济开放,积极融入全球化,在经济活动快速增长同时,其 ODI 也获得了较快发展,成为跨国直接投资的重要主体。自中国实行对外开放的国策以来,在大力引进外资、扩大出口的同时,我国也开始逐步鼓励企业开展境外投资,特别是随着"走出去"战略的实施,我国 ODI 规模不断扩张。因此,笔者提出以下假设:

假设 10:中国 ODI 与中国经济开放度正相关。

(十一) 反倾销

国际经济制度安排,如贸易壁垒、双边投资保护条约、对外资的态度以及地区整合等对国际直接投资的流动有重要影响(鲁明泓,1999)。从理论上说,国际贸易环境的恶化,如贸易壁垒的实施对国际贸易具有抑制和限制作用。当产品出口受阻时,根据 Hymer(1960)的分析,为应对贸易壁垒或其他人为因素造成国际市场的不完全,企业力图寻求交易成术的最小化,会采取在国外建立分支机构、兼并国外企业或者以一定的股权参股等形式,以便化企业外交易为企业内交易,降低贸易壁垒等对市场的限制程度。实证研究也显示反倾销措施有时被当作事实上的引致投资的政策(Barrell & Pain, 1999)。随着对外贸易规模的扩大,我国面临的反倾销诉讼也增多,因此,笔者提出以下假设:

假设 11:中国 ODI 与国际贸易与投资环境相关。

(十二) 政府政策支持力度

国内外研究中基本上都强调了政府政策支持对我国 ODI 的重要影响。Deng(2009)认为,中国跨国企业在经济转型期间进行对外直接投资时确实可以依托制度政策支持获取一些特定的优势。杨恺钧和胡树丽(2013)基于"金砖四国"1995—2011 年对外直接投资数据,将制度因素纳入其分析框架,从投资母国的视角研究了影响新兴市场国家对外直接投资的决定因素。研究结果表明,政府政策的支持和鼓励对新兴市场国家的对外直接投资有显著影响。龚静(2014)采用 2003—2011 年中国 31 个省市的对外直接投资数据分析了母国制度因素对对外直接投资的影响,研究表明母国的制度因素对中国对外直接投资的影响是显著的。政府政策对我国 ODI 的影响主要通过两个途径实现:一是对国有企业投资产业区域的政策导向以及税收、信贷等方面的政策支持,二是政府 ODI 管理政策对企业对外投资活动的影响。Wang(2002)认为中国政府不仅为企业境外投资提供信息,而且通过审批等方式对企业投资区位和产业进行监管,从而在企业海外产业投资中起到重要驱动作用。为了促进我国企业顺利"走出去",我国政府采取了一系列措施鼓励企业对外投资。如为支持企业开展境外加工贸易,并解决企业 ODI 过程中的资金问题,国务院文件明确规定,将境外加工贸易、对外承包工程纳入进出口银行出口信贷、出口信用保险业务的支持范围。特别是"十一五"规划以来,随着"走出去"战略的全面落实,国家企业 ODI 支持力度加大,对外投资管理的规范化为企业提供了相对稳定的政策预期,为企业实施海外投资战略营造了有利的环境。因此,笔者提出以下假设:

假设 12:中国 ODI 与政府政策支持力度正相关。

二、实证检验

(一) 变量的选择及数据来源

本研究的应变量为中国 ODI。与本章前一节一致,本部分仍采用 UNCTAD 公布的中国 ODI 年度流量数据,数据来源于 UNCTAD 公布的历年《世界投资报告》。

区域经济发展水平的替代变量为包括北京、天津、河北、辽宁、上海、江苏、浙江、福建、山东、广东、广西、海南 12 个省、自治区和直辖市在内的东部地区 GDP,数据来源于中经网经济统计数据库,并以国家统计局公布的人民币兑美元的年平均汇价换算成美元。

区域技术发展水平的替代变量为东部地区国内企业专利申请受理数量,包括国内发明专利申请受理数、国内实用新型专利申请受理数和国内外观设计专利申请受理数。在我国,发明是指对产品、方法或者其改进所提出的新技术方案;实用新型是指对产品的形状、构造或其结合所提出的适于实用的新技术方案;外观设计是指对产品的形状、图案或其结合以及产品的色彩与形状、图案或其结合所提出的适于工业上应用的新设计。从定义可以看出,实用新型的技术含量较发明专利为低,而外观设计的技术含量又较实用新型为低(代中强,2009)。因此,本研究所选择的专利申请受理数量既涵盖了技术水平相对较高的发明专利指标,也包括技术水平相对较低的实用新型与外观设计指标,总体上可覆盖我国企业的技术水平。数据来源于各年《中国统计年鉴》。

由于数据的可获得性问题,已有研究一般选择我国历年的能源消费总量作为资源需求的替代变量(邱立成、王凤丽,2008;黄静波、张安民,2009)。本研究也选择能源需求为替代变量,数据来源于中经网经济统计数据库。

劳动力成本的替代变量为人均国民收入,数据来源于世界银行数据库。

引进外商直接投资为历年中国实际利用外商直接投资金额,数据来自商务部统计。

外汇储备数据来自国家外汇管理局。人民币汇率为人民币兑美元的汇率,选择直接标价法,即 100 美元兑换人民币数量,此时人民币的价值与汇率的涨跌成反比,数据来源于各年《中国统计年鉴》,中国对外贸易总额也来自各年《中国统计年鉴》。

市场经济制度的替代变量为美国智库传统基金会(Heritage Foundation)所发布的全球经济自由度指数(IEF, index of economic freedom),各国和地区这一指数的得分越高,说明经济自由度越高。

经济开放度的替代变量一般为进出口总额占 GDP 的比重,即外贸依存度(Chakrabarti, 2001)。它不仅用来衡量一个国家的经济对国际市场的依赖程度,也同时反映一个国家的经济开放程度。不少学者均采用这一替代变量来表示经济开放度,如 Gastanga *et al.*(1998)和 Buckley *et al.*(2007)等。数据由笔者根据国家商务部和国家统计局提供的数据进行计算获得。

政府政策的支持力度借鉴张为付(2008)的研究,以政府对国内投资的限制为 ODI 鼓励的替代变量。

所选择的解释变量及数据来源等情况详见表 5.4。

表 5.4　变量、数据来源及预期符号说明

因素类别	决定因素	替代变量	变量单位	数据来源	预期符号
经济因素	区域经济发展水平	东部地区	亿美元	中经网经济统计数据库	+
	区域企业技术水平	东部地区国内企业专利申请受理数量	件	各年《中国统计年鉴》	+
	对外贸易	对外贸易总额	亿美元	各年《中国统计年鉴》	?
	资源需求	年能源消费总量	万吨标准煤	中经网经济统计数据库	+
	引进外商直接投资	外商直接投资	亿美元	商务部	+
	劳动力成本	人均国民收入	美元	世界银行数据库	+
	外汇储备	外汇储备	亿美元	国家外汇管理局	+
	人民币汇率	人民币兑美元汇率	—	《中国统计年鉴 2009》	—
制度因素	市场经济制度	经济自由度指数	—	世界银行	+
	反倾销	反倾销数量	件	WTO 网站	+
	经济开放度	外贸依存度	%		+
	政府政策支持力度	政府对国内投资的限制	—	张为付(2008)	—

• 资料来源:笔者整理。

(二) 模型的建立与计量分析

理论分析表明,影响一国 ODI 的因素既包括经济因素,也包括制度因素,根据前文分析,结合数据可获得性等,笔者初步建立了 ODI 的解释模型,如下:

$$\ln ODI = c + \beta_1 \ln EGDP + \beta_2 \ln PAT + \beta_3 \ln AVE + \beta_4 \ln ACE$$
$$+ \beta_5 \ln PGNP + \beta_6 \ln FDI + \beta_7 \ln RES + \beta_8 \ln EXR$$
$$+ \beta_9 \ln IEF + \beta_{10} \ln IER + \beta_{11} \ln ATD + \beta_{12} \ln GS + \varepsilon \quad (5\text{-}1)$$

ODI 为 ODI 规模,*EGDP* 为东部 GDP,*PAT* 为东部地区专利,*AVE* 为中国对外贸易总额,*ACE* 为能源消费,*PGNP* 为人均国民收入,*FDI* 为外商直接投资;*RES* 为外汇储备,*EXR* 为人民币汇率,*IEF* 为经济自由度,*IER* 为反映经济开放度的外贸依存度,*ATD* 为我国面临的反倾销数量,*GS* 为政府支持力度。回归系数 $\beta_i (i = 1, \cdots, 12)$ 测量 ODI 对各相关变量的弹性,ε 为白噪声项。

已有的对 ODI 决定因素的实证研究中,不同研究所选择的变量和设定的模型有所不同,但是在计量分析方法的选择上,大多数选择了 OLS 回归分析(Kumar, 1996;Cooke & Noble, 1998;张新乐,2007;赵美英、李春顶,2009)。结合本研究的需要,笔者也选取经典 OLS 方法进行回归分析。考虑到数据的可获得性,为保持数据的完整性,笔者主要选取 1992—2014 年各决定因素的数据指标。

考虑到宏观经济变量一般存在异方差的规律,笔者借助于取对数方法,来去除宏观经济变量的异方差,以保持使解释变量与被解释变量呈线性关系不变。本模型对所有变量均取对数形式,相关系数分别测量被解释变量对各相关解释变量的弹性。借助于 Eviews7.2 计量软件,对中国 ODI 和各种决定因素之间关系进行模拟,模拟结果见表 5.5。

表 5.5　回归系数显著性检验

Dependent Variable:LOG(ODI)
Method:Least Squares

Variable	Coefficient	Std.Error	t-Statistic	Prob.
C	0.633 491	57.481 85	0.011 021	0.991 4
LOG(X1)	9.378 787	9.387 696	0.999 051	0.341 3
LOG(X2)	0.298 594	1.638 330	0.182 255	0.859 0
LOG(X3)	−10.015 05	10.163 45	−0.985 399	0.347 7
LOG(X4)	3.180 909	3.105 423	1.024 308	0.329 8
LOG(X5)	0.014 155	1.067 908	0.013 255	0.989 7
LOG(X6)	0.289 914	1.115 063	0.259 998	0.800 1
LOG(X7)	−0.044 656	0.257 201	−0.173 622	0.865 6
LOG(X8)	−2.841 086	2.165 875	−1.311 750	0.218 9
LOG(X9)	−11.959 52	7.460 391	−1.603 069	0.140 0
LOG(X10)	8.525 761	7.967 018	1.070 132	0.309 7
LOG(X11)	0.090 293	0.601 901	0.150 013	0.883 7
LOG(X12)	−1.761 837	1.902 642	−0.925 995	0.376 3

R-squared	0.956 851	Mean dependent var	4.589 699
Adjusted R-squared	0.905 072	S.D. dependent var	1.583 099
S.E. of regression	0.487 759	Akaike info criterion	1.699 534
Sum squared resid	2.379 086	Schwarz criterion	2.341 335
Log likelihood	−6.544 639	Hannan-Quinn criter.	1.860 945
F-statistic	18.479 56	Durbin-Watson stat	2.427 428
Prob(F-statistic)	0.000 031		

从回归的基本模型看,虽然个别变量的 t 统计量值并不显著,但这并不影响分析的结果,调整后的 $R^2 = 0.905$,拟合优度较高,说明回归方程的拟合得很好。回归方程的 F 统计量的概率 Prob(F-statistic) < 0.05,故在 95% 的置信水平下认为

模型总体是显著的,可以用这些变量来解释中国 ODI 的影响。

(三) 实证结果分析

从上述回归结果可知,经济因素中除中国对外贸易总额、人民币汇率这两个个变量与中国 ODI 规模呈现负相关关系,东部地区 GDP、东部地区专利、国内能源消费、人均国民收入、外商直接投资、外汇储备等变量均与中国 ODI 规模呈现正相关关系。制度因素中,只有我国遭遇的反倾销数量与对外投资规模呈负相关关系,经济自由度、经济开放度和政府支持力度等变量均与中国 ODI 规模呈现正相关关系。实证结果表明经济因素和制度因素都是影响我国 ODI 的决定因素。具体分析如下:

1. 经济因素

东部 GDP 的回归系数为 9.378 787,表明我国东部地区的 GDP 每增长 1 个百分点将促进 ODI 增长 9.378 787 个百分点。东部地区国内企业专利申请数量的回归系数为 0.298 594,表明代表我国东部地区国内企业技术水平的专利申请量每增长 1 个百分点,技术水平的提高将促进我国 ODI 增长 0.298 594。与理论预期假设 1 和假设 2 一致。实证结果证实了笔者的理论判断:我国 ODI 是由我国经济发达地区的经济发展水平和技术水平决定的。在东部国内企业专利申请数量中,大部分为代表中低档技术水平的实用新型和外观设计申请,这说明我国企业自主创新水平总体偏低情况下,技术因素并非我国对外的决定因素。回归结果显示技术水平对 ODI 的促进作用较小,这也间接支持了代中强(2009)的研究结论:中国 ODI 可用小规模技术理论和技术地方化理论解释。

对外贸易的回归系数为 −10.015 05,表明我国对外贸易每增长 1 个百分点,我国 ODI 将下降 −10.015 05 个百分点,二者呈负相关关系,与预期假设 3 相反。实证结果表明,就我国情况而言,对外贸易与对外投资之间主要表现为替代关系。这从另一个角度说明,当我国外贸发展遇到阻碍和困难时,通过 ODI 可以达到带动出口与维持经济增长的作用。

国内能源消费与 ODI 显著相关,能源消费每变动 1 个百分点,ODI 增长 3.180 909

个百分点。这种相关关系是近年来我国国内能源需求高速增长推动采矿业领域
ODI 快速增长的结果。

人均国民收入的回归系数为 0.014 155,表明国内劳动力成本上升 1 个百分
点,ODI 增长 0.014 155 个百分点。二者相关关系与预期假设符合,说明我国 ODI
具有效率寻求型特点,但不是主要目的。

引进外商直接投资的回归系数为 0.289 914,二者呈正相关关系,与预期假设
符合。主要原因在于引进 ODI 为我国企业"走出去"起到了示范作用,同时与外资
企业的竞争也提升了国内企业实力,内向型国际化为我国企业提供了必要的跨国
经验知识的准备,反之也说明引进 ODI 可能对国内企业在国内的投资存在挤出效
应,从而有利于我国 ODI 的发展。外汇储备的回归系数为 −0.044 656,二者呈负
相关关系,与预期假设不符合。可能的原因在于外汇储备迅速增加并没有同时带
来 ODI 的增加,我国 ODI 的主体以其他企业为主,中投公司等并非推动我国 ODI
发展的主体。人民币汇率对 ODI 的回归系数为 −2.841 086,由于本研究中人民币
汇率采用直接标价法,因此回归结果表明人民币汇率贬值 1 个百分点,我国 ODI
将减少 −2.841 086,与预期假设一致。从我国 ODI 统计数据也可看出,自 2005 年
汇改以来,随着人民币升值,我国 ODI 规模扩张也较快。引进 ODI、外汇储备和人
民币汇率这三个因素也反映了我国经济与世界经济的联系,因此实证结果说明随
着我国与世界经济联系更加紧密,我国 ODI 的发展也受到我国与世界经济关系的
影响。

2. 制度因素

代表我国市场经济制度建设进程的经济自由度的回归系数为 −11.959 52,影
响方向与预期假设相反。这一实证结果也说明中国对外投资中制度套利型 ODI
的存在,即国内经济自由度越高,企业倾向于在国内投资,而当经济自由度不高,企
业投资活动受到限制时,企业更倾向于采取海外投资的方式。经济开放度的回归
系数高达 8.525 761,与对外投资规模增长正相关,符合预期假设。实证研究证明,
我国 ODI 发展得益于国内经济体制改革和对外开放,经济体制改革释放了企业的
潜能,为对外投资提供了基础,对外开放则为企业"走出去"创造了条件。我国面临
的反倾销数量的回归系数为 0.090 293,呈正相关关系,与预期假设一致,说明当我

国企业面临东道国贸易壁垒时,确实会通过在当地直接投资的方式绕开壁垒。政府支持的回归系数为−1.761 837,且呈负相关,与假设预期一致。由于本研究以政府对国内投资的限制为 ODI 鼓励的替代变量,这说明我国 ODI 发展容易受到国家政策的正向激励,反之,当政策不鼓励甚至限制企业 ODI 时,我国对外投资规模将会有较大下降。如在 20 世纪 90 年代初,我国 ODI 政策体系的基本指导思想仍然是限制中国企业的海外投资,在这样的政策指导下,1992—1996 年,我国批准海外投资的企业数量呈下降趋势,平均年增长率为−20.58%, 1996 年与 1992 年相比,批准企业数减少了 70.99%,批准海外投资总额也同样呈下降趋势。由于我国对外投资的主体是国有企业,因此这从一个侧面说明,总体上看,我国 ODI 发展主要以配合国家经济整体发展战略为主,政府驱动特征明显。2013 年中国贸促会的调查研究也显示,无论对于国有企业还是非国有企业来说,我国"走出去"政策和相关优惠条件是企业 ODI 的首要决定因素,并且国内政策对国有企业的影响要比非国有企业大。

三、进一步讨论

实证结果显示,中国 ODI 除受到 GDP、人均国民收入、对外贸易、汇率水平、企业技术水平等传统因素的影响,还受到我国具体发展背景的影响。如我国国内能源需求与对 ODI 高度相关,这体现了作为新兴经济体,我国高度重视经济发展,伴随经济快速增长,对资源需求也快速增长的背景。特别需要关注的是,由于制度因素的影响,我国 ODI 具有典型的政府推动模式特征,并在一定程度上受到外部贸易环境的影响。从投资企业主体来看,尽管为加快实施"走出去"的步伐,鼓励有比较优势的各种所有制企业对外投资,我国各种类型企业 ODI 都得到了较大发展,近年来,国有企业投资占比呈继续下降趋势,但国有企业仍是我国对外投资的主体力量,截至 2014 年末,在中国 ODI 存量中,国有企业占53.6%。

制度因素对中国对外投资的影响主要体现在我国政府对待对外投资的基本政策导向的影响非常显著。大致来说,我国 ODI 政策经历了从探索起步、逐步调整到积极推进的发展历程,如表5.6所示。特别是进入 21 世纪后,随着"走出去"战略的最终形成和实施,中国政府对 ODI 的态度从制约企业境外投资转为鼓励企业境外投资,开始逐渐放松对企业境外投资的管制,并出台系列配套政策支持。如2004 年 10 月颁布的《关于对国家鼓励的境外投资重点项目给予信贷支持政策的通知》,明确指出,对于能弥补国内资源相对不足的境外资源开发类、带动国内技术、产品、设备等出口和劳务输出等四类境外投资项目给予资金支持。政策因素的影响使得我国对外投资规模扩张趋势也与我国对外投资政策演化方向基本一致:当政府出台政策限制或制约企业对外投资时,对外投资规模会相应萎缩,当政府政策转向鼓励境外投资时,投资规模会快速扩张,从而使得中国对外投资具有很强的政策驱动特征。

表 5.6 中国 ODI 政策的演化

阶　　段	政　策　演　化
1979—1985	阶段 1:谨慎起步 中国国有企业开始设立国际分支机构,只允许对外贸易经济合作部(现为商务部)所属国有贸易企业以及国家经济贸易委员会(目前为国家发改委的一部分)所属省市级经济技术合作企业进行对外投资。从 1983 年开始,国务院授权原外经贸部为中国境外投资企业审批和管理部门。此阶段的审批还只是个案审批,从 1985 年开始 ODI 开始从个案审批到规范性审批转变
1986—1991	阶段 2:政府鼓励 政府放松了限制政策,只要企业拥有足够的资本、技术和管理能力,并找到合适的合资伙伴,允许更多企业设立海外附属机构
1992—1998	阶段 3:调整与规范 20 世纪 90 年代初,我国 ODI 政策体系的基本指导思想仍然是限制中国企业的海外投资。随着国内经济改革的深入,受邓小平南巡讲话和将企业国际化纳入国家经济发展战略,地方政府在监管范围内积极促进企业对外投资。1997 亚洲金融危机是中国对外投资发展放慢。随后,由于担心国有资产的流失、资本外逃与外汇短缺,对外投资审查趋严
1999—2001	阶段 4:走出去战略 一方面,出台了加强对非法资本转移和投向实际生产领域的 ODI 的监管政策,另一方面,通过税收返还、外汇支持和直接的财政援助鼓励特定产业的对外投资,包括促进中国资源、机械及零部件、轻工业(如纺织)、机械电子设备出口的对外投资。2001 年"十五计划"提出走出去战略
2001 年至今	阶段 5:后 WTO 时期 "十一五"规划期间"走出去"战略全面落实,对外投资审批权力下放,改革繁琐的审批程序、外汇管理更加规范。同时加强了对外投资的调控指导,如 2002 年出台了《境外投资综合绩效评价办法(试行)》,2004 年、2005 年和 2007 年先后出台并调整了《对外投资国别产业导向目录》,2009 年出台《境外投资管理办法》,2012 年发改委发布了《关于印发鼓励和引导民营企业积极开展境外投资的实施意见的通知》,商务部国际贸易经济合作研究院、商务部投资促进事务局和驻外经商机构先后发布了 2014 版《对外投资合作国别(地区)指南》,商务部发布《对外投资合作国别(地区)指南(2015 版)》等

• 资料来源:结合 Buckley *et al*.(2007)的研究及国家相关部委政策整理。

第三节

新兴经济体 ODI 决定因素的进一步分析

目前对新兴经济体 ODI 决定因素的研究主要围绕以下两个问题展开:所有权优势是否是新兴经济体 ODI 的必要条件? 国内制度因素对新兴经济体 ODI 决策的有何影响? 结合笔者对中国 ODI 决定因素的理论分析和实证研究,有必要对新兴经济体 ODI 决定因素作进一步分析。

一、"优势前提论"还是"优势创造论"

企业为何进行 ODI(Why)是 ODI 研究要回答的基本问题。目前围绕所有权优势是否是新兴经济体 ODI 的必要条件这一问题,主流 FDI 理论提出了"优势前提论",即企业必须具备一定的优势才能进行 ODI。新兴经济体 ODI 理论尽管并没有完全否认主流观点的合理性,但提出了"优势创造论",这种观点倾向于强调新兴经济体企业在缺乏所有权优势情况下,仍可进行 ODI,并通过 ODI 创造新优势。对中国对外投资母国决定因素的实证研究显示,中国 ODI 仍受到 GDP、人均国民收入、对外贸易等传统因素的影响,区域企业技术水平对我国 ODI 的正向作用说明了即使对经济快速增长的新兴经济体而言,企业所有权优势对企业对外投资活动仍具有重要意义,毕竟无任何优势的企业进行跨国经营是难以想象的,因此主流 FDI 理论的"优势前提论"对中国 ODI 仍然具有一定的适用性。当前我国企业技术水平对我国对外投资的作用并不是非常显著,而对外投资仍扩张较快,这反映了企业技术优势并非我国 ODI 的核心决定因素,证明了新兴经济体 ODI 理论"优势创造论"的合理性。我国在发达新兴经济体的 ODI 表现出强烈的技术寻求动因,这再次印证了新兴经济体 ODI 研究重视新兴经济体企业资产寻求动因分析的合理性。因此,要全面解释新兴经济体为何进行对外投资,有必要综合主流 FDI 理论和新兴经济体 ODI 理论的观点。

二、政府推动还是市场推动

近年来,大量来自新兴经济体的主权财富基金以及来自中国等新兴经济体的国有企业成为国际直接投资领域举足轻重的力量,这引起了理论界关于新兴经济体 ODI 是由政府推动还是市场推动的讨论。目前理论界对制度因素究竟在多大程度上影响新兴经济体 ODI 及其发展并未达成共识,但中国的实践印证了制度因素对新兴经济体 ODI 的重要影响。一般而言,发达国家市场制度比新兴经济体相对完善,因此企业较少受到政府政策的限制,母国政府的作用大多是中性的,因此以发达国家跨国公司为研究对象的主流 FDI 理论较少考虑制度因素。以第三世界跨国公司为研究对象的发展中国家主流 FDI 理论注意到了政府政策的影响,但受主流 FDI 理论研究思路的影响,多注重分析第三世界跨国公司的优势来源。相比较而言,新兴经济体企业母国政府通常实行有计划的追赶战略,对企业国际化活动有相对多的干预,因此,制度因素是研究其 ODI 时必须要考虑到的影响因素,特别是那些国有经济比重较高的新兴经济体,制度因素往往是企业 ODI 决策必须考虑的因素。正是基于这一发展趋势,Dunning 及其理论继承者对 OLI 理论进行了制度化拓展,但这些理论探索目前还处于起步阶段,除了需要进一步完善理论分析外,还需要大量实证研究的支持。

主流 FDI 理论和新兴经济体 ODI 理论对中国对外投资的决定因素均有其合理性与适用性,这说明对新兴经济体 ODI 的研究不能只强调企业的优势,也不能只强调制度因素的作用,对特定新兴经济体而言,其 ODI 究竟是由政府推动的还是市场推动的,需要在分析新兴经济体具体国别发展背景前提下,结合企业微观优势和宏观制度因素进行深入分析。

第六章
新兴经济体 ODI 的母国效应

ODI 的母国效应（home-country effects of ODI）指一国对外直接目标是否实现及实现的程度。进入 21 世纪以来，新兴经济体成为国际直接投资的重要来源之一，这将对正在崛起的新兴经济体产生何种影响？这是需要学界进行回答的重要问题。本章选择中国 ODI 的母国效应作为研究主题，目的是为回答以上问题提供参考思路。

第一节
新兴经济体 ODI 的一般效应

与理论界对新兴经济体 ODI 的动因、决定因素、新兴经济体跨国公司的竞争优势及其来源等研究主题的关注相比，有关新兴经济体 ODI 效应的研究显然是比较滞后的。从已有文献来看，有关新兴经济体 ODI 的一般效应包括企业微观层面和宏观经济层面的效应，企业微观层面的效应主要指新兴经济体跨国公司的兴起对全球竞争格局的影响，宏观经济层面的效应主要指新兴经济体 ODI 对其母国经济增长、对外贸易、国内产业结构和国内就业等方面的影响。

一、企业竞争效应

传统跨国公司理论重点是研究作为先行者（early-movers）的来自发达国家的大型跨国公司。从这个视角出发，来自新兴经济体的跨国公司通常被视作迟来者（latecomers），这些"迟来者"首先是东亚的部分新兴工业化国家和地区，如韩国、新加坡、中国台湾和香港,最近印度、中国内地也加入其中,也包括拉丁美洲等新兴经济体,如巴西、墨西哥等。作为"迟来者"新兴经济体跨国公司为获得先进技术、品牌和市场销售渠道,通过建立合资企业和并购等方式直接在发达国家投资、通常采取非常规的加速国际化的战略等实践,挑战了主流理论的核心原则(Li & Chang,2000),即企业只有拥有特定优势才能进行跨国化扩张。此外,新兴经济体跨国公司在全球竞争中的追赶战略(catech-up strategy)也对全球竞争产生了深刻影响。从企业竞争角度看,新兴经济体跨国公司的兴起不仅提升了本国在世界经济中的影响力,对西方发达国家的跨国公司形成了挑战,加剧了全球竞争,而且迫使传统跨国公司进行战略调整,从而影响了全球竞争的格局。Ramamurti(2008)就新兴经济体跨国公司 ODI 战略及其对全球竞争的影响对来自金砖四国、墨西哥、南非、以色列和泰国等 8 个新兴经济体的跨国公司进行了调查,其研究结果如表 6.1 所示。从表 6.1 可看出,与传统的第三世界跨国公司相比,新兴经济体跨国公司的实力更强,它们不再局限于在发达国家不愿或不屑进入的地区(通常是经济

表 6.1　新兴经济体跨国公司 ODI 战略及其对全球竞争的影响

跨国经营战略	国家特定优势(CSAs)	企业特定优势(FSAs)	国际化路径	对西方跨国公司的影响
垂直一体化整合者(natural-resource vertical integrator)	• 自然资源禀赋与/或者 • 国内对自然资源的巨大需求	• 获得自然资源的特权与/或者 • 进入国内市场的特权	• 对下游市场的前向一体化与/或者 • 为获得自然资源对上游市场的后向一体化	• 加剧对自然资源的竞争 • 提高商品价格
本地优化者(local optimizer)	• 低收入消费者 • 欠发达的"软"基础设施和"硬"基础设施	• 对进口产品和生产流程优化以适合国内市场的能力 • 本地消费者青睐和本地嵌入	• 目标市场:其他新兴经济体	• 加剧新兴经济体国内市场和第三方新兴经济体市场竞争 • 低成本创新对竞争产生的压力
低成本合作者(low-cost partner)	• 低成本劳动力 • 熟练劳动储备规模,包括工程师、科学家等	• 生产流程优异 • 项目管理 • 在新兴经济体的不利条件下成功经营的能力	• 目标市场:发达国家 • 向发达国家 ODI 以便进入价值链的高端 • 向发展中国家 ODI 实现供应区位的多样化	• 为降低成本、提高质量、人才流动、缩短市场反应时间和促进创新的战略合作者 • 如果新兴经济体跨国公司进入价值链的高端将成为未来潜在的竞争对手 • 逼迫西方跨国公司在新兴经济体跨国公司通过在发达国家并购而追赶上西方跨国公司的所有权优势前应对新兴经济体跨国公司的国家特定优势

（续表）

跨国经营战略	国家特定优势(CSAs)	企业特定优势(FSAs)	国际化路径	对西方跨国公司的影响
全球联合者 （global consolidator）	• 规模巨大和增长迅速的国内市场 • 对价格敏感的消费者	• 生产与项目执行优异 • 作为后发者在规模和组织方面的优势 • 国内市场的强大地位，强大的现金流	• 目标市场:全球 • 向发达国家 ODI 以获得经营绩效较差的企业	• 可能导致原先分散化生产的产业的全球化 • 逼迫西方跨国公司并购和联合来抵消新兴经济体跨国公司的低成本优势
全球先行者 （global first-Mover）	• 新产业领域规模巨大和增长迅速的需求 • 设计、工程与生产方面的低成本国家	• 接近全球高端技术 • 国内市场的强大地位，有可能获得政府支持	• 目标市场:全球 • 向发达国家 ODI 以获得关键技术或者能力，接近消费者 • 向发展中国家 ODI 以获得市场和/或者实现生产基地多样化	• 低成本和全球规模的竞争给西方跨国公司带来冲击 • 逼迫西方跨国公司将价值链从高成本国家向低成本国家的重新配置

• 资料来源:Ramamurti(2008)。

较不发达的地区)进行跨国经营,而是结合自身优势和战略需求,灵活运用多种 ODI 战略,将"迟来者"优势最大化利用,在其他发展中国家和发达国家"开疆拓土",成为全球竞争的重要"参与者"(players)而不仅是追随者,对西方发达国家跨国公司形成了有力的竞争,改变了全球企业竞争格局。

从这五种战略所涉及的产业技术水平来看,Ramamurti(2008)认为,除全球领先战略外,其他四种战略主要涉及中等和成熟技术领域,而这些领域正是新兴跨国公司最具竞争优势的领域。由此可看出,与发达国家跨国公司相比,总体上,新兴跨国公司仍处于全球价值链的中低端,但全球领先战略仍为新兴跨国公司增添了一抹亮色,一些新兴跨国公司甚至在某些领域直接挑战了西方发达国家的长期的领先地位,成为全球竞争的重要"参与者"(players)而不仅是追随者。

从这五种战略是否具有独特性来看,有些战略是发达国家跨国公司也采用的战略,如在发达国家跨国公司在自然资源领域也常采用垂直一体化战略。有些战略则是新兴跨国公司独有的战略,如本地优化战略和低成本合作战略,因为这类战略依赖新兴经济体低成本要素投入和市场需求状况。可见,在参与全球竞争的过程中,新兴经济体跨国在采用一般跨国公司常用的投资战略的同时,也结合自身的优势开发出了独特的投资战略,从而使得它们在国际竞争中获得一席之地。

从这些战略的国别特征来看,低成本合作战略最显著的例子就是印度的服务业,比如IT支持、软件开发、研发外包、电话服务中心运作,以及许多其他形式的商业流程外包(BPO)和知识流程外包(KPO)。印度跨国公司实施这一战略时,利用印度的低成本优势,将其服务锁定在发达国家,一般先向发达国家出口,然后投资,以提升客户服务,并通过收购具有高级技术或互补性资产(如客户关系和品牌)的当地企业来向价值曲线的上游移动。全球兼并者最典型的例子是来自中国的跨国公司,如联想、吉利等。联想通过并购IBM的PC业务,成为了全球第三大电脑生产商,同时也获得了原IBM的技术和市场,获得巨大发展。那些国内资源丰富的采矿业新兴跨国公司(如俄罗斯、巴西等资源领域的跨国巨头),更倾向于在资源领域采取垂直一体化战略。

后危机时代,面临脆弱的世界经济复苏态势以及疲软的国内外需求,新兴跨国公司的直接投资战略也作出了相应调整。除了拓展低成本战略的发展空间、加强在自然资源领域的一体化外,一些跨国公司择机进行跨国并购。为抵御危机冲击或出于战略转移的需要,不少发达国家跨国公司不得不进行战略收缩,如跨国汽车巨头抛售了沃尔沃、路虎、捷豹等高端品牌,这为新兴跨国公司择机进行跨国并购提供了机遇,一些非国有新兴跨国公司表现尤为活跃。目前来看,其并购主要包括两类:一类是通过并购向产业链高端延伸。这类并购主要是为了获得发达国家跨国公司的技术、品牌、国际销售渠道和其他高端要素,借机向产业链高端延伸。新兴跨国公司通过并购方式获取高端要素并进行整合,有利于快速追赶发达国家跨国公司,从而缩短演化时间。最典型的案例是中国的吉利汽车。2009年吉利收购全球第二大自动变速器公司澳大利亚DSI公司,2010年吉利又以18亿美元收购沃尔沃100%股权。正是通过一系列跨国并购,吉利汽车由低成本战略向安全和节能转型,逐渐摆脱了来自新兴经济体的低端制造的形象,助推吉利汽车逐步向产业链高端延伸。另一类是通过并购实现进一步提升行业地位。如作为全球排名第五的风力发电机组供应商,2008年印度Suzlon公司再次购得位列世界十大风力发电机组供应商之一的德国Repower公司30%的股份,从而将其持有的该公司股份提高至66%。可以预见,新兴跨国公司将进一步崛起,若干公司存在成为世界一流跨国公司的潜力,对发达国家跨国公司构成挑战。

二、宏观经济效应

一般来说,发达国家 ODI 母国效应的研究主要包括国内就业效应、工资效应、创新效应、贸易效应和税收效应等(Kokko, 2006),发展中国家 ODI 的母国效应则主要表现为来自发达国家的 ODI 对发展中东道国经济增长、福利和产业升级等方面的影响(Gammeltoft, 2006),类似地,ODI 对新兴经济体母国经济也会产生各种影响。

ODI 能否促进本国经济增长是新兴经济体普遍关注的效应。ODI 的经济增长效应的作用途径主要有:首先,ODI 有助于新兴经济体在国内市场和国际市场之间进行资源配置,提高了资源配置效率,从而提高本国经济整体运行质量和竞争力,对母国经济增长产生积极的促进作用;其次,从资本流动角度来看,尽管初期投资时通常会有国内资本汇出,境外经营利润再投资减少了资本回流,都不利于国内投资扩张,但长期来看,境外投资利润汇回会对母国产生资本累积效应,为企业扩大国内投资提供资本来源;再次,从企业技术进步角度来说,跨国研发投资有利于新兴经济体母国企业接近先进技术,特别是通过与发达国家企业的合资、联营,母国企业可获取先进技术,快速提高企业的技术档次,由此所带来的技术溢出有利于母国企业技术进步,而技术进步是经济增长的重要源泉。Pradhan & Singh(2008)对印度汽车产业的实证研究显示,ODI 是印度国内汽车企业 R&D 绩效的重要影响因素,在 ODI 中,无论是绿地投资还是并购投资方式,印度汽车企业既是跨国知识流动的接受者,也是跨国知识流动的来源。白洁(2009)对中国 ODI 的逆向技术溢出的实证分析结果显示,ODI 产生的逆向技术溢出能够对全要素生产率产生积极影响,而全要素生产率通常作为衡量技术进步的指标。因此,总体来说,尽管 ODI 会对母国经济增长产生负面影响,但是,ODI 通常会产生经济增长效应。郑钢(2008)的实证研究结果显示,中国开展境外投资能够促进本国经济增长,肖黎明(2009)的实证研究也证明,中国境外直接投资总体上促进了中国经济的长期稳定增长。

新兴经济体 ODI 对母国对外贸易、国内产业结构优化、国内就业等方面也有影响。从贸易发展角度来说,ODI 有利于新兴经济体开拓国际市场,带动母国中间产品、原材料和相关设备的出口,但母国境外投资企业在东道国本地生产本地销售、本地生产邻近区域销售、本地或邻近东道国的第三国采购、反向进口等会替代母国出口。项本武(2005)重点对中国 ODI 的贸易效应进行了实证研究,结论是中国对东道国的直接投资促进了中国对东道国的出口,却抑制了从东道国的进口。从国内产业结构来看,新兴经济体 ODI 有利于母国产业结构优化:一方面,新兴经济体通过对经济发展水平低于本国的其他新兴经济体与发展中国家的 ODI 进行产业转移,为本国更有发展潜力的其他产业提供发展所需的资源,促进母国产业结构的合理化;另一方面,通过在发达国家的逆向投资,将获取的先进技术反馈至国内,通过企业之间的技术扩散,促进国内相关产业的技术进步,为发展高端产业提供技术基础,促进本国产业的高端化。从国内就业来看,新兴经济体 ODI 可能伴随着国内产业的跨国界转移,因此会对国内就业产生影响。如我国台湾学者 Tain-Jy Chen & Ying-Hua Ku(2003) 以我台湾地区制造业为例,对比了我国台湾地区开展 ODI 的企业与未开展 ODI 的企业的就业情况。该研究发现,开展对外投资后,制造业中蓝领、白领、管理层等就业人数均发生了变化。

另外,ODI 也是实现国家战略目标的重要途径,如通过 ODI 对东道国进行支援,可巩固母国与东道国的外交关系,而对那些自然资源禀赋差或面临国内资源短缺的新兴经济体来说,通过企业在境外开发自然资源(如能源矿产),有利于缓解国内资源供需矛盾,保障国内资源需的稳定供应。

由于不同新兴经济体对 ODI 侧重的利益诉求不同,因此对不同新兴经济体来说,ODI 的母国效应的表现会有所不同。对那些侧重通过 ODI 进行境外资源开发的新兴经济体来说,资源获取效应是母国关注的重点;对那些侧重通过 ODI 提升特定产业的国际竞争力的新兴经济体来说,如何通过 ODI 提升技术水平则是企业重点关注的;对那些希望通过 ODI 带动本国出口的新兴经济体来说,ODI 的贸易效应则会成为关注的焦点。同时,由于新兴经济体 ODI 动因具有互补特征,特定新兴经济体希望通过 ODI 实现的目标也是多样化的,因此,对新兴经济体 ODI 的母国效应要结合不同新兴经济体的具体情况进行分析。

中国是最大的新兴经济体,特别是近年来,其 ODI 的发展可谓新兴经济体中的佼佼者,因此深入研究中国 ODI 的母国效应对于推进新兴经济体 ODI 效应的研究具有较强的理论意义。国内对中国 ODI 母国效应的研究相对较为活跃,这些为后续研究奠定了较好的基础。但是,总体来看,中国的 ODI 起步较晚,由于统计资料和文献的可获得性以及各种效应产生机制的复杂性等原因,ODI 对于我国的影响和作用还需进一步探讨,特别是目前我国正积极地实施"走出去"战略,如何根据我国 ODI 实践效果更好地制定相关政策是一个的重要课题。当前需要结合各新兴经济体 ODI 效应研究的最新进展,以及中国作为新兴经济体的发展背景推进相关研究的系统化。

ODI 已成为中国企业参与国际经济竞争与合作的重要方式。对中国 ODI 的管理既应包括量的促进,也应包括质的监控,这样才能实现我国 ODI 的有效监管,促进我国 ODI 的健康发展。因此,在大力促进我国企业积极"走出去"的同时,有必要检验中国 ODI 的预期目标是否实现以及在多大程度上得以实现,也即涉及中国 ODI 母国效应的考察。在此需要说明的是,由于前文研究显示目前中国并未进入大规模 ODI 阶段,结合中国 ODI 的特征以及我国"走出去"战略的着力点,笔者认为获取资源、带动本国出口和促进企业技术进步是我国 ODI 的三个主要目标,因此本部分重点对中国 ODI 的贸易效应、自然资源获取效应、和逆向技术溢出效应进行研究,为进一步研究中国 ODI 发展的战略定位以及提出相关对策奠定基础。

第二节
中国 ODI 的资源获取效应

获取资源是中国 ODI 的重要动因之一。为了实现这一投资目标,中国会选择自然资源禀赋丰富的国家和地区进行投资。本节主要以石油和铁矿石资源为例,在梳理中国自然资源获取型 ODI 的国际背景和发展实践的基础上,对中国 ODI 获取资源获取效应进行行业案例分析,目的是为后续研究中探讨中国自然资源获取型 ODI 发展政策提供依据。

一、发展背景分析

中国资源获取型 ODI 的发展有其独特的国际背景和国内背景,了解这些背景有助于我们把握资源获取效应。

（一）国际背景

新兴市场和发展中国家经济发展推动了这些国家和地区对资源类商品的需求快速增长。需求的快速增长，加上自金融危机以来，各国大幅降低利率水平和实行定量宽松货币政策，向市场注入大量流动性，再加上美元等货币汇率大幅贬值，一度助推了国际大宗商品价格上涨，这些大大增加了新兴经济体和发展中国家通过进口方式从国际市场获取自然资源的成本，因此，通过 ODI 获得稳定的资源供应成为必然选择。UNCTAD 历年的《世界投资报告》也显示，进入 21 世纪以来，亚洲地区的自然资源获取型 ODI 依旧保持快速扩张的态势，来自中国和印度的石油公司、大型采矿企业和金属矿产企业在国际并购领域更加主动。

英国石油公司发布的《世界能源统计年鉴 2013》提供的数据显示，在过去 20 年中，全球能源消费增长了 52％。在过去 10 年中，全球能源消费增长了 30％，几乎所有增长都来自非经合组织国家。2008 年各国之间的能源需求比重出现了值得留意的变化：非 OECD 国家能源总需求量多年来第一次超过 OECD 国家。非 OECD 国家中，由于经济快速增长的需要，大部分能源需求增长主要源于新兴经济体，近年来全球能源需求升幅的大部分亦来自新兴经济体，其中中国的能源消费需求增长强劲。《世界能源统计年鉴 2015》显示，2014 年，中国仍是全球最大的一次能源增长市场（增幅为 2.6％），创下连续 14 年消费增长的记录。中国仍然是世界最大的能源消费国，占全球消费量的 23％，占全球净增长的 61％。以煤炭为例，非经合组织国家，尤其是中国和印度，是全球煤炭强劲需求的推动者。中国国内煤炭产量在过去 10 年增长了 135％。在此期间，中国在全球能源消费增长中占 1/3 以上的比重，2011 年中国和印度两国在全球煤炭消费净增量中占据了 98％的份额。中国成为全球最大的产煤国和煤炭消费最多的国家。2011 年，中国煤炭消费量为 18.394 亿吨油当量，雄踞世界各国之首。2012 年，中国煤炭消费量在全球煤炭消费总量中的比例首次超过 50％，2014 年占世界煤炭消费量的比例为 50.6％。在矿产资源中，作为能源矿产的石油被称为现代工业社会的"血液"，因此，在新兴经济体资源需求结构中具有重要的战略地位。Asif & Muneer(2007)在讨论新兴经济体与发达国家的能源供需及安全问题时指出，相对于国内经济发展所带来的旺盛需求而言，中国和印度这两个重要的新兴经济体的国内石油储备都面临严峻形势,因而如何确保石油资源的稳定供应也成为其能源安全的核心问题之一。

(二) 国内背景

作为一个发展中的大国,如何获得稳定的资源供应是中国经济与社会发展的关键问题,特别是改革开放三十多年以来,在国民经济取得巨大发展的同时,粗放型增长方式消耗了大量的资源,使得资源供需矛盾日益突出。各类资源中,能源与经济增长动力有密切关系。从我国能源供需状况来看(见表6.2),自1993年开始,我国年度能源消费总量逐年增加,能源需求压力较大,能源供需矛盾突出。自20世纪90年代开始,除2004年我国能源供需基本平衡外。至2009年我国能源一直处于需求大于供给的不平衡状态。虽然2010开始能源供需矛盾有所缓和,但2013年能源平衡差额出现缩小的苗头,表明能源供需状况仍不容乐观。2012年我国能源消费弹性系数为0.57,2010年我国能源消费的弹性系数达到近年来的峰值0.78,也就是说我国国民经济每增长1个百分点,能源消费相应增长0.78个百分点[1]。在这种背景下,也就不难理解为何近年来在境外资源开发领域,中国ODI频现"大手笔"。

表6.2　1993—2013年我国能源供需状况　　　　　(单位:万吨标准煤)

年　份	1993	1994	1995	1996	1997	1998	1999
能源供给	111 620	117 967	129 535	134 433	133 724	128 368	115 829
能源消费	115 993	122 737	131 176	138 948	137 798	132 214	133 831
平衡差额	−4 373	−4 770	−1 641	−4 515	−4 449	−3 846	−14 290
年　份	2000	2001	2002	2003	2004	2005	2006
能源供给	136 535	125 310	149 082	172 129	203 344	223 213	244 101
能源消费	138 553	143 199	151 797	174 990	203 227	224 682	246 270
平衡差额	−2 017	−9 605	−2 716	−2 862	117	−1 469	−2 169
年　份	2007	2008	2009	2010	2011	2012	2013
能源供给	261 111	287 011	311 277	339 687	362 842	378 690	417 415
能源消费	265 582	291 448	306 647	324 939	348 002	361 732	416 913
平衡差额	−4 472	−2 169	−4 437	14 748	14 840	16 958	502

- 注:能源供给指可供消费的能源总量,可供消费的能源总量=一次能源生产量+回收能源+进口量 - 出口量+年初库存。
- 资料来源:国家统计局网站。

---

[1]　数据来源于国家统计局,能源消费弹性系数反映能源消费增长速度与国民经济增长速度之间比例关系的指标。计算公式为:能源消费弹性系数=能源消费量年评价增长速度/国民经济年平均增长速度。

目前我国石油供需仍然面临严峻形势。根据国家发展和改革委员会能源经济与发展战略研究中心预测,在考虑到中国新能源的发展状况条件下,到 2020 年中国石油年需求量将达到 5.6 亿吨至 6 亿吨之间,而到 2020 年中国原油产量将位于 2 亿至 2.2 亿吨之间[1],年需求量将是原油产量三倍,供需缺口显而易见。事实上,自 1993 年我国已成为石油净进口国,我国石油对外依存度不断上升[2](见图 6.1)。2009 年我国原油对外依存度首次超过 50％的警戒线,此举表明国内石油需求已从国内供给为主转而变成依靠进口为主。自此短短几年后的 2013 年,中国全年进口原油 2.82 亿吨,同比增 4.0％,对外依存度高达 58.1％。中国石油集团经济技术研究院于 2016 年 1 月 26 日发布的年度《国内外油气行业发展报告》显示,2015 年我国石油对外依存度首次突破 60％,由于汽车保有量增加、城市化发展和石油资源开发等因素,预计 2016 年对外依存度仍将继续上升,而在 1993 年我国首度成为石油净进口国时,这一数字仅为 6％,20 多年间我国原油的对外依存度在翻了数倍。根据国家能源局《中国能源发展报告(2009)》,到 2020 年中国石油对外依存度将超过 64％。较高的对外依存度说明我国石油需求大部分靠进口弥补,石油安全需重

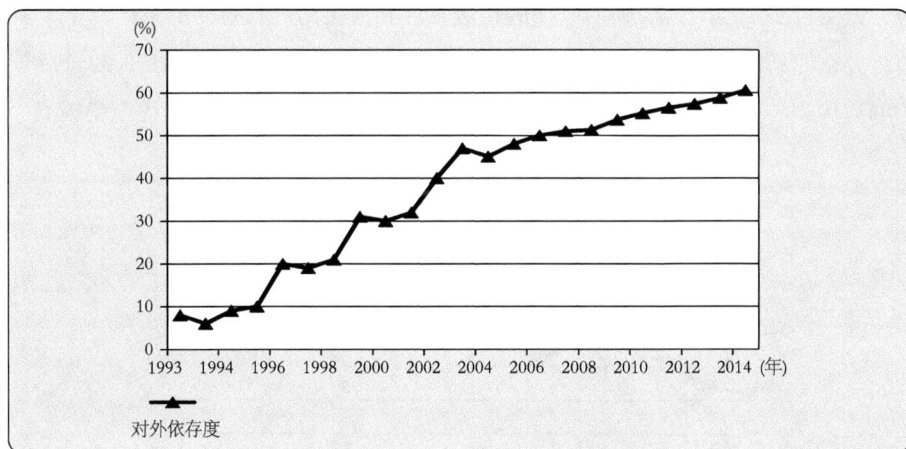

图 6.1 1993—2015 年我国石油对外依存度

• 资料来源:笔者计算。

---

① 2020 年中国石油年需求量将达到 6 亿吨. 证券时报,2009 年 09 月 25 日.

② 石油对外依存度是指一国石油净进口量和总消费量的比值,是反映石油安全的重要指标。

点关注,同时这种状况也引起了我国国内普遍的忧虑,因此,鼓励我国资源开发企业走出去,通过 ODI 获得稳定的资源供应成为必然的应对之策。

除了能源资源外,非能源资源中的金属矿产是现代化工业生产的重要物质基础,也是我国 ODI 所希望获取的重要资源。尽管我国矿产资源丰富,但不少重要矿产资源如铁矿石、铝、铜等人均占有量大大低于世界平均水平,因此经济增长带来的资源供需瓶颈更加突出。以铁矿资源为例,从世界铁矿资源的分布来看,世界铁矿资源非常丰富,世界铁矿石资源总量估计超过 8 000 亿吨矿石量,含铁量超过 2 300 亿吨。巴西、澳大利亚、中国等是世界铁矿资源大国。铁矿石开采方面,2006 年世界铁矿石产量 11.9 亿吨,按成品矿计算,世界十大铁矿石生产国依次为巴西、澳大利亚、中国、印度、俄罗斯、乌克兰、美国、南非、加拿大和瑞典,10 个国家铁矿石 2006 年产量合计 10.79 亿吨,占世界铁矿石 2006 年总产量的 90.7%(张焱,2007),尽管我国铁矿资源储量位居世界前列,但人均占有量仅 36 吨(世界人均占有量为 51.19 吨),仅为世界人均占有量的 70%。特别是由于我国铁矿资源品位低,平均品位 33%,尚不到世界上富矿资源国平均品位的一半,因此自 1985 年起,国产铁矿石已不能满足钢铁工业发展的需求,进口量逐年扩大,对外依存度逐步攀升。虽然自 2010 年开始,国内矿山的快速发展和大量海外权益矿的量产降低了我国对外铁矿石依存度,但近年来,进口仍逐年扩大。2014 年我国铁矿石的进口依存度高达 78.5%(见图 6.2),说明我国铁矿石供应对外部市场的依赖程度仍较高。

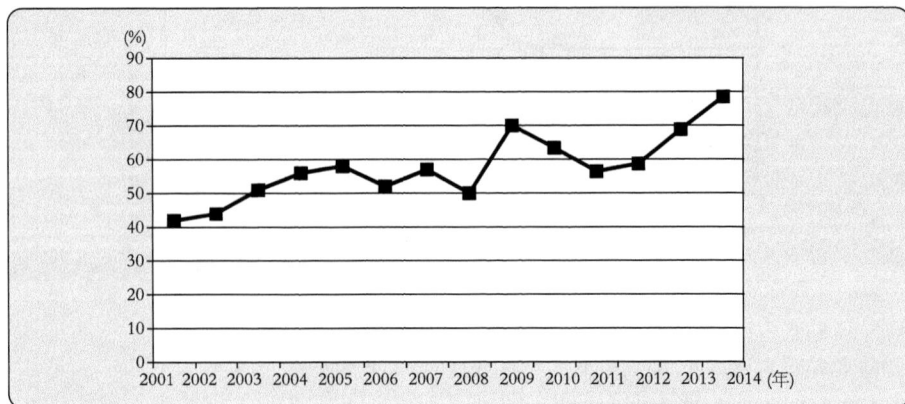

图 6.2　2001—2014 年我国铁矿石对外依存度

• 资料来源:根据国土资源部网站数据整理。

以上分析显示,目前我国资源总体供应仍偏紧,而未来我国对资源的需求仍将持续增长,因此,如何保证供给安全是我国面临的重大挑战。从供给角度看,全球优质铁矿石集中在澳大利亚和巴西等国,主要由必和必拓、淡水河谷和力拓等矿业巨头垄断。近年来,由于我国缺少国际资源定价权、国内资源需求快速增长以及国际垄断力量操纵等原因,导致我国对外价格谈判陷入被动,石油和铁矿石的价格的暴涨给我国经济发展带来较大的压力。如铁矿石价格在澳大利亚、日本、巴西等国矿业巨头的操控下,2003 年至 2007 年,基准价格涨幅分别为 8.9%、18.62%、71.5%、19% 和 9.5%。中国作为全球最大的铁矿石进口国,2008 年再次不得不接受铁矿石基准价格上涨 65% 的现实。当前,由于全球经济疲软与中国等新兴具体短期需求下滑,世界铁矿石市场供需总体趋向平衡,铁矿石价格相对历史最高水平有一定回落,但 2012 年我国铁矿石进口均价仍高达 128.7 美元/吨。资源产品价格的波动直接关系到国内经济的增速。据有关研究,油价每桶上升 10 美元,发达经济体 GDP 将下降 0.2%,但是对发展中国家却会导致 0.4% 甚至更多的损失。当前铁矿石价格暴跌,收购成本及阻力降低,是我国企业开拓境外矿业项目、获得采矿权的良好时机,也是我国保障铁矿石进口安全的重要契机。在这种背景下,通过 ODI 获得稳定的资源供应显得更为迫切。

二、行业案例分析

加强境外资源合作是实现国民经济可持续发展的必然选择。目前,中国境外资源合作已涵盖油气、固体矿产、农业、林业、渔业等诸多领域,与全球 30 多个国家建立起资源长期合作关系,但总体来看,中国资源领域的 ODI 主要集中在矿产资源领域。根据我国各年对外直接投资统计公报,从投资流量来看,2003—2013 年中,采矿业一直是非金融类投资中投资规模最大的行业,占比一度高达近 50%(见表 6.3),主要流向石油和天然气开采业。2013 年中国 ODI 流量超过 100 亿美元的行业大类有 4 个,其中之一即是采矿业。2014 年尽管采矿业 ODI 流量较上年有所下降,但在对外并购领域,采矿业是最大的亮点,采矿业并购数量为 40 起,总金额高达 179.1 亿美元,占并购金额的 31.4%,位居首位,其中中国五矿集团联营体 58.5 亿美元收购秘鲁拉斯邦巴斯铜矿项目,是 2014 年中国企业实施的最大

海外并购项目。从投资存量来看,截至 2014 年末,我国采矿业 ODI 存量为
1 237.3亿美元,占总存量的比例为 14.1%,紧随租赁和商务服务业(36.5%)和金
融业(15.6%)之后,位居第三位,投资主要集中在石油和天然气开采业、黑色金
属、有色金属矿采选业。鉴于此,笔者以石油业和铁矿行业为例,通过案例分析
研究中国 ODI 的资源获取效应,并在此基础上对我国资源获取效应的制约因素
进行研究。

表 6.3　2003—2014 年我国采矿业 ODI(流量)

年　份	2003	2004	2005	2006	2007	2008	2009	2010	2011	2012	2013	2014
金额(亿美元)	13.8	18	16.8	85.4	40.6	58.2	133.4	57.1	144.5	135.4	248.1	165.5
占当年非金融类 ODI 的比例(%)	48.4	32.7	13.7	48.4	16.3	14.0	27.9	9.5	21.1	17.4	26.8	13.5

• 资料来源:根据各年《中国对外直接投资统计公报》整理计算。

(一) 石油

我国石油资源相对匮乏,根据英国石油公司《世界能源统计年鉴 2015》提供的
数据,2014 年底,中国石油探明储量为 25 亿吨(185 亿桶),占世界石油探明储量的
1.1%,储采比仅为 11.9 年。经过 50 年的饱和开采,我国国内现已探明的石油资源
大都渐近枯竭,步入中后期开采阶段,勘探开采难度加大,石油自主供给难以取得
重大突破,供需矛盾不断升级。从 1993 年成为石油进口国以来,我国石油进口不
断增加,对外依存度逐年提高。相比美日等国战略石油储备天数高达 200 天以上,
业内人士估算,目前中国石油储备天数约在 30—45 天左右,与国际能源署石油储
备需要 90 天的标准线相距甚远。据官方口径,中国需至 2020 年才能实现 90 天的
储备目标[1],与欧美国家相比存在很大差距,国家能源安全面临挑战。因此,我国
具有推动石油企业走出去的强大内在动力。1993 年,中石油成功中标泰国邦亚区
块项目,首次获得海外油田开采权益,中国石油公司进军海外市场的大幕也随之开
启,中国开始了海外找油的步伐。特别是进入 21 世纪以来,市场并购项目的大名
单中,参与并购的资金数量也逐年放大(见表 6.4)。

---

[1]　中国石油储备及格了吗?《国际商报》,2012 年 2 月 10 日。

表 6.4　近年来我国在石油领域的典型 ODI 案例

企业名称	投　资　案　例
中石油	2000 年收购印尼戴文能源集团的油田和天然气资产 2005 年以 27.53 亿美元成功纳哈萨克斯坦 PK 石油公司 2009 年 1 月与伊朗国家石油公司签订了 17.6 亿美元共同开发伊朗北阿扎迪的油田项目,该油田储量估计为 60 亿桶 2009 年收购新日本石油 45.5% 的股份 2009 年增持伊拉克最大油田股权至 37% 2009 年 5 月收购吉宝公司所持新加坡石油公司 45.5% 的全部股份 2009 年 6 月中国石油子公司中国石油国际事业有限公司收购新日本石油大阪炼厂部分 49% 股权项目通过核准 2009 年 8 月耗资 19 亿加元(17 亿美元)收购加拿大阿萨巴斯卡油砂公司油砂资产 2009 年 6 月与 BP 联合体成功中标伊拉克鲁迈拉油田项目 2010 年联合壳牌以 35 亿澳元(约 25 亿美元)收购澳大利亚箭牌能源公司 100% 股权 2010 年 1 月签署哈法亚油田开发生产服务合同,中石油持有 37.5% 的权益并担任作业者 2010 年与壳牌就幼发拉底项目股权收购达成一致,获得壳牌全资子公司壳牌叙利亚油气开发公司 35% 的权益 2011 年 5 月以 10.15 亿美元的作价收购英力士集团旗下的两家炼油厂部分股权 2012 年 7 月以 10 多亿美元收购壳牌公司西加拿大不列颠哥伦比亚省 Groundbirch 区块资产 20% 权益并参与下游天然气液化厂合作项目 2012 年 12 月以 16.3 亿美元(约 102 亿人民币)收购必和必拓与旗下澳大利亚天然气项目及合资公司权益 2012 年 12 月以 22 亿美元(约合人民币 137 亿元)收购加拿大能源公司 Encana 在阿尔伯塔省的一处页岩气矿 49.9% 股份 2013 年收购意大利埃尼集团全资子公司埃尼东非公司 28.57% 的股权,间接获得东非莫桑比克 4 区块项目 20% 的权益,交易对价为 42.1 亿美元 2014 年以 26 亿美元成功收购巴西能源秘鲁公司全部股份,中石油接管了该公司旗下的 10 区、57 区和 58 区三个油气区块
中海油	2006 年 1 月 9 日 22.68 亿美元收购尼日利亚 130 号海上石油开采许可证(OML130)的 45% 的工作权益 2008 年 171 亿元人民币成功收购挪威海上钻井公司 2010 年 3 月以 31 亿美元入股阿根廷 Bridas Corporation 50% 权益。将间接持有阿根廷第二大油气勘探与生产商 Pan American Energy(PAE)约 20% 股权 2010 年 11 月以 10.8 亿美元购入切萨皮克鹰滩页岩油气项目 33.3% 权益 2011 年 7 月以 21 亿美元收购在加拿大多伦多交易所上市的加拿大油砂开发商 OPTI 全部股份 2012 年 2 月以 5.7 亿美元收购切萨皮克公司丹佛—朱尔斯堡盆地及粉河盆地油气项目共 33.3% 的权益交易 2012 年 2 月以 14.67 亿美元中海油完成收购英国图洛石油公司在乌干达 1、2 和 3A 勘探区各三分之一的权益 2012 年 7 月以 151 亿美元收购加拿大能源企业尼克森(Nexen)流通中的全部普通股,2013 年 2 月宣布完成收购加拿大尼克森公司的交易 2013 年 3 月斥资约 42 亿美元收购了意大利石油集团埃尼运营的东非天然气区块 20% 的权益
中石化	2006 年以 35 亿美元收购 Udmurlneft 石油公司 2009 年收购瑞士 Addax 石油公司,总价达 72.4 亿美元 2011 年收购葡萄牙 GALP 能源公司拥有的巴西深水油田资产交易额高达 51 亿美元 2011 年收购以 17.6 亿美元收购澳大利亚太平洋液化天然气公司 15% 的股权 2012 年收购了美国 DEVON 公司在美国 5 个页岩油气资产权益的 33.3% 2012 年 7 月以 15 亿美元收购加拿大塔里斯曼能源公司英国子公司 49% 的股份 2013 年 8 月以约 31 亿美元收购阿帕奇集团的埃及油气业务 33% 的权益;
中海油与中石化	2009 年中海油、中石化联手斥资 13 亿美元购安哥拉油田 20% 权益

(续表)

企业名称	投　资　案　例
中国投资有限责任公司	2009 年中投出资 9.39 亿美元购买哈萨克斯坦石油天然气公司股权 2011 年以 31.5 亿美元收购法国燃气苏伊士集团旗下从事油气勘探开发和生产业务的子公司 30％的股权
中信集团	2006 年以 9 740 万美元完成对印尼东部 Oseil 油田 51％权益的收购 2006 年以 19.1 亿美元收购加拿大 Nations Energy 公司在哈萨克斯坦的油气资产
其他民营企业	2015 年，以新疆准东石油技术股份公司、洲际油气股份公司、兰州海默科技公司等为代表的民营油企，通过合并、股权并购、资产并购等方式开拓美国加拿大市场，一些民企甚至通过拓展海外其他业务渗透到油气行业。比如长春百货大楼集团以 2 亿美元收购了加拿大新星能源油田资产，目前已经开展收购后的后续工作

• 资料来源：笔者整理。

如表 6.4 所示，目前我国石油领域的对外投资呈现以下特征：

(1) 对外投资的主体是以中石油、中石化和中海油为代表的大型国有石油公司。截至 2014 年末，按对外直接投资存量排序的中国非金融类跨国公司 100 强名单中，中石油、中海油和中石化均进入前五位。由于这些企业的国企身份，因此其 ODI 活动自然也体现了我国的国家能源与资源战略（Ma & Anerews-Speed，2006)；另外，一些投资公司，如中投和中信，也有不俗表现。

(2) 跨国并购是主要的投资方式，境外资源合作的方式多样化，包括合资或独资成立企业进行资源开发、购买矿权或专项经营许可、资源偿付、并购或参控股等方式。据金融数据提供商 Dealogic 的统计数据显示，2011 年，中国在海外购买能源与矿产的活动在大规模进行，国企仍是主角。2011 年中国企业海外并购金额前十名中，能源行业并购占 8 起，其中石油、天然气并购占 6 起。

(3) 单项投资规模普遍较大，这既与油气开发行业资本投入高相关，也说明我国石油企业加大了对外投资的力度，如 2011 年中国企业 10 大海外并购案例涉及的并购金额总和高达 277.43 亿美元，其中单笔并购金额在 20 亿美元以上的占 7 起，这 7 起并购案例中有 4 起涉及石油和天然气领域。

(4) 自然资源寻求型 ODI 的区位选择受东道国资源禀赋及资源的可获得性的约束，因此中国这类投资大多集中在等油气资源丰富的国家和地区，如加拿大、澳大利亚等。

从国家战略导向来看，通过 ODI 获取份额油、提升国际石油市场定价的话语权，从而确保国内能源稳定供应和能源安全，是我国石油行业 ODI 的重要目标之一。份额油是指通过参股、投资、技术服务参与国外石油资源开发,根据分成合同稳定获取的分成油。根据中国石油企业协会、中国油气产业发展研究中心发布的《2014 中国油气产业发展分析与展望报告蓝皮书》提供的资料,2013年中国企业海外油气权益产量保持较快增长,突破 1.1 亿吨。截至 2013 年底,中国已在全球 33 个国家执行了 100 多个国际油气合作项目,成为世界多国重要的能源合作伙伴,同时也推动着国际能源秩序的多极化。以中国石油为例,中国石油自 1993 年实施"走出去"战略开展国际化经营以来,经过多年努力,海外业务规模和实力不断增强,在全球油气市场发挥着越来越重要的作用。目前,公司在全球 37 个国家开展油气投资业务,初步建成中亚—俄罗斯、中东、非洲、美洲和亚太五个海外油气合作区和亚洲、美洲、欧洲三个国际油气运营中心,形成勘探开发、管道储运、炼油化工、销售贸易等上下游一体化的石油产业链,建设了西北、东北、西南和海上四大跨国油气输送通道,参与国际油气合作的深度和广度不断拓展,与资源国政府、国家石油公司和国际石油公司建立起互信、互利的合作关系,为国家能源供应和资源国经济社会发展作出了重要贡献。2014 年中国石油海外全年油气作业当量产量达到 1.27 亿吨,权益当量产量达到 6 520 万吨[①],石油资源获取效应已开始显现。但是,与国内庞大的石油消费需求相比,我国所获得份额油较少。尽管三巨头进行了持续不断的海外收购,但是其国际化率仍然远远低于国际油气公司。中国石油集团经济技术研究院发展战略研究所所长张卫忠表示,中石油集团的海外油气产量只占 30%,中海油和中石化的这一数字则更低,而其他国际石油公司都达到了 60% 以上,因此通过跨国直接投资获取海外石油资源的效应有限。

需要说明的是,份额油并不表示我国石油公司必须立即将其运用国内,供应国内市场。事实上,自实施"走出去"战略以来,我国石油公司历年获得的海外份额油主要是通过就地销售的途径进行经营和处理,而不是把份额油直接运回国内,这是因为运回国内要付出高昂的原油运输成本等原因使得份额油的成本不一定比从国际市场直接采购的贸易油成本低。在这种情况下,石油公司往往是把份额油销售

---

① 数据来源于中石油官网:http://www.cnpc.com.cn/cnpc/hwyw/shgyhd_index.shtml。

所得在变化地点的条件下重新用于购买国际市场的原油。实际上,中国三大石油公司在海外 50 多个国家和地区的原油收益远远超出了运回国内的原油所产生的收益,在出自中国海外资产的石油中,更多以现货价销售到了国际市场,并非运往中国。2010 年中国石油公司运回国内的原油仅为 500 万吨左右,仅占海外权益原油的 1/12①。但是,我们并不能由此否定通过 ODI 获取份额油的经济意义和政治意义。份额油的意义不在于立即运回国内供应本国效应,因为遇到石油涨价、能源供应紧张等问题时,这些份额油一定程度上可冲抵采购成本,国内供应有了一定的保障,更重要的是,从长期来看,我国石油公司通过"走出去"经营海外油气项目能增强掌控油气资源的主动性,有助于培养我国石油公司的国际竞争力和我国在国际石油市场的话语权,为我国外交赢得空间。

以上通过对石油行业 ODI 的分析可知,对我国来说,资源获取效应已经初步显现,但目前通过 ODI 获取自然资源并未成为我国保障国内资源需求的主要途径。当前我国满足国内资源需求的方式主要还是依靠本国生产和进口,其中进口依然是我国能源供应的主要途径。这种现状在非能源矿产领域同样存在。

(二) 铁矿石

近年来,与石油行业 ODI 类似,我国在非能源矿产方面的 ODI 也引起了广泛的国际关注。如表 6.5 所示,投资主体大多数为特大型央企,但也包括江西铜业、金川集团等大型地方国有企业,最近中投作为国家投资公司开始涉入矿产资源开发领域,民营企业也开始有涉足大规模矿产投资,如四川汉龙和上海达之路,由此体现出我国非能源矿产领域投资主要以国有企业为主,但投资主体开始呈现多样化趋势。从以下投资案例中可以看出,有些企业也开始转变"单兵作战"的策略,联手合作开发境外资源,如中冶与江西铜业、金川与宝钢集团均有成功合作经历。从投资领域来看,主要集中在铁矿和铜矿开发领域,而铁矿和铜矿正是我国国内资源供需矛盾比较突出的领域。

① 尹一杰.高出低入:中资石油公司 4 000 亿海外投资收益图谱.21 世纪经济报道,2011 年 7 月 19 日,第 18 版.

表 6.5　近年来我国在非能源矿产领域的 ODI

企业名称	投 资 案 例
华菱钢铁集团	2009 年收购澳大利亚第三大铁矿石供应商 FMG 公司 17.3%的股权,成为其第二大股东收购,FMG 是世界第四大铁矿石供应商 2009 年与 FMG 再次签署全面合作基础协议。协议内容主要包括双方将在铁矿石开发与销售、有色金属领域等方面开展进一步合作
武钢集团	2008 年武钢集团与澳大利亚南部 CXM 公司签署正式生效的框架协议,武钢将与南澳 CXM 公司联合开采 20 亿吨铁矿石资源,其中 10 亿吨铁矿石权益属武钢拥有 2009 年与澳大利亚 WPG 公司签署合作开发铁矿资源框架协议,双方将组建合资公司,对南澳中部 Hawk Nest 矿区进行开发 2009 年武钢集团斥资 2.4 亿美元获得加拿大矿业公司 CLM 19.9%的股权,此外双方将组建一个合资企业共同推进 CLM 在加拿大魁北克省的 Bloom Lake 铁矿石项目,武钢拥有这家合资企业 25%的股权 2010 年武钢出资约 4 亿美金,认购巴西 EBX 集团 MMX 公司 MMX 公司新增发的 1.017 亿股股份,占该公司总股权的 21.52%,成为其第二大股东,获得约 6 亿吨资源权益
宝钢集团	2009 年与澳大利亚综合矿业公司 Aquila 签署股权合作协议,宝钢集团以现金 2.9 亿澳元收购 Aquila 15%股份,成为其第二大股东
鞍钢集团	2009 年入股澳洲矿企 Gindalbie
首钢集团	2008 年拟出资 1.625 亿澳元的价格收购澳大利亚吉布森山铁矿公司 2.7 亿股票 1992 年底,首钢出资 1.2 亿美元收购"秘鲁铁矿公司"98.2%股份
中钢集团	2008 年收购澳大利亚中西部矿业公司 98.6%股权,这次收购使中钢集团获得了大约 20 亿吨的优质铁矿资源
中国有色矿业集团	1998 年竞标购得赞比亚谦比希铜矿,是我国政府批准在境外开发建设的第一座有色金属矿山 2009 年收购赞比亚卢安夏铜矿
中信集团、首钢集团、太原钢铁、上海宝钢、鞍山钢铁	2011 年以 19.5 亿美元收购巴西矿冶公司 15%的股权
中铝、宝钢、中铁建等中国企业共同组成了以中铝为首的中方联合体	2011 年 11 月以 13.5 亿美元收购几内亚的西芒杜铁矿项目 44.65%的股权
中冶与江西铜业	2008 年与阿富汗政府签署了艾纳克铜矿开发协议,获得为期 30 年的开采权,该矿是世界上最大的铜矿之一,已探明储量约 1 100 万吨,相当于中国国内铜矿总储量的 1/3
金川集团与宝钢集团	2006 年以 10 亿美元收购菲律宾棉兰老岛镍矿
中国五矿	2009 年以 13.86 亿美元对价成功收购澳大利亚 OZ Minerals 公司部分资产 2014 年以 58.5 亿美元收购秘鲁鲁斯邦巴斯铜矿项目,成为中国金属矿业史上最大的境外收购
兖州煤业	2009 年出资 200 亿元收购澳大利亚矿企菲利克斯公司 100%股权
上海达之路国际控股集团	2008 年获得南部非洲总计 5 万多平方公里的矿产资源勘探和开采权,其中包括 2 000 多平方公里的铀和其他放射性元素矿,成为极少数在海外拥有铀矿资源的中资企业之一
中国投资有限责任公司	2009 年中投公司 15 亿美元收购加拿大泰克资源公司股份 17%的股份

（续表）

企业名称	投　资　案　例
中铁物资	2009年耗资2.44亿美元获得非洲矿业公司(AML)12.5%的股权
河北钢铁集团	2012年出资8 830万加元(约合5.56亿元人民币)收购加拿大阿尔德隆公司19.9%的股份,并委派两名董事;同时,公司还将以1.057亿加元(约合6.65亿元人民币)收购该公司公司旗下的佳美铁矿项目25%的权益,在铁矿投产后,有权利获得其中60%矿产资源的优先采购权
俊安集团	2015年全资收购格陵兰岛价值20亿美元铁矿

• 资料来源:笔者整理。

在铁矿投资领域,宝钢、武钢、鞍钢、首钢、中钢等特大型国有企业先后"走出去",斥巨资投资开发境外铁矿资源,体现我国钢铁投资企业向上游领域延伸的纵向一体化战略,其主要目的是为了获取海外权益矿,确保稳定的资源和原材料供应。据了解,目前中国拥有的年供应权益铁矿石量达到1 000万吨以上的企业有6家,包括宝钢、中钢集团、华菱钢铁、鞍钢、首钢、通钢。此外,沙钢、唐钢、马钢、武钢共同获得的权益铁矿石量达1 200万吨/年①,这些权益矿资源主要通过股权收购、资产收购和合资、合营等方式获得。根据中国钢铁协会提供的资料,目前我国钢铁企业通过海外投资参股所控制海外资源量占我国铁矿石年进口总量的比例不足20%,远低于欧洲与日本权益矿占比60%的比例。但随着对外投资力度加大以及近年来投资项目逐步投产,到2015年,我国海外权益矿规模将增加1亿吨左右,海外权益矿的总量估计达到我国进口总量的20%以上。2010—2015年,我国自产铁矿石将达到11亿—12亿吨,自产铁矿和海外权益矿能够满足我国钢铁原料需求的70%左右,初步具备立足国内,打破国际铁矿石垄断,创建国际铁矿石市场新格局和铁矿资源安全稳定供应体系的基础。

行业案例分析显示,我国ODI的资源获取效应已经初步显现,这对于我国能源安全和资源供应保障有重要的战略意义。但是,通过境外投资获取海外资源并未在国内资源供应中起到主要作用,当前我国主要还是通过进口方式获取资源。未来我国采矿业领域的投资仍有较大的发展空间,要努力增加中国资源供给中海外权益资源的贡献。

---

① 资料来源于新华网:http://news.xinhuanet.com/newscenter/2009-04/24/content_11251898.htm。

（三）影响我国境外资源获取的因素分析

目前一些影响我国资源获取效应持续发挥的因素也需要引起注意。

首先是投资区域过于集中。如目前中国 80％ 左右权益铁矿集中分布在澳大利亚，境外权益油主要分布在非洲和亚洲。在非洲，油品优良的传统热点区域，中国并未获得实质性突破，中国企业获得开采权的区域多属于开采成本和开采风险较高的地区。投资区域集中会导致资源获取效应的发挥很容易受到双边外交关系的影响，而在复杂的国际经济与政治格局中，这样做的结果无疑使得我国资源供求关系更加脆弱。

其次是政府与企业关系。尽管我国资源获取领域的投资主体是国有企业，但国有企业本身也具有逐利的个体，确保企业能够贯彻国家战略需要梳理政府与企业的关系，建立国家利益与企业利益的平衡机制。

再次是国际政治风险。能源安全直接关系到一国的国际生存空间，中国在热点区域的投资往往成为国际社会攻击中国的借口，如伊朗核问题、苏丹达尔富尔地区的人权问题、西方媒体恶炒中国在非洲搞所谓"新殖民主义"等问题，都需要中国政府积极和认真应对，否则国际政治风险的存在会大大提高我国境外资源开发战略实施和实现的成本。

另外一个因素是我国企业与跨国巨头的竞争关系。2009 年中铝拟以 195 亿美元注资全球矿业巨头力拓，但力拓最终毁约，中国钢企对外谈判仍不得不面临三大跨国矿业巨头的漫谈要价。2003 年，中石油、中石化联手竞购哈萨克斯坦里海地区的油田股权，最终被西方石油公司的"内部优先原则"挤掉。这些事例说明，能否处理好与跨国巨头的竞争关系直接关系到我国资源获取效应的实现。

最后是东道国因素。一方面是东道国政策的变化带来的影响。随着油价逐渐走高，一些产油国的政策出现了变化。2008 年 4 月，委内瑞拉国会通过一项《石油高价特殊贡献法》法案，批准委内瑞拉政府对在该国运营的石油公司征收暴利税。该法案规定，当北海布伦特原油的月平均价格超过每桶 70 美元时，委内瑞拉政府将向在该国运营的各石油公司征收高出该价格部分 50％ 的收益；当月平均价格超过每桶 100 美元时，征收比例将提高至 60％。同年，俄罗斯通过了《外国向对国家安全具有战略意义的商业机构进行投资的程序法》,列出了 40 多种矿产资源"不可侵犯",其中就包括石油。在产油合同上,产油国也开始设置障碍,如伊朗、委内瑞拉等国现在兴起的回购合同。按照这种合同,外国石油公司先提供资金来勘探等,工期结束后将项目移交给伊朗,其投入的成本和协定的回报都在项目投产后以产品偿付。另一方面是东道国内部动乱、恐怖主义活动带来的政治风险对我国投资企业正常生产都会带来冲击。这些都需要我国企业作好充分的准备。

第三节
中国 ODI 的贸易效应

一般研究多集中分析 ODI 流入对新兴经济体对外贸易的影响,对 ODI 流出对新兴经济体作为投资母国的贸易效应的研究相对较少。本节将以中国为例,首先对中国 ODI 的母国贸易效应进行理论分析,然后分别对贸易规模效应和贸易结构效应进行实证检验。

一、理 论 分 析

(一) ODI 母国贸易效应的理论观点

ODI 母国贸易效应属于国际贸易与国际直接投资关系的研究范畴。自Mundell 在 1957 年对国际贸易与直接投资的关系作出开创性理论研究以来,国际贸易与国际直接投资的关系成为国际经济学及相关学科的研究重点之一。目前理论研究中,母国贸易效应主要有两种效应。

1. 替代效应

早期的研究,包括 Mundell(1957)在内倾向于认为国际贸易与直接投资之间存在替代关系。其中,Vernon(1966)从动态的角度说明了产品处在生命周期不同阶段时 ODI 的区位选择,尤其适合解释出口替代型的 ODI。根据 OLI 理论,当所有权优势、区位优势和内部化优势同时具备时,当地生产对母国与东道国的出口贸易产生了替代。当一国 ODI 替代了本国对东道国或第三国的出口时,母国贸易替代效应就产生了,这种效应通常存在于制造业领域。现实世界中,由于东道国关税和非关税壁垒的存在以及区域自由贸易安排对区外企业的限制,母国出口会遭受障碍,而 ODI 因可拉动当地就业等原因,通常较受东道国欢迎,因此,当企业出口的直接成本与间接成本之和大于当地生产的净收益时,企业就通过对外投资方式来替代出口。另外,经济全球化为企业全球配置生产要素提供了更广阔的空间,一些具有低成本优势的区位吸引对外投资,当追逐东道国低生产要素成本的效率寻求型 ODI 发生时,有可能对原来母国与东道国之间的贸易流动产生替代。Porter (1990)认为,对于外国投资者来说,低成本就意味着高收益,在发展中国家进行低成本生产再出口到世界市场,意味着比本土生产更高的回报,因此,这种高回报的出口吸引了大量的 ODI,但对于母国来说,此时境外生产替代了本国出口贸易。贸易替代效应也得到了一些实证研究的支持。如 Andersson & Fredriksson(1996)的研究显示,造纸与纸浆生产、化工、钢铁等产业领域,ODI 与贸易存在替代关系;Gopinath *et al.*(1999)对美国食品工业 ODI 和贸易之间的关系研究的结果显示,美国子公司在国外市场的销售和本国出口是替代性的。

2. 互补效应

Mundell(1957)的分析中,现实经济活动远比 $2 \times 2 \times 2$ 模型负责,要素价格均等化和资本可在国际间自由流动的前提条件未免苛刻,这影响了该模型有关投资完全替代贸易的结论的适用范围。从实践来看,20 世纪 90 年代以来,产业内贸易、跨国公司内部贸易的发展无疑对替代效应的有关论述提出了挑战。目前理论界倾向认为 ODI 主要产生母国贸易互补效应,而且由于贸易与投资的一体化,ODI 主要表现为母国贸易互补效应,即一国或地区 ODI 的扩张将带动本国对外贸易的发展。

小岛清(1977)较早对 Mundell(1957)的论断提出了质疑。边际产业扩张理论认为,美国式 ODI 把本国具有比较优势的产业投往国外,因此其 ODI 和贸易是相互替代的关系,而日本式 ODI 是将本国正在失去比较优势的产业投往受资国

(如发展中国家)正在获取比较优势(或具有潜在比较优势)的产业,因而日本式ODI和贸易是相互补充与促进的关系。新贸易理论将产业组织理论的范畴,如不完全竞争、规模收益递增、产品差异化等引入传统的比较优势分析框架,结合ODI(跨国公司)的理论成果,成功地解释了不同类型的跨国公司直接或间接地创造的各种贸易活动。新贸易理论认为:(1)由于要素市场和商品市场都存在不完全竞争以及规模经济的存在,即使不存在人为的政策限制,要素流动与商品贸易仍不可能是完全自由的,因而贸易与投资不存在完全的替代。无论是资本流动还是商品贸易都无法消除要素的丰缺不均,要素价格均等化只是一个长期的趋势,从而基于要素价格差异基础上的产业间贸易与资本流动将共存。(2)规模收益递增与产品差异化的概念,解释了跨国公司直接投资与贸易流向之间的互补共存关系。产品差异化为消费者提供了多样化的选择,从需求角度解释了产业内贸易的动因,也揭示了跨国直接投资的动因部分地源于对规模经济效益的追逐,说明贸易特别是产业内贸易与直接投资是共存的。(3)跨国直接投资而产生的技术外溢,加速了东道国技术创新和技术进步,从而加速东道国比较优势结构的转换,创造新的贸易优势,使得跨国直接投资在加速贸易结构转换的同时,扩大了贸易规模。

事实上,随着区域经济一体化和全球经济一体化的深化,一方面,跨国公司出于更好地配合本身的出口贸易活动,为企业跨国贸易提供各种服务而进行直接投资;另一方面,经济一体化加剧了国际竞争,随着贸易规模的扩大,为了更加接近当地市场,拉近与消费者的心理距离,使产品适合当地需求或消费品位,企业会进行ODI。此外,由于全球生产网络中各企业之间的联系更加紧密,为了追随已在国外建立生产设施的供应商,ODI也会成为企业的选择。因此,国际贸易与直接投资之间的融合趋势更加明显,贸易与投资之间的互补关系更为常见。

一国ODI对母国对外贸易存在替代和互补两种效应。不可否认,即使在全球经济一体化蓬勃发展的今天,由于国际贸易壁垒存在等原因,我们仍然能看到投资替代贸易的现象。但另一方面,现实经济中国际贸易和国际直接投资之间高度融合、相互依赖、共生发展的一体化趋势日趋明显。因此,一国对外直接究竟替代还是促进了本国对外贸易,还需要具体分析。

(二) 中国 ODI 母国贸易效应的理论分析

1. 从经济发展水平看

贸易效应因我国与受资国之间的相对经济发展水平存在差异而不同。一般认为,母国对经济发展水平低于本国的东道国(特别是发展中国家)的直接投资更易促进本国出口。原因在于,母国海外子公司通常在本地难以获得所需的特定原材料和中间产品等,因此海外子公司只得从母国进口,而且,子公司在获得关键设备与机器方面也会遇到困难,通常需要从母国进口,例如,韩国计算机制造业在东南亚和南美的投资就属于这种情况(Lim & Moon, 2001)。这一结论在国内相关研究中也得到了支持。周蓉(1999)认为,中国对其他与中国经济发展水平相当的东道国的水平式投资、对其他经济发展水平低于中国的发展中国家的下行式投资能够带动出口的扩大。蔡锐和刘泉(2004)对中国的实证研究认为,中国对非发达国家的直接投资是符合边际产业扩张理论的,也就是中国对非发达国家的投资促进了中国对这些国家和地区的对外贸易。

2. 从产业角度看

贸易效应在不同产业中有不同表现,即使在同一产业中不同部门,贸易效应的表现也会有所不同。一般而言,与金融类 ODI 相比,非金融类 ODI 更多地表现出贸易促进效应,这主要是因为非金融类 ODI 中的制造业有助于我国加强与东道国之间的生产和消费的联系,进而带动贸易的发展,而与贸易相关的商务服务业、批发和零售业等则对我国与东道国之间的贸易活动形成服务支持,为我国和东道国之间贸易发展创造条件。根据 2012 年度《中国对外直接投资统计公报》提供的数据,2012 年,中国非金融类 ODI 为 777.3 亿美元,境内投资者通过境外企业实现的进出口额 3 733 亿美元,同比增长 102.3%,其中出口 789 亿美元,较上年增长 34.2%。不过,实际情况远比一般理论分析复杂。以制造业为例,Markuson & Maskus(2001)把制造业对外投资分为垂直型的(vertical investment)和水平型的(horizontal investment),他们认为垂直型对外投资对出口有促进倾向,而水平型投资则有替代出口倾向。显然,中国在当地的投资会带动与投资相关的设备、原材料和半成品等出口,从而促进中国对东道国的出口,这在我国境外加工贸易中表现比较突出。境外加工贸易是指中国企业以现有设备、原材料和成熟技术投资为主在对外投资办厂,从事加工装配业务。这是贸易与投资相结合的典型方式。目前,中国企业开展境外加工贸易的重点行业是轻工、家电、纺织、服装等具有比较优势的领域,并在境外形成了一定的生产能力。另一方面,制造业的跨国界转移会导致原来由母国生产来保障的东道国或第三国市场供应由当地生产替代,从而投资替代了贸易,如海尔集团在美国、意大利、巴基斯坦、马来西亚、印尼、孟加拉、越南、泰国、突尼斯等均建有制造基地或生产工厂,通过本地生产来满足当地和相邻市场的需求①。

3. 从企业微观角度来看

从企业层面来看,首先,企业微观动因的差异会导致不同的贸易效应,其次,对外投资企业角色的不同也会导致产生不同的贸易效应。

从企业微观动因来看,Patrie(1994)的研究表明,由于激发直接投资的动因不同,投资与贸易的关系也不同。前文研究显示,我国 ODI 主要存在三大动因:资产运用动因、资产寻求动因和制度套利动因。在资产运用动因中,市场寻求型 ODI 大多是为了降低国际贸易和运输成本,或者是为了规避贸易壁垒,因此容易成为贸易的替代。而资源寻求型 ODI 是为了在国外获得特定的资源,效率寻求型 ODI 多是受到低成本生产区位的吸引,出于降低生产成本的需要而进行的直接投资,这两类投资通常会带动与投资相关的贸易活动,一般可以增加我国和东道国之间的贸易。资产寻求动因 ODI 可以提高我国企业的竞争优势,最终扩大企业的对外贸易规模,提升对外贸易结构。而制度套利动因 ODI 主要是为了利用我国和东道国之间的制度差异而进行的 ODI,目前这类投资大多是为了先"走出去"获得外资身份而享受国内政策优惠,或者是出于到第三地融资的需要,因此对企业对外贸易活动影响较小。

从对外投资企业的角色来看,依据跨国公司的新兴观点,跨国公司是由扮演各种不同角色的子公司、合作企业等组成的网络,ODI 的贸易效应也会因子公司在

---

① 资料来源于海尔公司网站:http://www.haier.cn/about/worldwide_america.shtml。

跨国公司全球生产网络中的角色定位而有所不同。例如,当我国跨国公司对境外子公司战略定位是供应公司全球生产网络所需的中间产品时,则子公司当地生产会替代我国公司出口;如果子公司战略定位是跨国公司内部贸易实现的中介,则这类 ODI 显然会促进我国与东道国国和第三国之间的贸易活动。

4. 从国家政策导向看

扩大出口是政府积极实施"走出去"战略的基本着眼点之一。理论上,国家 ODI 的出口导向会促进和支持本国企业通过 ODI 来带动本国出口扩大,产生 ODI 的母国贸易互补效应。通过 ODI 带动出口的政策导向在落实"走出去"战略中,尤其是在我国鼓励企业开展境外加工贸易的相关政策中最为明显。1997 年国家首次明确提出鼓励能够发挥我国比较优势的对外投资,其中鼓励我国企业在优势产业领域开展境外加工贸易是"走出去"战略的重要内容。1999 年以来,为推动境外加工贸易的发展,我国从资金支持、外汇管理、出口退税等方面出台了系列政策,开始积极鼓励轻工、纺织、家用电器等机械电子以及服装加工等行业具有比较优势的企业到境外开展带料加工装配业务。围绕如何通过 ODI 带动出口,相关部门出台了系列政策与措施。

综合以上分析可以看出,由于同时存在促进对外贸易发展的因素和替代对外贸易发展的因素,因此我国对外直接母国贸易效应究竟是替代效应还是互补效应并不能简单地通过理论分析得出结论。目前对中国情况的实证研究也佐证了笔者所得出的结论。项本武(2005)基于引力模型的实证分析发现,中国对东道国的直接投资促进中国对东道国的出口,但对从东道国的进口却具有替代效应。古广东(2008)采用协整理论分析了中国的 ODI 与出口贸易(1984—2006 年) 的关系,得出二者存在长期均衡关系的结论。因此不难理解,有学者认为 ODI 与贸易之间的关系本质上是一个实证问题(Lin, 1995)。中国 ODI 的贸易效应究竟是替代效应还是互补效应,中国 ODI 对我国对外贸易结构的影响如何,需要进一步实证检验。

二、实 证 检 验

在对中国 ODI 的母国贸易效应进行理论分析的基础上,下面将围绕贸易规模效应和贸易结构效应,针对中国 ODI 的母国贸易效应展开实证计量分析与检验。

(一) 贸易规模效应

1. 数据处理和描述

考虑到带动出口是中国 ODI 的主要政策导向之一,笔者重点对中国 ODI 的出口贸易规模效应进行实证检验。笔者采用 1982—2014 年中国商品出口额,统计数据来自国家统计局网站。首先,为了研究的方便,对 ODI(ODI)和出口额(EXPORT)时间序列数据取对数。取对数后将更容易得到平稳数据,且不会改变原时间序列数据的性质和相互关系。取对数后的变量分别命名为 $\ln ODI$、$\ln EXPORT$,其变化趋势见图 6.3。

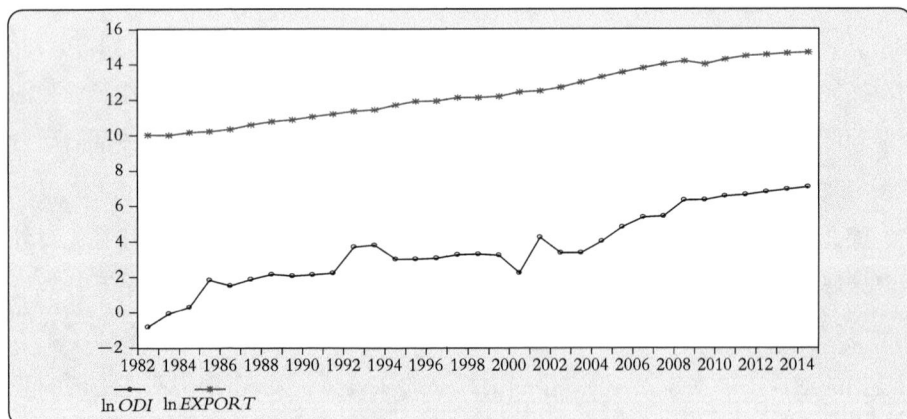

图 6.3　$\ln EXPORT$、$\ln ODI$ 趋势对比图

由图 6.3 可知,代表中国 ODI 年度规模的变量 $\ln ODI$ 呈现一定的波动性,而代表中国出口额变量 $\ln EXPORT$ 的增长趋势相对平稳,但两变量之间还是具有某种程度的共同增长趋势,可初步判断两变量间具有一定的相关性。

2. 单位根检验

采用 ADF 单位根检验法,用 AIC 准则进行滞后期的选择,其检验结果见表 6.6。结果表明,变量 $\ln EXPORT$ 和 $\ln ODI$ 在 5% 的显著性水平上均不能拒绝存在单位根的假设,这表明它们的水平序列是非平稳的,具有单位根。而一阶差分后各变量在 5% 的显著性水平上都拒绝了存在单位根的假设,这表明它们是一阶差分平稳的,即 1 阶单整,说明 $\ln EXPORT$ 和 $\ln ODI$ 都是一阶单整,记为 I(1)。于是,可以进一步检验它们之间的协整关系。

表 6.6　序列平稳性 ADF 检验结果(1)

变　量	(c, t)	ADF 检验统计值	ADF 临界值			整数单阶
			1%	5%	10%	
$\ln EXPORT$	(1, 1)	2.186 756	−3.689 194	−2.971 853	−2.625 121	I(1)
$\Delta\ln EXPORT$	(1, 1)	−4.112 982	−3.699 871	−2.976 263	−2.627 420	I(0)
$\ln ODI$	(1, 1)	−0.941 501	−3.689 194	−2.971 853	−2.625 121	I(1)
$\Delta\ln ODI$	(1, 1)	−6.451 410	−3.699 871	−2.976 263	−2.627 420	I(0)

3. 协整关系检验

由于 $\ln EXPORT$ 和 $\ln ODI$ 都是 I(1),说明两者之间存在协整关系的可能性。我们用方程(6-1)来表示其协整关系。

$$\ln EXPORT = c + \beta\ln ODI + \varepsilon \tag{6-1}$$

利用 Eviews7.2 软件包对方程(6-1)进行参数估计,其结果如表 6.7 所示。

表 6.7　方程(6-1)的 OLS 回归结果

Variable	Coefficient	Std. Error	t-Statistic	Prob.
C	9.815 225	0.175 711	55.859 96	0.000 0
$\ln ODI$	0.690 588	0.042 364	16.301 16	0.000 0
R-squared	0.895 527	Mean dependent var		12.299 07
Adjusted R-squared	0.892 157	S.D. dependent var		1.530 722
S.E. of regression	0.502 681	Akaike info criterion		1.520 969
Sum squared resid	7.833 324	Schwarz criterion		1.611 666
Log likelihood	−23.095 98	Hannan-Quinn criter.		1.551 486
F-statistic	265.727 9	Durbin-Watson stat		0.869 167
Prob(F-statistic)	0.000 000			

由表 6.7 的数据,可以得出方程(6-2),该方程描述了变量之间的长期稳定关系。

$$\ln EXPORT = 9.815 + 0.690\ln ODI + \mu_t \tag{6-2}$$

为了证明 $\ln ODI$ 和 $\ln EXPORT$ 之间协整关系成立,需要看回归残差 μ_t 是否平稳,如果回归残差 μ_t 平稳,说明 $\ln ODI$ 和 $\ln EXPORT$ 二者存在协整过程。检验残差 μ_t 是否平稳,采用方法为 ADF 单位根检验法。表 6.8 是对方程(6-2)回归残差的单位根检验结果。

表 6.8　回归残差 μ_t 的 ADF 单位根检验结果(1)

Null Hypothesis: RESID01 has a unit root
Exogenous: Constant
Lag Length: 0(Automatic-based on SIC, maxlag = 8)

		t-Statistic	Prob.*
Augmented Dickey-Fuller test statistic		−3.220 374	0.027 9
Test critical values:	1% level	−3.653 730	
	5% level	−2.957 110	

* MacKinnon(1996) one-sided p-values.

从表 6.8 中的检验结果可知,方程(6-2)的回归残差 μ_t 在 5% 的显著性水平上拒绝了存在单位根的假设,表明是平稳的,且各参数估计均通过的显著检验,这说明 $\ln ODI$ 和 $\ln EXPORT$ 之间协整关系成立:ODI 与出口贸易之间存在长期稳定关系,即协整关系,且方程(6-2)是这种长期关系的定量表示。

表 6.9　方程(6-2)协整 OLS 回归结果

Dependent Variable: $\ln EXPORT$
Method: Least Squares

Variable	Coefficient	Std. Error	t-Statistic	Prob.
C	10.239 81	0.300 081	34.123 54	0.000 0
$\ln ODI$	0.575 201	0.070 955	8.106 591	0.000 0
MA(1)	0.635 640	0.188 560	3.371 018	0.002 1
MA(2)	0.372 722	0.186 824	1.995 042	0.055 5

R-squared	0.930 982	Mean dependent var	12.299 07
Adjusted R-squared	0.923 842	S.D. dependent var	1.530 722
S.E. of regression	0.422 428	Akaike info criterion	1.227 619
Sum squared resid	5.174 928	Schwarz criterion	1.409 014
Log likelihood	−16.255 72	Hannan-Quinn criter.	1.288 653
F-statistic	130.393 7	Durbin-Watson stat	1.784 660
Prob(F-statistic)	0.000 000		
Inverted MA Roots	−.32+.52i	−.32−.52i	

由方程(6-2)可知,中国对外投资从长期来看对中国出口额是有促进作用,对外投资每增长 1 个百分点,可以带动出口总额同方向增长 0.690 个百分点。但由

于 D-W 值小于 2,表明残差可能存在自相关,直接回归时方程(6-2)的 D-W 值很低,表明残差可能存在自相关,需要对方程(6-2)做进一步的修正和检验。表 6-9 给出了校正后的回归结果。校正后 D-W 值为 1.785,较校正前有显著的改善,表明自相关性得到了较大的校正。回归显示,在 1982—2014 年间,我国对外投资对出口贸易有一定的影响,二者呈现出正相关关系,这与理论上 ODI 与出口贸易的互补性相吻合。模型拟合较好,各系数均通过了 5 ％的显著性检验,R^2 和调整的 R^2 均在 90％以上,F 统计显著(具体数值见表 6.10)。残差自相关校正后的回归方程具体数据如方程 6-3 所示。

$$\ln EXPORT = 10.239 + 0.575\ln ODI$$
$$+ [MA(1) = 0.636, \ MA(2) = 0.373] \tag{6-3}$$

各系数都在 1％的水平上显著。

4. Granger 因果检验

尽管根据以上检验结果,中国对外投资与出口之间存在长期均衡关系,存在协整,笔者也因此直接建立模型进行了计量分析,但这一分析结果有可能存在伪回归现象,为此,笔者用 Granger 因果检验来进一步分析中国对外投资和出口增长之间的因果关系。

Granger 因果检验实际上是一个自回归模型,由于取对数的两个变量为不平稳序列,所以在建立模型时必须对两变量进行差分处理,再根据 AIC 原则确定变量的滞后期数,此处分别取 1 期滞后项。Granger 因果检验的回归模型为:

$$\Delta\ln EXPORT = \beta_1\ln EXPORT_{t-1} + \beta_2\Delta\ln ODI_{t-i} + \varepsilon \tag{6-4}$$

利用 Eviews7.2 软件包对方程(6-2)进行 Granger 因果检验的结果如表 6.10。

表 6.10 ln *EXPORT* 与 ln *ODI* 之间的因果关系检验结果

Pairwise Granger Causality Tests
Lags: 2

Null Hypothesis:	Obs	F-Statistic	Prob.
ln *ODI* does not Granger Cause ln *EXPORT*	31	0.471 36	0.629 4
ln *EXPORT* does not Granger Cause ln *ODI*		5.211 30	0.012 5

从 Granger 因果检验结果来看,"对外投资不是引起出口增长变化的原因"的原假设不能被拒绝,说明中国对外投资对出口增长的影响不显著。反之,"出口增长变化不是引起对外投资变化的原因"的零假设被拒绝,说明中国出口增长对对外投资的影响较显著。由此,可以认为两变量之间存在因果关系。

5. 实证结果

由以上分析及检验结果可知,尽管 $\ln EXPORT$、$\ln ODI$ 两个变量存在单位根,属于非平稳时间序列,但二者的一阶差分是平稳的,都是 1 阶单整 $I(1)$,$\ln EXPORT$、$\ln ODI$ 两个变量之间存在协整关系,二者具有 Granger 关系。协整分析表明中国 ODI 与出口贸易之间存在长期均衡关系。从方程(6-2)的协整回归结果可知,ODI 每变动一个百分点,会带动 0.690 个百分点的同方向出口贸易。已有的研究加上笔者的实证表明,中国的 ODI 与出口贸易存在互补关系。

(二) 贸易结构效应

1. 数据处理和描述

笔者采用 1982—2014 年我国制成品出口占总出口的比重(MANU)数据来描述对外贸易的出口结构。

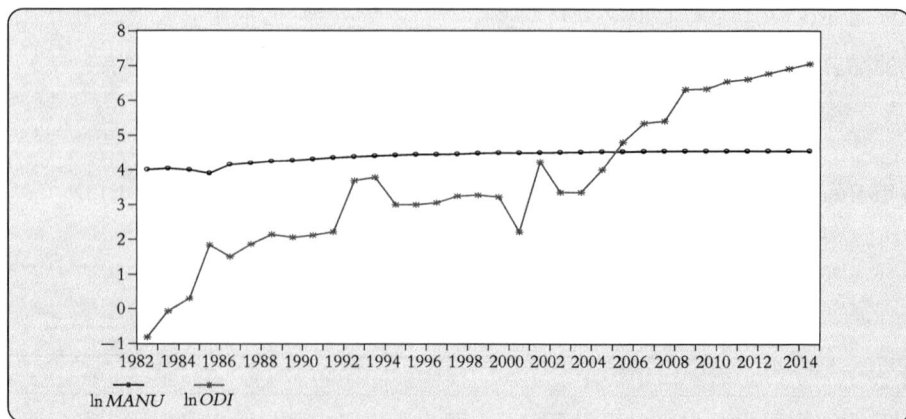

图 6.4 $\ln MANU$、$\ln ODI$ 趋势对比图

首先,为了研究的方便,对对外投资(ODI)和对外贸易的出口结构(MANU)时间序列数据取对数。取对数后将更容易得到平稳数据,且不会改变原时间序列数据的性质和相互关系。取对数后的变量分别命名为 $\ln ODI$、$\ln MANU$,其变化趋势见图 6.4。由图可知,代表中国对外投资年度规模的变量 $\ln ODI$ 呈现一定的波动性,而代表中国外贸易的出口结构 $\ln MANU$ 的增长趋势相对平稳,但两变量之间还是具有某种程度的共同增长趋势,初步说明变量间具有一定的相关性。

2. 单位根检验

采用 ADF 单位根检验法,用 AIC 准则进行滞后期的选择,其检验结果见表 6.11。结果表明,变量 $\ln MANU$ 和 $\ln ODI$ 在 5% 的显著性水平上均不能拒绝存在单位根的假设,这表明它们的水平序列是非平稳的,具有单位根。而一阶差分后各变量在 5% 的显著性水平上都拒绝了存在单位根的假设,这表明它们是一阶差分平稳的,即 1 阶单整,说明 $\ln MANU$ 和 $\ln ODI$ 都是一阶单整,记为 I(1)。于是,可以进一步检验它们之间的协整关系。

表 6.11　序列平稳性 ADF 检验结果(2)

变　　量	(c, t)	ADF 检验统计值	ADF 临界值			整数单阶
			1%	5%	10%	
$\ln MANU$	(1, 1)	−2.678 836	−3.724 070	−2.986 225	−2.632 604	I(1)
$\Delta\ln MANU$	(1, 1)	−5.305 500	−3.699 871	−2.976 263	−2.627 420	I(0)
$\ln ODI$	(1, 1)	−0.941 501	−3.689 194	−2.971 853	−2.625 121	I(1)
$\Delta\ln ODI$	(1, 1)	−6.451 410	−3.699 871	−2.976 263	−2.627 420	I(0)

3. 协整关系检验

由于 $\ln EXPORT$ 和 $\ln ODI$ 都是 I(1),说明两者之间存在协整关系的可能性。我们用方程(6-5)来表示其协整关系。

$$\ln MANU = c + \beta\ln ODI + \varepsilon \tag{6-5}$$

利用 Eviews7.2 软件包对方程(6-5)进行参数估计,其结果如下:

表 6.12 方程(6-5)协整 OLS 回归结果

Dependent Variable: $\ln MANU$
Method: Least Squares

Variable	Coefficient	Std. Error	t-Statistic	Prob.
$\ln ODI$	0.074 796	0.009 411	7.947 815	0.000 0
C	4.127 840	0.039 033	105.752 6	0.000 0
R-squared	0.670 800	Mean dependent var		4.396 860
Adjusted R-squared	0.660 181	S.D. dependent var		0.191 558
S.E. of regression	0.111 667	Akaike info criterion		−1.487 901
Sum squared resid	0.386 555	Schwarz criterion		−1.397 203
Log likelihood	26.550 36	Hannan-Quinn criter.		−1.457 384
F-statistic	63.167 76	Durbin-Watson stat		0.489 470
Prob(F-statistic)	0.000 000			

由表 6.12 的数据,可以得出方程(6-6),该方程描述了变量之间的长期稳定关系。

$$\ln MANU = 4.128 + 0.075 \ln ODI + \mu_t \tag{6-6}$$

为了证明说明 $\ln ODI$ 和 $\ln MANU$ 之间协整关系成立,需要对回归残差是否平稳,如果回归残差 μ_t 平稳,说明 $\ln ODI$ 和 $\ln MANU$ 二者存在协整过程。

表 6.13 回归残差 μ_t 的 ADF 单位根检验结果(2)

Null Hypothesis: RESID01 has a unit root
Exogenous: Constant
Lag Length: 0(Automatic-based on SIC, maxlag=8)

		t-Statistic	Prob.*
Augmented Dickey-Fuller test statistic		−1.994 160	0.287 8
Test critical values:	1% level	−3.653 730	
	5% level	−2.957 110	
	10% level	−2.617 434	

* MacKinnon(1996) one-sided p-values.

由表 6.13 回归残差 μ_t 的 ADF 单位根检验结果可知,方程(6-6)的回归残差 μ_t 在 5% 的显著性水平上拒绝了存在单位根的假设,表明是平稳的,且各参数估计均通过的显著检验,这说明 $\ln ODI$ 和 $\ln MANU$ 之间协整关系成立,ODI 与制成品出口占商品出口的比重存在长期稳定关系,即协整关系,且方程(6-6)便是这种长期关系的定量表示。

表 6.14　方程(6-6)协整 OLS 回归结果

Dependent Variable：ln *MANU*
Method：Least Squares

Variable	Coefficient	Std.Error	t-Statistic	Prob.
C	4.314 511	0.098 092	43.984 41	0.000 0
ln *ODI*	0.029 513	0.016 840	1.752 479	0.091 0
AR(2)	0.681 574	0.092 582	7.361 826	0.000 0
MA(1)	0.999 781	0.084 052	11.894 80	0.000 0
R-squared	0.918 213	Mean dependent var		4.421 018
Adjusted R-squared	0.909 125	S.D.dependent var		0.170 805
S.E. of regression	0.051 490	Akaike info criterion		−2.974 945
Sum squared resid	0.071 583	Schwarz criterion		−2.789 914
Log likelihood	50.111 65	Hannan-Quinn criter.		−2.914 630
F-statistic	101.041 5	Durbin-Watson stat		1.467 359
Prob(F-statistic)	0.000 000			
Inverted AR Roots	.83	−.83		
Inverted MA Roots	−1.00			

由方程(6-6)可知,中国对外投资从长期来看对制成品出口占商品出口的比重是有促进作用,对外投资每增长 1 个百分点,可以带动制成品出口占商品出口的比重增长 0.075 个百分点。但由于 D-W 值小于 2,表明残差可能存在自相关,需要进行自相关校正。需要对方程(6-6)做进一步的修正和检验。表 6.14 给出了校正后的回归结果。校正后 D-W 值为 1.47,较校正前有显著的改善,表明自相关性得到了较大的校正。回归显示,在 1982—2014 年间,我国 ODI 对制成品出口占商品出口的比重有一定的影响,二者呈现出正相关关系。模型拟合较好,主要系数通过了 5% 的显著性检验,R² 和调整后的 R² 均在 90% 以上,F 统计显著(具体数值见表 6.7)。残差自相关校正后的回归方程如方程 6-7 所示。

$$\ln MANU_t = 4.315 + 0.029\,5\ln ODI_t$$
$$+ [AR(2) = 0.681\,5,\ MA(1) = 0.999\,7] \qquad (6-7)$$

4. Granger 因果检验

尽管根据以上检验结果,中国对外投资与制成品出口占商品出口的比重之间存在长期均衡关系,存在协整,笔者也因此直接建立模型进行了计量分析,但这一分析结果有可能存在伪回归现象,为此,笔者用 Granger 因果检验来进一步分析中国对外投资和制成品出口占商品出口的比重之间的因果关系。

Granger 因果检验实际上是一个自回归模型,由于取对数的两个变量为不平稳序列,所以在建立模型时必须对两变量进行差分处理,再根据 AIC 原则确定变量的滞后期数,此处分别取 1 期滞后项。

Granger 因果检验的回归模型为:

$$\Delta \ln MANU = \beta_1 \ln MANU_{t-1} + \beta_2 \Delta \ln ODI_{t-i} + \varepsilon \tag{6-8}$$

利用 Eviews7.2 软件包对方程(6-8)进行 Granger 因果检验的结果,如表 6.15。

表 6.15 ln *MANU* 与 ln *ODI* 之间的因果关系检验结果

Pairwise Granger Causality Tests
Lags: 2

Null Hypothesis:	Obs	F-Statistic	Prob.
ln *ODI* does not Granger Cause ln *MANU*	31	2.672 53	0.048 2
ln *MANU* does not Granger Cause ln *ODI*		0.253 55	0.777 9

从 Granger 因果检验结果来看,"对外投资不是引起商品出口中制成品比例变化的原因"的原假设被拒绝,说明中国对外投资出口中商品制成品比例增长的影响比较显著。反之,"对外商品出口总额中制成品比例的变化不是引起对外投资变化的原因"的零假设不能被拒绝,说明商品出口中制成品出口所占的比例对对外投资的影响不显著。由此,可以认为两变量之间存在 Granger 因果关系。

5. 实证结果

由以上分析及检验结果可知,尽管 ln *MANU*、ln *ODI* 两个变量存在单位根,属于非平稳时间序列,但二者的一阶差分是平稳的,且 ln *MANU*、ln *ODI* 两个变量之间存在协整关系,二者具有 Granger 关系。协整分析表明中国 ODI 与制成品出口比例之间存在长期均衡关系。从方程(6-6)的协整回归结果可知,ODI 每变动一个百分点,会带动 0.075 个百分点的同方向制成品出口比例变动。

(三) 实证总结与讨论

本部分通过选取 1982—2014 年我国 ODI、出口总额、制成品出口总额占商品出口总额的比重等统计数据,采用时间序列分析法对中国 ODI 的母国贸易规模效应和母国贸易结构效应进行计量分析和实证检验,主要得到以下结论:

第一,中国 ODI 与出口贸易之间存在长期均衡关系,ODI 每变动一个百分点,会带动 0.690 个百分点的同方向的出口。笔者实证研究表明中国 ODI 与出口贸易存在互补关系,说明我国"走出去"战略中有关鼓励企业通过开展境外加工贸易来带动出口的系列鼓励和支持政策已经取得效果。值得注意的是,二者相关系数较小,说明未来我国通过对外投资带动出口贸易扩大的发展空间较大。

第二,中国 ODI 与制成品出口占总出口的比重之间存在长期均衡关系,ODI 每变动一个百分点,会带动 0.075 个百分点的同方向制成品出口比例变动。由于制成品出口占总出口的比重是反应一国出口商品结构的指标,因此,研究结果证明中国 ODI 对中国对外贸易结构具有优化作用,但由于相关系数仅为 0.075,这说明贸易结构效应较小,因此,目前我国 ODI 对优化出口结构的作用较小。

我国对外投资的贸易规模效应和结构效应均较弱,主要原因可能有两个:一是我国对外投资规模扩张较快,但受国内经济发展水平的制约,目前并未成为投资强国;二是我国 ODI 大量集中在一般商务服务业、批发与零售业、采矿业等产业领域,而且制造业 ODI 主要集中在产业链的中低端,这导致对出口的带动作用有限。因此,未来需要进行相关政策的调整,增强我国对外投资的母国贸易效应。

第四节
中国 ODI 的逆向技术溢出效应

理论和实践均已证明,除了资产运用动因外,通过 ODI 在东道国获得那些企业所缺乏的,但在国内无法获得的或只能以不利条件获得的重要资产也是中国 ODI 重要的动因,其中,先进技术是中国企业所需的重要资产之一。中国通过 ODI 获得的逆向技术溢出效应如何,本部分将对此进行理论分析和实证研究。

一、理 论 分 析

(一) 逆向技术效应的提出

主流 FDI 理论中,源自对重要资产如技术、管理技能和组织能力等的占有的特定优势或所有权优势是企业进行 ODI 的必要条件。正是通过对这些特定优势的跨国界运用,企业得以在东道国形成相对于本土企业的竞争优势,从而弥补跨国经营过程中所面临的外来者劣势,因此,从这个角度来说,企业进行 ODI 主要是基于资产运用的动因。20 世纪 90 年代以来,跨国公司研究的新观点强调了 ODI 对培育或增强企业特定优势的重要性(Shan & Song, 1997),尤其是近年来新兴经济体 ODI 的迅猛发展促使理论界更加关注企业资产寻求型 ODI。与传统的资产运用型 ODI 中 ODI 对东道国的技术溢出效应所受到的关注相比,资产寻求型 ODI 对母国的技术技术进步作用在 90 年代以前却较少受到关注。Kogut & Chang (1991)第一次提出并考察了这一命题,通过对日本企业在美国直接投资的实证研究,他们发现日本企业大量集中在研发密集型产业,而且较倾向于建立合资企业,由此提出了 ODI 的技术寻求观以及逆向技术溢出效应(reverse technology spillovers)。逆向技术溢出效应指通过资产寻求型 ODI,特别是技术寻求型 ODI(如接近东道国 R&D 资源等)所带来的先进技术从东道国向母国的扩散,提高母国企业、产业乃至国家的全要素生产率的效应(张弘、赵佳颖,2008)。已有大量实证研究证实了逆向技术溢出效应广泛存在于发达国家之间的双向 ODI 中(Teece, 1992; Yamawaki, 1993; Lichtenberg & Potterie, 1996),特别是进入 90 年代以来,R&D 投资国际化发展使得这种溢出效应更加明显(Kuemmerle, 1999; Cantwell & Noonan, 2002; Ivarsson & Jonsson, 2003)。进一步的实证研究也表明,发展中国家和地区通过对技术领先国家直接投资获得的逆向技术溢出对其技术进步有显著促进作用,如印度和俄罗斯对技术领先国家的直接投资已对其技术进步起到显著促进作用(付海燕,2014)。

（二）中国进行技术获取型 ODI 的必要性

近年来,伴随着新兴经济体 ODI 的迅猛发展,不少来自新兴经济体企业,如巴西的 Embraer,印度的 Infosys、Tata 和 Ranbaxy,中国的联想和海尔等,在全球竞争中表现突出,这些企业通过 ODI 积极把握跨国公司 R&D 国际化的机遇,自身技术水平获得了快速提升,成为世界范围内创新与发展的典范。中国 ODI 的发展起步较晚,但是,从开始起步时,我国有些企业即有意识地通过 ODI 来提升自身技术水平。早在 20 世纪 80 年代,首钢就通过购买美国麦斯塔工程设计公司 70％的股份,取得了直接使用该公司 850 份图纸和缩微胶片、46 个软件包、41 项专利和两个注册商标的权利,由此一举成为国内钢铁业第一个获得先进轧钢及连铸设计技术的企业(赵伟和古广东等,2006)。90 年代以后,国内企业更加积极进行技术获取型 ODI(见表 6.16)。

表 6.16　中国企业技术获取型 ODI 典型案例

企业名称	所属行业	技　术　获　取　型　ODI
上海复华	电子	1991 年在东京设立中和软件东京分社研发机构 1994 年在美国设立环球控制系统有限公司开发生产 UPS 产品
格兰仕	电器	1997 年在硅谷设立美国微波炉研究所
康佳	电器	1998 年在美国硅谷设立康盛实验室
创维	电器	2000 年在硅谷设立创维数字技术研究室
海信	电子	2001 年在硅谷设立海信数字电视实验室
长虹	电子	2004 年与美国德州仪器公司设立联合实验室
TCL	电器	2003 年设立 TCL 德国研发中心 2004 年设立 TCL 美国研发中心 2004 年收购汤姆逊彩电业务
海尔	电器通讯	90 年代在美国洛杉矶、法国里昂、荷兰阿姆斯特丹等地建立了 18 个全球设计中心,与美国的 Dow、Motorola 和巴西 Embraer 等国外著名跨国公司结成全球技术联盟
大连机床	机械	2002 年收购美国英格索尔公司生产系统有限公司 2003 年收购英格索尔曲轴制造系统有限公司 2004 年收购德国兹默曼有限公司 70％股份
华为	通讯	2000 年已完成在美国硅谷、达拉斯、瑞典、俄罗斯和印度研究所的设立 2014 年以 2 500 万美元收购英国物联网公司 Neul,并以 2 600 万美元收购英国 XMOS 公司

（续表）

企业名称	所属行业	技 术 获 取 型 ODI
联想	IT	2001 年设立香港、美国硅谷研发设施 2004 年收购 IBM 的 PC 业务 2005 年并购设立日本大和实验室、美国北卡罗来纳实验室 2014 年收购摩托罗拉 2014 年收购 IBM 的 X86 服务器业务
首信	IT	2002 年在美国新泽西组建 Mobicom 公司
正泰	电器	1998 年在美国硅谷设立研究所
万向	汽车 零配件	2001 年收购 UAI 2013 年收购美国最大的磷酸铁锂电池制造商 A123 Systems 2014 年收购美国混动跑车制造商 Fisker
华立	通讯	2000 年在美国硅谷设立独资企业华立控股 2001 年收购飞利浦 CDMA 研发部门
中兴通讯	通讯	1998 年设立中兴美国研究中心 2000 年设立中兴韩国研究中心
京东方	电子	2002 年收购现代株式会社 TrT-LCD 业务
东软	IT	2009 年收购芬兰 SESCA 公司拥有的从事高端智能手机软件开发业务的 MSW、Almitas 和 SRL 三家子公司的 100％股份 2011 年东软集团全资子公司东软（欧洲）有限公司东软集团收购以色列 Aerotel 公司
吉利汽车	汽车	2006 年以 6 亿元人民币收购英国锰铜控胶公司 30％股份,该公司是拥有上百年历史的英国传统汽车制造商 2009 年收购澳大利亚汽车自动变速器公司 DSI,该公司为全球第二大自动变速器公司 2010 年以 18 亿美元收购沃尔沃 100％股权 2013 年在瑞典哥德堡独资建立欧洲研发中心
蓝星集团	化工	2006 年以 4 亿欧元收购法国安迪苏集团,该集团公司拥有 800 项左右技术专利和世界上最先进的蛋氨酸生产技术,这是我国基础化工行业第一例海外并购
上汽集团	汽车	2004 年出资 5 亿美元收购韩国第五大汽车制造商双龙汽车,次年增持双龙股份至51.33％,成为绝对控股的大股东 2006 年并购设立上汽英国技术中心
北汽集团	汽车	2009 年以 2 亿美元收购萨博的三个整车平台及相关技术
长安汽车	汽车	2008 年在日本横滨设立长安汽车日本设计中心 2011 年在美国底特律设立长安汽车美国研发中心
国家电网	电力	2013 年在葡萄牙合资建立国家电网海外研发中心
中航工业 西飞	航空	2009 年收购奥地利 FACC 公司(空客 A380 一级供应商、波音 B787 二级供应商),这是中国航空工业首次实现海外并购,也是亚洲航空制造业首次并购欧美航空制造企业
三一集团	工程机械	2009 年三一集团有限公司签署相关协议,将投资 1 亿欧元在德国建立欧洲研发中心及机械制造基地 2012 年 1 月以 3.24 亿欧并购全球最知名的工程机械制造商之一德国普茨迈斯特
徐工集团	工程机械	2011 年并购欧洲两家高端零部件制造企业荷兰 AMCA 公司和德国 FT 公司 2012 年 7 月收购全球混凝土机械领军企业德国施维英有限公司 52％控股权

（续表）

企业名称	所属行业	技 术 获 取 型 ODI
浙江宁波均胜投资集团	汽车电子零部件等	2011 年 7 月收购德国巴伐利亚的汽车部件供应商集团普瑞(Preh)74.9%股份,Preh 的产品包括控制单元和传感器系统。该收购有助于均胜集团提升整体研发能力及技术创新,并实现中国公司的制造能力与德国公司研发能力的有效组合
浙江上虞卧龙控股集团	电气制造等	2011 年以 1.05 亿欧元(1.44 亿美元)对价收购欧洲第三大电机生产商 ATB 驱动技术股份集团,预计该并购将有效提升卧龙集团在驱动技术领域的话语权,实现在欧洲国家建立和运营研发的目的
深圳迈瑞医疗器械有限公司	医疗器械	2008 年以 2.02 亿美元收购美国 Datascope 公司生命信息监护业务,这项交易被称为"医疗器械行业的联想收购 IBM 全球 PC 业务案" 2013 年以 1.05 亿美元收购美国超声诊断系统生产企业 Zonare 公司

• 资料来源:笔者整理。

　　总体来看,这些技术获取型 ODI 活动主要有以下特点:(1)投资区位主要集中在发达国家,其中美国硅谷吸引了不少国内企业设立研发机构,这与发达国家相对高的技术水平有关;(2)投资产业主要集中在制造业,既涉及一般制造业,也涉及高端制造业,此外还包括高端服务业,如东软集团是 IT 解决方案与服务供应商;(3)投资主体既包括国有企业,也包括民营企业,相对来说,民营企业表现更为活跃;(4)投资模式包括独资新建和合资设立,跨国并购是重要的投资模式;(5)从获取技术的途径来看,除了并购行业技术领先企业或其相关业务部门外直接获取技术外,通过跨国 R&D 投资设立研发中心,接近创新源也是企业青睐的途径;(6)中国企业通过技术获取型 ODI 与国内低成本优势相结合,有助于企业整体技术水平的提升。如三一集团 2012 年 1 月并购全球最知名的工程机械制造商之一德国普茨迈斯特,2012 年 10 月三一与普茨迈斯特的技术合作项目在长沙正式启动。项目中,普茨迈斯特派出的若干名技术人员将协助三一团队进行产品的工艺提升及品质改善,并最终实现三一产品的技术升级,达到德国制造标准。普茨迈斯特也将会利用三一制造的高品质零部件,以进一步降低制造成本,增强全球竞争力。

　　从发展中国家 ODI 发展的一般规律来看,动态比较优势理论(Ozawa, 1992)、ODI 的二阶段理论(吴彬和黄韬,1997)、学习型 ODI 模型和策略竞争模型(冼国明和杨锐,1998)等理论论证了发展中国家企业 ODI 必然要经历对发达国家逆向投资阶段,并且在这一阶段主要是为了学习和获取发达国家的先进技术。这一方面是应对激烈的国际竞争的需要,另一方面是发展中国家国内发展的需要,也是发展中国家企业自身成长的需要。

随着经济全球化的深化,越来越多的国家和地区主动或被动地参与全球化,这意味着每个国家在分享全球化带来的发展机遇的同时,不得不面临更大的竞争压力。全球化的时代,竞争加剧使得企业只有不断创新才能拥有技术优势,因此,对那些处于技术劣势的企业来说,主动到技术和知识集中的区位进行直接投资,分享技术溢出的好处,为我所用,巩固和发展新优势变得尤为迫切。结合我国经济及工业化发展实践来看,改革开放三十多年来,通过引进外资承接国际产业转移、发展加工贸易扩大出口中国成为举世瞩目的"世界工厂",但是,发展低碳经济的国际大趋势、国内日益沉重的资源和生态压力以及中国自身发展目标的内在要求使得当前中国这个最大的新兴经济体进入转变经济增长方式,实现可持续发展,从经济大国成长为经济强国的关键发展阶段,而成功走过这一发展阶段的关键就是提升中国技术水平。尽管国际贸易和引进外商直接投资是我国获得外部技术的备选途径,但是,由于知识产权保护等原因,通过国际贸易渠道所获得的技术溢出有限,国外竞争企业出于保持技术垄断优势的需要不愿直接售卖关键与核心技术,而"市场换技术"通常也换不到我国所需的关键技术和核心技术(平新乔,2007),因此鼓励我国企业"走出去",化被动为主动,通过跨国并购等方式获取先进技术,最终实现我国企业自主创新,是我国必经的途径。特别是作为经济发展龙头,我国长三角、珠三角地区已处于工业化中后期阶段,由于产业升级路径的跃升、技术获取方式的变迁以及知识吸收能力的增强,实施技术寻求型 ODI 必然成为利用外部技术的重要路径。

新兴经济体 ODI 理论强调了开展 ODI,尤其是在发达国家开展 ODI 对新兴经济体跨国公司获取包括技术在内的战略资产的重要性。要素的稀缺性与要素收益规律揭示,谁拥有稀缺的高级生产要素,如技术知识、国际销售渠道、国际经营管理、全球企业网络等,谁将获得主要要素收益(张幼文,2006),成为竞争中的佼佼者。因此,从企业发展角度来说,在全球化竞争背景下,当在国内面临资源约束时,通过 ODI 获取战略资产和稀缺要素,开发与创造新优势(包括技术优势)尤为必要。Deng(2007)对多家中国跨国公司进行案例分析后认为,中国跨国公司在发达工业化国家的 ODI 主要是由获取战略资产与能力的动因所驱动,其根源在于全球化背景下中国跨国公司存在获取战略资产与能力来弥补自身竞争劣势的战略需求(strategic needs)。

综上所述,从发展中国家经济发展规律、中国经济发展实践、企业自身成长规律等各方面来看,中国进行技术获取型 ODI 是非常必要的。

(三) 中国通过 ODI 获取逆向技术溢出的作用机制

一些学者从不同角度对中国 ODI 的逆向技术溢出效应的作用机制开展了分析。尹华和朱绿乐(2008)认为,中国 ODI 企业层面的逆向技术溢出效应主要通过以下几个途径来实现。第一,模仿跟随效应,即跨国公司通过学习、模仿以及跟随东道国企业或研究机构的行为提高自身技术水平。第二,联系效应。发展中国家跨国公司流入到东道国的技术获取型对外直接投资,将进一步提升发展中国家跨国公司在全球产业链中的地位,增强发展中国家跨国公司的核心竞争能力。第三,人员流动效应。跨国公司在东道国本土雇员高素质的研发人员,这样可以迅速提升跨国公司的技术创新能力。第四,平台效应。技术集聚和产业集群一方面可以为跨国公司研发能力的改善提供有力的研发设施和研发环境,另一方面地理上的集聚使得跨国公司在国外市场的竞争压力增大,迫使跨国公司不断进行技术创新以提高研发水平。陈菲琼和虞旭丹(2009)总结了中国对外直接投资与企业自主知识能力之间的四种反馈机制——研发反馈机制、收益反补机制、子公司本土化机制以及对外直接投资的公共效应机制。汪斌等(2010)从国外研发技术反馈、收购适用技术国外企业、国外市场子公司利润反馈以及投资外部效应这四个方面分析了中国对外直接投资逆向技术溢出效应的理论机制。杨建清和陈思(2012)根据我国产业是否具备优势将中国企业的对外直接投资划分为"逆梯度"型和"顺梯度"型对外直接投资两种类型,前者在于吸收发达国家的先进技术,后者在于将中国技术落后的产业转移到国外,这两种类型的对外直接投资都对国内企业的技术创新起到了促进作用。徐旸慰(2015)则从吸收能力的视角进行分析,强调逆向技术溢出效应需要经历两个阶段:在第一阶段,跨国公司将其子公司嵌套在东道国的创新网络中,让其获得国外先进的技术知识和信息资源;在第二阶段,子公司将这些技术知识和信息资源传递回母公司,母公司进行消化吸收、转化和再创新。徐旸慰进一步提出,在挤出效应不变的前提下,吸收能力通过影响技术学习效应调节着逆向技术溢出效应。

综合来看,与 ODI 对东道国技术溢出效应途径类似,ODI 对母国的逆向技术溢出效应一般也按示范、竞争、合作和人才流动等四种形态的路径溢出(见图 6.5)。具体来说,在 ODI(包括跨国 R&D 投资)过程中,我国企业携带国内具有流动性的生产要素(通常为资本)流向东道国,与东道国那些包括各种受人为限制的技术要素、信息资源及高素质的劳动力等在内的不可流动或流动性差的高级要素相结合;在新的环境中实现各种要素的新组合,通过示范、竞争、合作和人才流动等途径企业技术水平得到提高;伴随着先进技术要素从东道国反馈到国内企业,企业进入更高层次的发展环境,最终实现了逆向技术溢出。

示范效应主要表现在我国境外投资企业对东道国技术领先者先进的技术、产品以及管理经验进行跟随和模仿,如通过对转移或扩散的技术进行反向推演从而发现该项技术的原理与诀窍"反求工程"(reverse engineering)。全球化时代,由于创新模式已从需求拉动、技术推动、需求与技术结合推动进入网络创新阶段,创新来源更加多样化,因此合作成为一种重要的技术溢出途径,合作对象包括客户、供应商、关联企业、东道国科研机构和大学甚至竞争对手。从竞争途径看,一方面,与东道国先进技术企业的竞争所形成的竞争压力为企业技术进步提供了驱动力;另一方面竞争有助于提高企业创新资源配置的效率,最终促进企业技术进步。而技术人才是技术进步的重要要素,因为人才的流动可为投资企业带来先进的知识和管理经营等。

此外,东道国对企业技术进步的支持政策、政府等公共部门主导建立起来的创新基础设施(如科技园区)、东道国高科技产业集聚所形成的创新环境(如美国硅谷)对我国获取逆向技术溢出也具有重要意义。因为这些创新的软硬环境有助于"创新社区"(communities of creation)(Sawhney & Prandelli, 2000)的形成,既减少了我国投资企业搜寻前沿资讯、技术知识和创新合作者的成本,也有助于我国企业获取通过研发人员社会交流等方式带来的技术溢出,为我国投资企业提供了有利的外部技术创新与进步的环境。

由于不同东道国整体技术水平存在差异,因此中国对不同类型国家与地区的对外投资逆向技术溢出效应的作用机制也会存在差异。赵伟和古广东等(2006)对 ODI 逆向技术溢出效应的作用机制进行了深入分析。他们认为,一般来说,外向 ODI 对母国技术进步主要有四个作用机制,分别是:R&D 费用分摊机制,即通过海外投资,刺激东道国政府或企业分摊部分研发费用,由此使母国企业腾出部分资源用于核心项目的研究与开发；研发成果反馈机制，即通过海外子公司研发形成的新技术反馈母公司，由此对投资母国技术产生影响；逆向技术转移机制，即通过对技术先进国(一般为发达国家)的直接投资，获得逆向技术转移；外围研发剥离机制，即企业通过外向 ODI 剥离外围技术研发并配置到海外机构，从而使母公司集中财力于核心 R&D 项目，增强母公司核心技术创新能力。在此基础上，他们构建了一个外向 ODI 与中国技术进步机理的模型，如图 6.5 所示。该模型对外向 ODI 与技术进步机理进行了深入的分析，依据该模型，中国企业对发达工业化经济、新兴工业化国家及转型经济和发展中经济逆向技术进步机制有所不同。

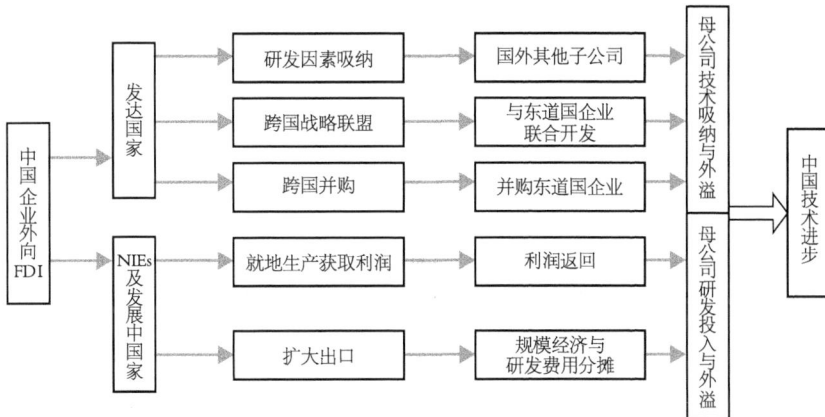

图 6.5　ODI 与中国技术进步机理

• 资料来源：赵伟和古广东等(2006)。

　　总体来说，对中国而言，通过 ODI 获得逆向技术溢出，从而推动母国技术进步是非常必要的。理论上，逆向技术溢出效应可通过多种途径实现，但实践中，中国 ODI 的逆向技术溢出效应是否实现还需要进行实证检验。

二、实 证 检 验

　　中国政府推出"走出去"战略，鼓励"有条件的企业率先走出去"，进行跨国经营，提升我国产业的技术水平，因此获得逆向技术溢出效应是我国 ODI 重要预期目标之一。下面将通过实证计量分析来检验这一目标是否实现。

（一）技术进步的量化指标

经济学研究中,测度技术进步效应普遍借助于全要素生产率(TFP)这一指标,并普遍采用柯布—道格拉斯生产函数法来测度 TFP。特别在分析开放经济条件下技术外溢效应时,很多学者均采用了这一指标与测量方法(郑钢,2008)。笔者在进行实证分析时也采用该方法和该指标,特别通过索罗模型计算的 TFP,一般是包含劳动者技能提高、企业 R&D 带来的技术进步以及管理水平提高等各项硬技术和软技术指标的综合体现,这较好地适合国际经济研究中对外投资与技术进步关系的研究。鉴于 TFP 测量的研究比较丰富和完善[①],笔者不再进行重复测算,直接借鉴学者关于 TFP 研究的最新成果开展研究。

（二）数据处理和描述

笔者采用 1985—2013 年全要素生产率 TFP 数据来描述技术进步状况。为了研究的方便,对 ODI 和反映技术进步水平的全要素生产率时间序列数据取对

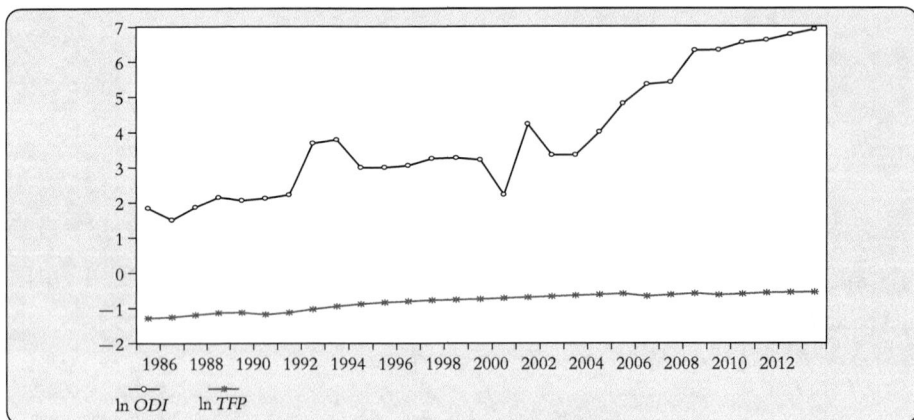

图 6.6 ln *TFP* 与 ln *ODI* 趋势对比图

---

① 霍忻.中国对外直接投资逆向技术溢出对国内技术进步影响研究——基于 1985—2013 年数据的实证检验[J].商业研究,2016, (2).

数。取对数后将更容易得到平稳数据,且不会改变原时间序列数据的性质和相互关系。取对数后的变量分别命名为 $\ln ODI$、$\ln TFP$,其变化趋势见图 6.6。由图可知,代表中国对外投资年度规模的变量 $\ln ODI$ 呈现一定的波动性,而代表中国全要素生产率的 $\ln TFP$ 的增长趋势相对平稳,但两变量之间还是具有某种程度的共同增长趋势,可初步判断两变量间具有一定的相关性。

(三) 单位根检验

采用 ADF 单位根检验法,用 AIC 准则进行滞后期的选择,其检验结果见表 6.17。结果表明,变量 $\ln TFP$ 和 $\ln ODI$ 在 5% 的显著性水平上均不能拒绝存在单位根的假设,这表明它们的水平序列是非平稳的,具有单位根。而一阶差分后各变量在 5% 的显著性水平上都拒绝了存在单位根的假设,这表明它们是一阶差分平稳的,即 1 阶单整,说明 $\ln TFP$ 和 $\ln ODI$ 都是一阶单整,记为 I(1)。在此基础上可以进一步检验它们之间的协整关系。

表 6.17 序列平稳性 ADF 检验结果(3)

变量	(c, t)	ADF 检验统计值	ADF 临界值			整数单阶
			1%	5%	10%	
$\ln TFP$	(1, 1)	−0.108 282	−3.689 194	−2.971 853	−2.625 121	I(1)
$\Delta\ln TFP$	(1,1)	−6.791 905	−3.699 871	−2.976 263	−2.627 420	I(0)
$\ln ODI$	(1,1)	−0.941 501	−3.689 194	−2.971 853	−2.625 121	I(1)
$\Delta\ln ODI$	(1,1)	−6.451 410	−3.699 871	−2.976 263	−2.627 420	I(0)

(四) 协整关系检验

由于 $\ln TFP$ 和 $\ln ODI$ 都是 I(1),说明两者之间存在协整关系的可能性。用方程(6-9)来表示其协整关系。

$$\ln TFP_t = c + \beta\ln ODI_t + \varepsilon_t \tag{6-9}$$

利用 Eviews7.2 软件包对方程(6-9)进行参数估计,其结果如表 6.18 所示。

表 6.18　方程(6-9)的 OLS 回归结果

Dependent Variable：LNTFP
Method：Least Squares

Variable	Coefficient	Std.Error	t-Statistic	Prob.
C	−1.259 895	0.066 396	−18.975 39	0.000 0
$\ln ODI$	0.111 815	0.015 723	7.111 508	0.000 0
R-squared	0.651 943	Mean dependent var		−0.827 146
Adjusted R-squared	0.639 052	S.D. dependent var		0.238 083
S.E. of regression	0.143 038	Akaike info criterion		−0.984 942
Sum squared resid	0.552 416	Schwarz criterion		−0.890 646
Log likelihood	16.281 66	Hannan-Quinn criter.		−0.955 410
F-statistic	50.573 54	Durbin-Watson stat		0.287 065
Prob(F-statistic)	0.000 000			

由表 6.18 的数据,可以得出方程(6-10),该方程描述了变量之间的长期稳定关系。

$$\ln TFP = -1.259\ 8 + 0.111\ 8\ln ODI + \mu_t \tag{6-10}$$

为了证明 $\ln ODI$ 和 $\ln TFP$ 之间协整关系成立,需要看回归残差 μ_t 是否平稳,如果回归残差 μ_t 平稳,说明 $\ln ODI$ 和 $\ln TFP$ 二者存在协整过程。检验残差 μ_t 是否平稳,采用方法仍然是 ADF 单位根检验法。表 6.19 是对方程(6-10)回归残差的单位根检验结果。

表 6.19　回归残差 μ_t 的 ADF 单位根检验结果(3)

Null Hypothesis：RESID03 has a unit root
Exogenous：Constant
Lag Length：0(Automatic-based on SIC, maxlag=6)

		t-Statistic	Prob.*
Augmented Dickey-Fuller test statistic		−3.047 817	0.046 8
Test critical values：	1% level	−3.689 194	
	5% level	−2.971 853	
	10% level	−2.625 121	

* MacKinnon(1996) one-sided p-values.

从表 6.19 检验结果可知,方程(6-10)的回归残差 μ_t 在 5% 的显著性水平上拒绝了存在单位根的假设,表明是平稳的,且各参数估计均通过的显著检验,这说明 $\ln ODI$ 和 $\ln TFP$ 之间协整关系成立:ODI 与全要素生产率存在长期稳定关系,即协整关系,且方程(6-10)是这种长期关系的定量表示。

由方程(6-10)可知,中国对外投资从长期来看对全要素生产率是有促进作用的,对外投资每增长 1 个百分点,可以带动全要素生产率同方向增长 0.111 8 个百分点。但由于 D-W 值小于 2,表明残差可能存在自相关,直接回归时方程(6-10)的 D-W 值很低,表明残差可能存在自相关,需要对方程(6-10)做进一步的修正和检验。表 6-20 给出了校正后的回归结果。校正后 D-W 值较校正前有显著的改善,表明自相关性得到了较大的校正。回归显示,在 1985—2013 年间,我国 ODI 对全要素生产率有一定的影响,二者呈现出正相关关系。模型拟合较好,各系数均通过了 5% 的显著性检验,R^2 和调整的 R^2 均在 85% 以上,F 统计显著(具体数值见表 6.20)。残差自相关校正后的回归方程具体数据如方程 6-11 所示。

$$\ln TFP = -1.092\,4 + 0.071\,7\ln ODI + [MA(1) = 0.999\,7] \qquad (6\text{-}11)$$

各系数都在 1% 的水平上显著。

表 6.20 方程(6-11)的 OLS 回归结果

Dependent Variable: LNTFP
Method: Least Squares

Variable	Coefficient	Std.Error	t-Statistic	Prob.
C	−1.092 403	0.064 216	−17.011 40	0.000 0
$\ln ODI$	0.071 747	0.011 942	6.007 734	0.000 0
MA(1)	0.999 713	0.077 885	12.835 72	0.000 0
R-squared	0.857 968	Mean dependent var		−0.827 146
Adjusted R-squared	0.847 043	S.D. dependent var		0.238 083
S.E. of regression	0.093 114	Akaike info criterion		−1.812 293
Sum squared resid	0.225 424	Schwarz criterion		−1.670 849
Log likelihood	29.278 25	Hannan-Quinn criter.		−1.767 995
F-statistic	78.528 98	Durbin-Watson stat		1.240 587
Prob(F-statistic)	0.000 000			
Inverted MA Roots	−1.00			

(五) Granger 因果检验

尽管根据以上检验结果,中国对外投资与全要素生产率之间存在长期均衡关系,存在协整,笔者也因此直接建立模型进行了计量分析,但这一分析结果有可能存在伪回归现象。为此,笔者用 Granger 因果检验来进一步分析中国对外投资和对全要素生产率增长之间的因果关系。

Granger 因果检验实际上是一个自回归模型,由于取对数的两个变量为不平稳序列,所以在建立模型时必须对两变量进行差分处理,再根据 AIC 原则确定变量的滞后期数,此处分别取 1 期滞后项。Granger 因果检验的回归模型为:

$$\Delta \ln TFP = \beta_1 \ln TFP_{t-1} + \beta_2 \Delta \ln ODI_{t-i} + \varepsilon \qquad (6-12)$$

利用 Eviews7.2 软件包对方程(6-12)进行 Granger 因果检验的结果如表 6.21 所示。

表 6.21 ln *TFP* 与 ln *ODI* 之间的因果关系检验结果

Pairwise Granger Causality Tests
Lags: 2

Null Hypothesis:	Obs	F-Statistic	Prob.
LNTFP does not Granger Cause LNODI	27	0.225 05	0.040 3
LNODI does not Granger Cause LNTFP		0.176 93	0.839 0

从 Granger 因果检验结果来看,"对外投资不是引起全要素生产率变化的原因"的原假设被拒绝,说明中国对外投资对全要素生产率的影响显著。反之,"全要素生产率变化不是引起对外投资变化的原因"的零假设不能被拒绝,说明全要素生产率增长对对外投资的影响不显著。由此,可以认为两变量之间存在因果关系。

(六) 结果与讨论

由以上分析及检验结果可知,尽管 ln *TFP*、ln *ODI* 两个变量存在单位根,属于非平稳时间序列,但二者的一阶差分是平稳的,都是 1 阶单整 I(1)。ln *TFP*、ln *ODI* 两个变量之间存在协整关系,二者具有 Granger 关系。协整分析表明中国 ODI 与全要素生产率之间存在长期均衡关系。从方程(6-10)的协整回归结果可知,ODI 每变动一个百分点,会带动0.111 8个百分点的同方向全要素生产率增长,这说明中国通过 ODI 获取了一定的逆向技术溢出。

目前国内对中国对外投资逆向技术溢出效应的实证研究主要存在两种观点。一种观点认为我国 ODI 的逆向技术溢出效应显著,如赵伟和古广东等(2006)通过

1985—2004 年我国相关数据的实证研究显示,ODI 对我国技术进步的影响效果是显著的;另一种观点,如邹玉娟和陈漓高(2008)、王英和刘思峰(2008)、朱彤和崔昊(2012)的研究认为,ODI 逆向技术溢出效应不是十分明显。笔者的研究结论与第二种观点相同,即我国对外投资的逆向技术效应仍较弱。导致我国逆向技术溢出效应并不明显的主要原因可能有:

1. ODI 区域分布的影响

东道国相关因素对母国对外直接投资的逆向技术溢出效应有直接影响。沙文兵(2014)基于跨国面板数据,研究了东道国因素对中国对外直接投资逆向技术溢出的影响。研究结果表明,以 R&D 经费投入和居民专利申请数量表征的东道国创新水平和以人均国内生产总值表征的东道国经济发展水平都对中国对外直接投资逆向技术溢出具有显著的正面影响。同时,东道国知识产权保护制度越健全,越有利于中国企业通过对外直接投资获取逆向技术溢出。陈昊和吴雯(2016)的实证研究显示,对外直接投资国别差异对我国技术进步存在显著不同影响。其中我国对发达国家对外直接投资能够获得逆向技术溢出;对转型及发展中国家对外直接投资不能获得逆向技术溢出,反而产生正向技术输出。因此,中国 ODI 的区域分布会影响逆向技术溢出效应。中国对外直接投资主要分布在亚洲和拉丁美洲,2012 年末,中国在亚洲、拉丁美洲的累计投资存量达 4 326.2 亿美元,占年末存量的 80.1%,其中流向中国香港地区以及拉丁美洲的英属维尔京群岛和开曼群岛等"避税天堂"的 ODI 存量占中国 ODI 存量的比重高达 68.4%。如前文的分析,对这些地区的投资以制度套利动机为主,其目的很明显是避税和方便融资或者作为企业进一步国际化的跳板。此外,中国的 ODI 还有一大部分流向了自然资源丰富的地区(如澳大利亚)以获取石油、铁矿石等自然资源,而流向欧美等发达国家和地区的投资额相对较少。由于发达国家在很多技术领域都领先于中国。对这些国家的投资较少也是导致中国所获得的逆向技术溢出较少的主要原因之一。

2. ODI 产业分布的影响

目前,中国 ODI 的主要行业是租赁和商务服务业,该行业的对外直接投资流量在近几年一直位居榜首。除此之外,中国对外直接投资还有很大一部分流向了金融业和采矿业。而制造业的投资规模较小,处于起步阶段。从流量水平看,2014年租赁和商务服务业、批发和零售业、采矿业、金融业占据前四位,占当年流量水平的比重分别为29.9%、14.9%、13.4%和12.9%,这四大行业占比高达71.1%,制造业投资占比为7.8%。从存量水平来看,2014年末,分属前四位的行业中,租赁和商务服务业ODI存量占比为36.5%,金融业为15.6%,采矿业为14%(主要分布在石油和天然气开采业、黑色金属和有色金属矿采选业),批发和零售业占11.7%(主要为贸易类投资)。以上四大行业占比高达77.8%,制造业占比仅为5.9%。从中国对主要经济体投资的行业构成来看,2014年末,中国内地对香港地区的投资主要是租赁和商务服务业、批发和零售业和金融业,三大行业占比为73.2%,对欧盟在上述三个行业的投资占比为60.2%,对美国的投资三大行业占比49.63%,对英属维尔京群岛、开曼群岛的投资也主要是流向租赁和商务服务业等。由于制造业的对外直接投资是获取海外技术溢出的主要方式,制造业企业在海外设立研发机构,或者收购东道国的企业,或者在东道国建立生产机构和营销网络都能够获取东道国的逆向技术溢出。而其他行业的对外直接投资所获得逆向技术溢出则相对较少。因此,中国制造业对外直接投资规模较小是导致中国所获得逆向技术溢出较小的主要原因之一。

3. ODI主体构成的影响

中国ODI的主体构成存在失衡现象,即国有企业目前仍为ODI的主力,民营企业活力相对不足。2012年末,在非金融类ODI存量中,国有企业占比为53.6%,2006年占比一度高达80.1%。能在跨国经营中形成规模优势的中国石油天然气集团公司、中国石化、中国移动通信集团公司等大批国家控股集团位居前列,而这些国有企业主要以资源寻求型、市场寻求型等资产运用型的对外直接投资居多。前文对中国ODI的动因的分析也显示,为获取国外的先进技术而进行投资的企业占少数。近年来,虽有一部分民营企业利用其在长期生存于国内制度环境下而积累的优势,到具有制度缺陷、监管低效的国家或地区投资(非洲或东南亚),谋取海外利益,但真正具有战略意义的民营企业技术寻求型对外直接投资的参与程度却远远不够。据此可见,中国的对外直接投资主体存在较大的内部结构不合理问题,使得中国ODI的逆向技术溢出效应受到极大限制。

第五节
新兴经济体 ODI 母国效应的进一步分析

对中国的研究显示,获取自然资源、带动出口和获取逆向技术溢出是中国对外投资的主要目标,但是,不同新兴经济体期待从 ODI 中获取的利益是不同的。对那些本国自然资源丰富的国家如俄罗斯、南非、巴西来说,获取自然资源的重要性一般不如中国;对那些国内市场相对较小的新兴经济体来说,如韩国来说,通过对外投资开发国际市场无疑是重要途径;对那些经济发展水平相对较低的新兴经济体来说,通过对外投资获取逆向技术溢出则更为迫切。同时需要说明的是,一国对外投资往往具有多重目标。因此,当考察特定新兴经济体 ODI 母国效应时,国别研究比总体分析更有益。但是,要考察新兴经济体在世界经济中的地位时,总体分析比国别研究更易导致客观的结论,只有这样,才能提高理论研究的实践价值。

作为一种跨越国界的经济活动,ODI 的发生必将对母国和东道国产生各种影响。近年来,随着区域一体化和全球经济一体化进程的加速,贸易与投资壁垒的降低不仅为企业创造了新的和更大的市场空间,也为企业在区域内乃至全球重新进行生产布局提供了更多便利。竞争的加剧和产业的重新布局总体有利于区域和全球效率的提高和福利的增加,但是,国际直接资本流动所带来的利益在全球范围内并非平均分配的,新兴经济体母国和东道国从 ODI 中获得的利益也并非均等的。笔者对中国 ODI 的资源获取效应、贸易效应和逆向技术溢出效应的分析显示,尽管中国对外投资效应已开始显现,但由于中国对外投资整体水平仍偏低,这些效应并不明显。要素的稀缺性与要素收益规律揭示,谁拥有稀缺的高级生产要素如技术知识、国际销售渠道、国际经营管理、全球企业网络等,谁将获得主要要素收益(张幼文,2006)。对新兴经济体企业来说,通过 ODI 获取技术等高端要素,提升竞争力,进而使本国获取全球化的核心利益比简单的规模扩张具有更重要战略意义。因此,未来新兴经济对外投资发展中,如何增强母国效应将是新兴经济体面临的重要挑战。

第七章
结　论

　　本章首先总结笔者的主要研究结论,探讨新兴经济体 ODI 研究应注意的主要问题,并对中国 ODI 的发展提出政策建议,最后分析本研究的不足,对未来研究方向与趋势进行展望。

一、主要研究结论

　　笔者结合中国 ODI 实践,先后对新兴经济体 ODI 的发展阶段、动因、决定因素和效应进行了理论分析和实证研究,主要得出以下结论:

(一) 新兴经济体 ODI 的发展阶段

　　根据邓宁的投资发展周期理论的假设,笔者对中国对外投资发展阶段的实证研究显示,我国 ODI 的发展轨迹符合 IDP 理论假设的"J 曲线"分布,我国目前正处于投资发展周期的第三阶段,且刚进入第三阶段不久,尚未形成大规模 ODI 的实力。进一步对中国 ODI 发展趋势的实证研究显示,中国对外投资将进入第四阶段,大致符合 IDP 理论的假设,从而验证了该理论的有效性。这说明,尽管全球化确实使得一些新兴经济体跨国公司提早进行 ODI 活动,但就总体情况来看,作为一国经济活动的一部分,新兴经济体 ODI 仍受到本国经济发展水平的制约,部分新兴经济体跨国公司的优异表现并未改写其总体的投资发展路径。

（二）新兴经济体 ODI 的动因

新兴经济体 ODI 的动因主要包括资产运用动因与资产寻求动因。笔者的理论分析和实证调查资料证明,中国 ODI 同时存在资产运用与资产寻求动因,这一研究结论与理论界对新兴经济体 ODI 动因的分析也基本符合。值得注意的是,除了资产运用与寻求动因外,中国企业 ODI 还存在制度套利动因,即我国企业为利用国内与东道国之间的制度差异所进行的 ODI。中国的这类投资既会在企业面临国内制度约束时发生,也会在企业受到东道国制度激励时产生,但这一研究结论能否推广至整个新兴经济体有待更多的国别研究来支持。对中国 ODI 动因的特征的进一步研究表明,国内经济制度对中国 ODI 的动因有较大的影响。这一研究结论也证明了引入制度视角对于深入理解新兴经济体 ODI 动因的必要性。

（三）新兴经济体 ODI 的决定因素

对中国对外投资决定因素的实证研究显示,中国 ODI 与我国东部地区的经济发展水平显著相关,这是国内区域经济发展不平衡在对外投资领域的反映;而母国企业技术水平与我国 ODI 正相关,这说明对新兴经济体而言,企业所有权优势对企业对外投资活动仍具有重要意义,毕竟无任何优势的企业进行跨国经营是难以想象的。这一研究结果证明主流 FDI 理论的"优势前提论"对中国 ODI 仍然具有一定的适用性。当前我国企业技术水平对我国对外投资的作用并不是非常显著,但 ODI 仍扩张较快,可见企业技术优势并非我国 ODI 的核心决定因素,而且我国在发达经济体的对外投资表现出强烈的技术寻求动因,这证明了新兴经济体 ODI 理论"优势创造论"的合理性。因此要全面解释新兴经济体为何进行对外投资,有必要综合主流 FDI 理论和新兴经济体 ODI 理论的观点。

理论界对制度因素究竟在多大程度上影响新兴经济体 ODI 并未达成共识,但中国的实践印证了制度因素对新兴经济体 ODI 的重要影响,原因在于:与发达国家相比,新兴经济体跨国公司母国政府通常实行有计划的追赶战略,对企业国际化活动有相对多的干预,而且新兴经济体大多面临国内经济制度的转轨,市场制度的不完善使得企业对外投资受政策影响较大。但是,这一研究结论也不能匆忙地推至整个新兴经济体,因为新兴经济体之间的个体差异较大。与国有经济比重较高的新兴经济体相比,对那些市场化程度较高的新兴经济体来说,制度因素的影响相对会较小。新兴经济体 ODI 究竟主要由政府推动还是由市场推动,需要结合特定新兴经济体具体情况分析。一般来说,大部分新兴经济体 ODI 既包括政府推动因素也包括市场推动因素,只是随着不同新兴经济体内政府与市场关系的不同,政府和市场在 ODI 中的作用大小会有所不同,这一特点与发达国家 ODI 主要以市场推动为主有较大区别。

(四) 新兴经济体 ODI 的母国效应

结合对中国 ODI 的资源获取效应、贸易效应(包括贸易规模效应和结构效应)和逆向技术溢出效应的实证研究显示,尽管中国对外投资效应开始显现,但由于中国对外投资整体水平仍偏低,这些效应并不明显。国际直接资本流动所带来的利益在全球范围内并非平均分配的,与东道国相比,新兴经济体母国从 ODI 中获得的利益也并非均等的。要素的稀缺性与要素收益规律揭示,谁拥有稀缺的高级生产要素如技术知识、国际销售渠道、国际经营管理、全球企业网络等,谁将获得主要要素收益,因此,在近年来新兴经济体 ODI 规模不断扩张的背景下,这一研究的启发是:对新兴经济体来说,追求对外投资的"质",如通过 ODI 获取技术等高端要素,培育具有全球竞争力的跨国公司,进而使本国获取全球化的核心利益比简单地规模扩张更具有战略意义。另外,由于具体国情的不同,不同新兴经济体期待从 ODI 中获取的利益也不尽相同,因此,对新兴经济体母国效应的研究尤其要注重国别研究,这样有利于提高理论研究的实践指导意义。

(五) 新兴跨国公司及其 ODI

与来自发达经济体的传统跨国公司相比,新兴跨国公司在 ODI 特征、投资战略以及国际竞争力方面均表现出不同的特征。造成这些差异的原因主要有两个：
(1)发展背景的不同。与传统跨国公司兴起的 20 世纪上半期相比,20 世纪 90 年
代以来,国际投资与贸易自由化等方面的政策环境和技术环境发生了深刻的变化,
伴随着经济全球化的深化,这些变化为新兴经济体跨国公司创造了"全球化通道"
(Williamson & Zeng, 2007),降低了国外市场进入壁垒。如新兴经济体跨国公司
可以通过日趋一体化的全球市场、战略联盟和外部网络来获得所缺乏的金融资本、
高级职业经理人、国际营销渠道等重要资源,从而为获得超常规发展提供了条件。
因此,在这种发展背景下,新兴经济体跨国公司在发展的早期阶段就可采取成熟跨
国公司的战略,如在企业成长的更早的阶段就开始进行 FDI,并重视在发达国家开
展资产寻求型 FDI,获得自身缺乏并在国内市场难以获得的重要资源,加速国际
化,从而在相对较短的时间内成长为跨国公司。(2)理论研究视角的不同。传统跨
国公司理论重点是研究作为先行者(early-movers)的来自发达国家的大型跨国公司,
从这个视角出发,来自新兴经济体的跨国公司通常被视作迟来者(latecomers)。作为
"迟来者"新兴经济体跨国公司为获得先进技术、品牌和市场销售渠道,通过建立合
资企业和并购等方式直接在发达国家投资、通常采取非常规的加速国际化的战略
等事实挑战了传统理论的核心原则(Li & Chang, 2000):企业只有拥有特定优势
才能进行跨国化扩张。正是基于对"迟来者"在全球竞争中的追赶战略(catech-up
strategy)的考察推动了对新兴经济体跨国公司的理论研究及其创新。

(六) 中国 ODI 表现独特性的原因

作为新兴经济体,中国 ODI 确实表现出一定的独特性,如制度因素的非中性
作用、企业缺乏所有权优势仍进行对外投资、重视资产寻求对外投资等,这与我国
的发展背景和制度背景是分不开的。

从发展背景来看,作为发展中的大国,经济发展是重任,这首先意味着我国必
须投入经济发展所需的各种要素和资源,包括能源与非能源矿产资源、技术等生产
要素。当这些生产要素的国内供给不足时,通过"走出去"来获得所需的要素投入
成为中国现实的途径。当发展成为第一要务时,就意味着我国对外投资活动必须

服从国家整体发展战略的需要,特别是在投资主体以国有企业为主的情况下,制度因素(主要表现为政府政策)对我国 ODI 的影响自然是非中性的。另外,在经济全球化背景下,我国不少企业通常在未进入成熟阶段时就面临开放市场的激烈竞争。在缺乏所有权优势情况下,并且在国内难以获得这类资产时,它们不得不为获取所需的战略资产进行 ODI。在此发展背景下,我国 ODI 决策会比较注重通过 ODI 所要实现的具体战略目标,此时企业更多关注"我需要什么"而较少关注"我有什么(指企业自身优势)"也就不难理解了。

从制度背景来看,我国是社会主义市场经济国家,国有企业是我国国民经济的重要支柱和主导力量,在境外投资领域,国有企业自然成为投资主体。对国有企业而言,一方面由于市场竞争压力、公司治理结构的不断完善和现代企业制度的建立,转型期我国国有企业更注重市场导向(Li *et al.*, 2006),因此其 ODI 包含市场化行为,决策要受到经济因素的影响。但同时,国有企业也是执行国家经济发展战略的主要载体,其 ODI 决策也包括制度因素的考量。另外,非公有制经济是我国社会主义市场经济的重要组成部分,民营企业在对外投资中更多是出于市场逐利行为,但是,由于定位的差异,当政府政策客观上制约民营企业的对外投资活动时,更易产生制度套利型 ODI。因此,对中国企业来说,制度因素更能影响企业 ODI 活动。

(七) 主流 FDI 理论和新经济体 ODI 理论对新兴经济体 ODI 实践的适用性

主流 FDI 理论和新兴经济体 ODI 理论对新兴经济体 ODI 实践均具有一定解释力。新兴经济体 ODI 表现出的特殊性是经济全球化背景下,一国或地区在特定发展阶段和国内制度环境中所表现出的独特性,这确实需要新理论和理论视角来解释,并且这些新理论对主流理论的发展也具有启发性。但是一些新兴经济体跨国公司在全球竞争中的优异表现并不代表整个新兴经济体的 ODI 实践已全面改写主流 FDI 理论,主流 FDI 理论对新兴经济体 ODI 的一般规律仍具有解释力。各种 ODI 理论均有其适用的边界,一种 ODI 理论只能解释某类国际直接投资发生的原因,由于发展历史背景、政府发展战略导向、文化传统等方面的差异,新兴经济体并不是一个同质的概念(Hoskisson *et al.*, 2000),其 ODI 之间也存在较大差异,因此,尽管理论界可以针对新兴经济体 ODI 的独特性进行理论创新,但期待发现一种能解释新兴经济体 ODI 的一般理论也许并不现实。

二、新兴经济体 ODI 研究应注意的几个问题

新兴经济体 ODI 发展引发普遍的思考:(1)能在多大程度上将建立在发达国家跨国公司和第三世界跨国公司实践上的主流 FDI 理论直接应用到作为"迟来者"的新兴经济体 ODI 上? (2)在多大程度上作为"迟来者"的新兴经济体 ODI 实践可以修正或者提升主流 FDI 理论? 在经济全球化背景中,新兴经济体 ODI 实践对主流 FDI 理论的适用性形成了挑战,新兴经济体是支撑与巩固现有 ODI 理论还是挑战与淘汰现有 ODI 理论,有待进一步研究作出回答。未来对新兴经济体 ODI 的研究应注意以下问题:

(一) 对新兴经济体 ODI 的研究离不开对新兴经济体发展背景的把握

发展背景不同会导致一国对本国 ODI 的发展路径和发展重点进行调整。例如,经济全球化的压力和机遇使得新兴经济体政府高度重视本国经济体发展;而对经济发展的高度重视又使得新兴经济体政府更注重通过政府政策来鼓励或限制本国特定类型的企业的对外投资活动。又如,在资源领域的大规模对外投资通常是呼应新兴经济体,特别是那些资源禀赋差的新兴经济体国内经济发展所带来的资源投入的需要。因此,未来研究中需要更多地考虑经济全球化和国内经济快速增长的发展背景对新兴经济体 ODI 发展及其跨国公司竞争战略的影响。

(二) 未来研究中有必要对研究视角进行综合审视

主流 FDI 理论重点是研究作为"先行者(early-movers)"的来自发达国家的大型跨国公司,从这个视角出发,来自新兴经济体的跨国公司通常被视作"迟来者

(latecomers)"。"迟来者"进行跨国投资面临的挑战无疑是巨大的,这些困难包括:首先,企业需要能够将生产资源转移至国外,由于政府政策等制度因素的限制,这并不是件容易的事情。其次,企业需要确保相关优势转移到东道国,同时要避免将劣势转移至东道国。客户与竞争者的不同可能使得在母国资源所带来的优势在东道国打折扣,如 TCL 收购汤姆逊并未带来预期的收益。甚至有可能,东道国的民众或政府可能对特定来源国的企业有些敌意和歧视(Cuervo-Cazurra *et al.*,2007),如中海油竞购优尼科失败就是典型的例子。再次,企业不仅缺乏知识(Eriksson *et al.*, 1997),而且也缺乏规模经营、产业竞争、在新制度环境中经营的能力与作为新来者和外来者等所需要的资产(Cuervo-Cazurra *et al.*, 2007)。为了克服这些困难,企业需要更强的竞争优势。因此,作为"迟来者"的新兴经济体为获得先进技术、品牌和市场销售渠道,通过建立合资企业和并购等方式直接在发达国家投资、通常采取非常规的加速国际化的战略也就不足为奇了(Li & Chang,2000)。与发达国家相比,绝大多数新兴经济体仍属于发展中国家,而对发展中国家来说,经济发展无疑是首要的重任,正是基于对"迟来者"在全球竞争中发展的追赶战略(catech-up strategy)的考察推动了对新兴经济体 ODI 理论研究及其创新。

从"迟来者"视角出发确实有助于我们理解新兴经济体在世界投资中的"非常规"行为,但是,在新兴经济体经获得了一定的发展基础,其企业通过跨国投资获得了一定的国际化竞争经验,成长为全球竞争的重要"参与者(players)"后,有必要综合"迟来者"和"参与者"的视角来研究新兴经济体 ODI,这样才不会在未来研究中出现要么从"迟来者"视角出发过多强调新兴经济体 ODI 的特殊性,要么从"参与者"视角出发过多强调新兴经济体跨国公司的一般性的现象,导致我们对新兴经济体 ODI 的理解以偏概全。

(三) 对新兴经济体 ODI 的研究需要对新兴跨国公司与传统跨国公司差异及其发展趋势持续给予关注和判断

新兴跨国公司是新兴经济体 ODI 发展的重要力量,因此对新兴经济体 ODI 的研究离不开对新兴跨国公司及其 ODI 的深入剖析,特别是要对新兴跨国公司与传统跨国公司差异的发展趋势持续给予关注,并进行准确判断。无论是在 ODI 的目的地、动因、所有权优势方面,还是在企业演化实践方面,新兴跨国公司与传统跨国公司都表现出一定的差异。对于新兴经济体跨国公司与传统跨国公司的差异的发展趋势,目前学界有两种观点。第一种观点强调了差异的客观性。其关注的重点是:这两类跨国公司的区别如此之大,以至于以发达国家跨国公司为研究对象所得出的主流 FDI 理论不能解释来自新兴经济体的跨国公司。第二种观点则强调差异的收敛性。其关注的重点是:这两类跨国公司的差异是由于这它们处在不同的演化阶段而不是来源国不同所造成的(Dunning *et al.*, 2008),因此差异会随着时间的推进趋于收敛。在差异收敛的方向方面,学者们也有不同看法。一种观点认为新兴跨国公司会逐步向发达国家跨国公司收敛,以传统跨国公司为研究对象所得出的 ODI 理论最终还是可以解释新兴跨国公司的 ODI 活动及演化;另一些研究则认为后者最终会收敛于前者,即认为由于全球化效应和网络化趋势,包括新兴跨国公司在内的非传统跨国公司代表了跨国公司未来演化的方向,传统跨国公司会向非传统跨国公司收敛,而不是相反。笔者认为,这两类跨国公司毕竟来源于不同国内制度与市场环境,总体上新兴跨国公司与传统跨国公司的实力的差距也是客观存在的,因此这两类跨国公司将保持一定的差异性,但随着新兴经济体跨国公司的壮大和成熟,这两类跨国公司会呈现更多的相似性,因此以发达国家跨国为研究对象得出的主流 FDI 理论对新兴经济体 ODI 将更具解释力。

(四)新兴经济体 ODI 研究对主流 FDI 理论修正有重要启示

新兴经济体 ODI 研究对主流 FDI 理论修正的启示应包括:(1)主流 FDI 理论应更加具有完整性,例如 OLI 理论应该吸收战略管理理论的视角,将战略管理的资源观视角、制度视角、产业视角等纳入主流 FDI 理论的分析框架,国际化阶段理论应该吸收组织学习的视角,注意分析企业 ODI 过程中进行全球学习的重要性和学习效果;(2)主流 FDI 理论应更加具有动态性,以便更好地解释当前各类跨国公司不断变化的实践;(3)主流 FDI 理论应认识到任何社会现象在一般规律和组织独特性方面的矛盾特质,例如对 OLI 理论而言,应该考虑到企业优势与劣势、资产运用与寻求、交易成本与交易价值等之间的矛盾统一性。

三、对中国 ODI 发展的政策建议

当前我国"走出去"战略已进入全面落实阶段,如何更好地促进中国 ODI 的发展,从而提升中国参与全球化的福利水平,需要我们进行系统的思考。结合研究,笔者提出以下政策建议。

(一) 政策支持、监管与服务导向并重

ODI 是一国参与国际竞争的重要方式,其发展离不开国家政策的支持,美、日、德、加拿大、澳大利亚等发达国家,印度等新兴经济体,都对本国对外投资提供各方面的政策支持与服务(林巧燕和贺勇,2003)。但是,政府对对外投资管理应该是系统的,在提供政策支持与服务的同时,还必须加强监管。借鉴国外经验,结合中国实际,建议可从以下方面入手:

(1) 相关政府部门间加强政策协调。目前我国对外投资管理涉及的主要部门有商务部、外汇管理局、国资委、发改委等,由于分工的不同,各部门管理的侧重点有所差异,因此要加强部门间沟通与政策协调,提高管理总体效率。要尽快建立 ODI 的整体法律性文件。

(2) 提供资金支持。除直接对那些弥补我国资源短缺或能带动国内商品出口等符合国家政策范围的投资项目提供贷款支持,为企业提供融资便利外,通过放松外汇限制、为符合条件的境外投资企业提供贷款担保也间接起到为企业对外投资提供资金支持的作用。

(3) 加强国内政策的配套支持。制度套利型对外投资的存在说明,企业在国内面临政策约束时,会通过对外投资绕道国际市场,进行制度套利。这类投资通常并不符合国家总体政策导向,也给政府监管带来难度,因此要促进中国对外投资的可持续发展,要完善国内配套政策,如为民营企业提供融资便利,消除这类投资的政策根源。

（4）支持民营企业对外投资。特别是当前由于境外资源类投资企业的国有企业身份，我国资源获取型投资有时会遭到东道国的抵制，因此在境外资源开发领域，可考虑支持国有企业和民营企业合作开发，减少政治风险。

（5）为企业"走出去"提供相关服务。国家驻外机构、行业协会、贸促会等要动态跟踪东道国有关国家的政治、经济、技术、法规和社会文化等信息，供企业参考，使企业有效规避对外投资风险，减少企业搜寻信息的成本。另外，鉴于中国企业普遍较缺乏国际化经营与管理人才，可以由政府专门建立相关的培训机构，或者与高校和资质较好的中介机构合作，对有对外投资意向的企业进行培训，提升企业国际化经营和管理水平。

（6）加强对外投资监管，通过完善绩效评价制度、构建境外投资担保制度、加强对离岸公司的监管等措施，着重防止资本外逃、境外非法经营、ODI 中国有资本流失等问题。

（二）加强国际协调

从国家利益角度来说，企业 ODI 也是国家利益实现的途径，而国际空间中国家利益的实现必然涉及与其他国家和地区的利益协调问题，因此，要促进我国 ODI 发展，政府还必须加强国际协调。目前主要包括以下内容：

1. 签订双边或多边国际税收协定

中国同科威特、阿联酋、巴基斯坦、韩国、印度、越南、意大利、泰国、马来西亚、保加利亚、马耳他、毛里求斯、巴布亚新几内亚、塞浦路斯、马其顿等 90 多个国家和地区签订了税收协定，通过与东道国签订国际税收协定，避免国际重复征税，有利于减轻我国投资企业的税收负担，而且也有利于对投资过程中偷漏税行为的监管，因此要结合我国对外投资区域不断扩大的趋势，加强签订双边或多边国际税收协定。

2. 签订双边与多边投资协定

与发达国家跨国公司相比，由于国际化能力与经验不足，目前我国企业在跨国经营中更需要依靠双边与多边投资协定解决纠纷,从而为企业创造对外投资的安全环境。同时,我国投资区域多为发展中国家,这些国家投资立法大多不健全,投资保护措施不完善,所以更需要国家与东道国签订双边与多边投资协定,确保中国对外投资整体战略利益。投资协定应就如何保障中国投资者的合法利益作出规定,如给予中国投资企业国民待遇、禁止对中国投资者采取国有化及没收措施、因东道国政治风险而造成的损失的赔偿等。

3. 推动自由贸易区战略

自由贸易区对于促进区内贸易与投资发展具有重要作用。Wilamoski & Tinkler(1999)使用 OLS 模型的实证研究发现,随着北美自由贸易协定的实施,区域内 ODI 的增长导致美国和墨西哥之间的贸易急剧增加,并且贸易的剧增也导致了美国流入墨西哥的 ODI 的增加。一般来说,自由贸易区具有投资创造效应(杜群阳和宋玉华,2004)。所谓投资创造效应指自由贸易区建立后,区域经济一体化使得资本、熟练劳动力、专业技术人员和技术在成员间实现自由流动,阻碍成员间投资流动与投资项目运作的管制和限制得以取消,这些都将促进成员之间相互投资的增加。以中国—东盟自由贸易区为例,自由贸易区建立后,包括资金、人才、管理、产品等在内的生产要素在区域范围内更无障碍地流动,从而为我国投资企业在区域内进行生产要素资源的配置创造条件。另外,东盟除了与中国进行自贸区的合作,还与日本、韩国、印度、澳大利亚、新西兰等 5 个国家建了自贸区,在东盟的直接投资可绕过东盟以外的一些国家对中国实施的种种贸易壁垒,通过对外投资带动出口。商务部提供的数据显示,目前中国正在建设 18 个自贸区,12 个自贸区协议已经签订,涉及 31 个国家和地区。因此,我国应根据对外经济与贸易发展趋势,加大实施自由贸易区战略,通过参加双边和多边自由贸易区来带动对外投资发展。

4. 加强能源外交,为我国境外资源开发创造有利的国际环境

随着能源对于国民经济和国家安全的战略意义不断提升,能源生产国、消费国、过境国之间和彼此间的利益关系日趋复杂,各国在能源领域所开展的外交活动日益活跃,通过能源外交,各国大型能源企业在本国政府的支持下在国际能源市场

上积极展开各式竞争与合作。我国应加强能源外交,积极参与多种形式的世界和地区性的能源合作组织,进一步加强与世界石油生产国和消费国政府、国际能源组织和跨国石油公司间的交流与合作,建立稳定的协作关系和利益纽带。通过政治、外交途径,改善与石油出口国,特别是中东、中亚、俄罗斯等国的关系,协调与美国、日本等主要石油消费国的外交关系,为我国石油企业实行跨国经营战略创造有利的国际环境。

(三) 关注制造业对外投资与向中西部转移的平衡

中国 ODI 发展规模是由我国区域经济发展水平决定的,这是我国区域经济发展不平衡的特征在 ODI 领域的反应。区域经济发展不平衡既为我国东部沿海经济发达地区企业对外投资创造了基础,也为相关产业特别是制造业向中西部转移创造了条件。这里需要关注制造业对外投资与向中西部转移的平衡。有些学者强调一国引进外资与对外投资比例应该相当,但是,各国国情不同,发展阶段有差异,不能拿这些比例一刀切。雁行模式对岛国日本适用,并不见得就是适合中国对外投资发展的模式,毕竟两国国内市场空间、要素供给(如劳动力供给)等发展条件有较大的不同。当前,就业问题较为突出,制造业仍是吸纳就业的重要途径,如果制造业大量向境外转移,可能出现产业空心化现象,使得我国就业问题严重。所谓产业空心化,是指以制造业为中心的物质生产和资本,大量地迅速地转移到国外,使物质生产在国民经济中的地位明显下降,造成国内物质生产与非物质生产之间的比例关系严重失衡。无论服务业多么发达,制造业若萎缩,仍会削弱社会经济基础。失去了工业基础,无法支撑一个繁荣的服务性社会,也不可能有技术进步。因为技术进步大多数是在高度发达的生产过程中实现的。金融危机后,美国强调经济要转向可持续的增长模式,即出口推动型增长和制造业增长,这是美国重新重视实体经济和制造业的信号。因此,在我国还无较强国际竞争实力而中西部经济亟待发展时,不宜一味鼓励制造行业对外投资,应兼顾二者之间的协调。科学发展观提出要统筹区域发展,因此如何加快中西部地区发展,缩小东部和中西部地区之间经济水平的差异是未来经济发展中要着力解决的问题之一,利用东部沿海发达地区的经济资源带动中西部地区的发展是重要的途径。可鼓励东部地区的优势产业,如电子信息、轻工、纺织等产业向中西部转移。

当然,强调制造业向中西部转移并不是否定制造业 ODI 的重要性。企业 ODI 动因具有综合性特征,也就是说一项投资可能是企业多种动因而不是单一动因驱动的。鉴于此,企业可将价值链的不同环节在境外和我国中西部地区统筹配置。国家一方面鼓励企业在品牌开发、国际营销渠道建立、研发等环节进行对外投资,另一方面可通过税收、金融等政策鼓励企业将生产加工环节转移至中西部。

笔者特别强调,在制造业向中西部转移过程中,务必要注意高耗能等产业转移时可能对中西部环境的破坏,加大国家环境治理的成本,避免继续走"先污染、后治理"的老路。

(四) 鼓励我国企业自主创新

本研究显示,尽管一些新兴经济体跨国公司在缺乏技术垄断优势的情况下仍有优异的表现,但是本土企业的技术水平仍是中国 ODI 的决定因素。缺少关键与核心技术恰好是我国企业的软肋,这导致我国对外投资大量集中在附加值低的租赁和商务服务业、批发和零售业和采矿业等。中国对外投资要实现从规模到质量的转变,必须鼓励我国企业走自主创新之路,培育独立的知识产权。走自主创新之路(李珮璘,2008)。这一方面要靠行业内各企业特别是骨干国有企业自力更生,刻苦攻关,同时,政府要通过财税和金融等政策倾斜,支持企业自主创新。另一方面,考虑到创新所需的投入往往巨大,企业难以独自承担,而且涉及重大技术进步的创新具有巨大的正外部性,可借鉴日本在半导体领域组织企业共同攻关的做法,即在基础性的技术方面,由政府主管部门牵头,依托行业的骨干企业,根据行业内各企业的技术特点,整合行业的技术资源,集中技术力量,联合各企业共同攻关,提高创新效率。同时,要鼓励同行业或技术相近行业的企业联合进行技术研发。

所强调的自主创新并不是在封闭状态下的自主创新,而是开放的自主创新。开放的自主创新,是原始创新、集成创新、引进消化吸收再创新的有机统一。建立开放的自主创新体系要发挥 ODI 对技术进步的积极作用,发挥政府的战略导向、综合协调作用,鼓励我国企业对外投资时与跨国公司通过组建合资企业、合作生产、联合制造等方式,把更高技术水平、更高附加值含量的加工制造环节和研发机构转移到我国企业全球生产网络中。要主动与跨国公司结成技术战略联盟,充分利用对外投资的逆向技术溢出效应,通过集成创新和二次创新,建立属于我国企业的核心知识产权。

(五) 多途径提高逆向技术溢出效应

近年来我国在研发领域的 ODI 发展很快,不少国内知名企业在境外建立了研发机构,说明我国企业开始认识到通过"走出去"来提升企业技术水平与竞争优势的重要性。但在数量扩张的同时,企业更应关注这些研发投资的目标是否实现。企业要多途径提高对外投资的逆向技术溢出效应。实践中,我国企业首先要根据创新活动中所涉及的技术与知识的特点、具体行业的竞争情况、自身管理能力等选择投资区域与投资模式。全球产业分工的结果使得高端产业主要集中在发达国家。如美国是信息技术的主力军,出现了微电子、材料、生物等一大批高科技产业群,德国的汽车、机电机械、化工,日本的汽车、化学、钢铁等走在前列,需要我国投资企业应根据自身情况选择投资区域。ODI 方式按海外企业的股权安排,可以分为独资和合资两种,按照境外企业建立过程的不同,可分为并购和新建两种方式,企业可根据结合这些方式的优缺点进行选择,并根据境外投资企业的运作状况进行调整。

创新伙伴的选择对提高逆向技术溢出效应至关重要,企业可以采用如下一些措施(李珮璘,2008):(1)与大学和科研机构进行合作创新。由于大学和专业科研机构具有较强的研发能力且通常不会在产品市场上对企业形成竞争,可作为我国企业研发投资的重要合作伙伴。具体可以通过合同委托研发、专利许可和技术转让等方式,充分利用国内外大学和研究机构的技术资源。企业则可利用贴近市场的优势,把重点放在选定创新方向和研发成果的商业化利用上,以为企业节省大量的前期开发资金。(2)跨企业的协作创新。可以联合相关企业建立技术联盟,使分散于各个企业的技术资源得以重新整合、技术优势能够相互补充,以便最大限度降低创新成本、加快创新速度。(3)利用发达国家技术创新的市场中介进行创新外包。(4)来自领先用户和关键客户的需求是企业重要的创新源。位于不同区位的投资企业因接近当地市场更了解当地的需求,它们对市场信息的反馈也应被纳入企业创新网络中。

为提高逆向技术溢出效应,我国企业在对外投资(特别是研发投资)过程中还必须进行有效的技术控制。开放式创新模式下,较有效的技术控制手段是模块化。所谓模块化,是指我国企业将整个创新任务分解为相互独立的、可以由不同研发机构独立完成的、但最终必须由我国企业进行整合和集成才具有创新意义的若干部分任务。这些经过模块化处理的创新任务脱离了我国主导的开放式创新系统就没有创新意义,其他企业通过"反求工程"来获取核心技术的努力难以实现。其他常用的技术控制手段有按创新活动的层次配置创新任务、法律手段(如知识产权保护、签订保密协议等)、限制核心人员流动等,企业可根据实际情况选择。

四、中国跨国公司发展的战略与政策

全球经济一体化时代,跨国公司依靠其拥有的行业标准、核心技术、国际品牌等竞争要素,在全球配置要素资源,推动并主导全球产业分工的形成与演化。从某种意义上说,一国拥有跨国公司的多寡、竞争力的强弱是衡量一国国际分工地位与国家竞争力的重要标志。因此,大力发展本土跨国公司,支持和鼓励本土跨国公司在全球范围内整合各种要素资源,积极参与乃至主导全球产业分工,是中国提升国际分工地位的必然要求。为此,笔者提出以下中国跨国公司发展的战略与政策建议。

(一) 发展本土跨国公司的国际经验

中国跨国公司已在全球竞争舞台上崭露头角。作为后起之秀,中国跨国公司与世界级的跨国公司还存在一定差距。因此借鉴其他国家和地区发展本土跨国公司的经验是中国跨国公司发展的题中之义。在发展本土跨国公司的经验大致可分为两种,一是以美国为主导的市场主导型模式,另一种是以韩国和日本为代表的政府主导型模式。美国虽然并无非常明确的、指向性的支持企业国际竞争力的国家政策,但事实上已经形成"面对国内市场需求大力促进竞争与创新"、"面对国际竞争环境保护国内企业发展"的二元体系。日本政府是以加强政府干预为主,建立有效的产业政策实施体系,通过政府之手推本土企业崛起。韩国的主要做法和经验是通过制定和实施一系列国家计划,对大型企业发展的方向和重点实行强有力的指导。尽管这两种模式采取的方式不完全相同,但在构建支持体系方面却有很多相似之处。这些共同之处可为中国本土跨国公司发展提供借鉴。

1. 建立健全的法律体系,通过立法对本土跨国公司进行保护和支持

美国、日本和韩国都十分重视通过立法,给本土跨国公司的投资、贸易、外汇运作等各方面的经济活动提供全方位的法律依据,为本土企业海外扩张提供法律支持。美国十分重视海外投资的法律支持,通过立法来奖励、促进和保护私人海外投资的安全与利益是美国政府始终如一的基本政策。第二次世界大战后,美国专门制订了《经济合作法》、《对外援助法》、《共同安全法》等有关法律,扩大对海外投资的保护和支持。日本先后制定了《进出口交易法》、《贸易保险法》、《贸易保险特别会计法》、《出口信用保险法》、《外汇和外贸管理法》等法律法规,以促进外向型经济发展。20世纪80年代中后期,伴随韩国国际收支顺差的出现,韩国逐渐放松对外直接投资的管制,简化申请手续,加快审批程序,并颁布《海外直接投资制度改善方案》和《外汇管理规定修正案》等相关法律,支持企业海外投资。

2. 提供资金支持,促进与引导本土跨国公司发展

美国、日本和韩国通过税收、财政、金融等手段,为本土跨国公司发展提供全方位资金支持。

美国政府注重综合运用税收、财政、信贷等经济杠杆,促进本土跨国公司发展。一是税优惠。税收优惠是政府支持和鼓励美国私人海外直接投资的重要工具,主要措施包括税收减免、税收抵免、延期纳税等。关税方面的优惠则主要是通过实施"附加价值征税制"来实现。二是财政资助。美国私人对外直接投资的资金来源虽然主要靠公司自有资金的积累和从银行或其他渠道的借贷,但政府提供的优惠贷款也起着重要的补充作用。其中,美国进出口银行与海外私人投资公司在这方面扮演着重要角色。利用对外援推动私人资本输出也是美国政府的一贯方针,所采取的主要方式有:把美国提供援助与受援国为美国私人投资提供方便联系起来,做出有利于美国资本扩张的许诺,为美国公司参与项目建设、扩大投资提供有利条件。三是信贷支持。美国进出口银行有两项贷款是专门支持跨国公司向外直接投资的:一项是开发资源贷款,用于某个国家的资源开发,特别是战略物资资源;一项是对外私人直接投资贷款,即对国外的跨国公司给予贷款,帮助它们扩展业务,提高在国外的竞争力。除美国进出口银行为美国私人直接提供贷款之外,另一个比较活跃的机构是美国海外私人投资公司(OPIC)。美国海外私人投资公司除以投资保险为主业外,还按公司规定的条件对私人投资提供资助,尤其是鼓励美国中小企业在新兴与发展中国家进行海外直接投资,以开发正在成长中的市场潜力。近年来,美国海外私人投资公司所提供的服务不断增多,大大超出了提供资金支持的范围,如分担海外投资公司部分市场开拓和投资试验的费用、向参加投资的私人公司提供情报咨询和进行可行性分析等服务。目前,由美国海外私人投资公司提供融资和担保的新、扩建项目遍布全世界140多个国家和地区,范围涉及农业、能源、建筑、自然资源、电讯、交通、销售、银行和服务在内的各个工业和经济部门。

日本政府对跨国企业的资金支持,是通过政府金融机构和大型商业银行提供各种形式的优惠贷款和资金支持得以实现的。日本政府给银行提供了充足的资本金、准备金和营运资金及稳固的业务融资渠道,这些低成本的资金来源既规避了有关补贴的国际规则,又有利于防范风险,而且政府还给予政策性银行免税优惠。为鼓励企业海外投资和跨国经营,日本政府设立了海外经济合作基金,对日本企业海外直接投资的投向、投量发挥着诱导和资助作用。如日本成立了海外风险勘查基金,对资源勘查进行事前的补贴,补贴一般都在50%以上,有些项目甚至可以达到100%,如若项目失败,由基金提供的补贴无需偿还。韩国政府提出"外汇政策五年改革计划",从1995年起允许非金融机构建立海外业务机构,并允许国内商业机构接受国外商业贷款。

3. 建立海外投资保险制度，为本土跨国公司发展解除后顾之忧

健全的海外投资保护制度可提高本土跨国公司抗风险能力，解除企业海外发展的后顾之忧。作为老牌海外投资大国，自 1948 年实施"马歇尔计划"时，美国便率先创立了一系列海外投资保险制度。1969 年，美国修改《对外援助法》。美国于 1971 年正式设立海外私人投资公司，不隶属于任何政府部门，专门负责海外投资保险业务，为美国企业的海外直接投资提供针对政治风险的保险服务，包括汇率险、国有化征收险和政治暴力险等。另外，它还提供一些专项风险担保，如租赁担保、石油天然气项目担保、自然资源项目担保等。这些担保项目解除了美国企业的后顾之忧，鼓励了企业向发展中国家的一些风险较高、预期收益率高的项目进行投资。日本建立了海外投资保险制度和海外投资损失准备金制度。在日本，企业海外投资的政治风险由政府机构作为担保，日本经济产业省下属机构负责审批。此外，还设立海外投资亏损准备金，对企业进行补贴，使企业和政府共同承担海外经营风险。韩国政府通过韩国出口保险公司为对外投资者承保，为境外投资者承保总值达 90％的政治风险。韩国进出口银行除为对外直接投资提供优惠贷款外，还专设经济发展基金为风险太大或经济收益太低的经济合作项目提供信贷。此外，为降低海外投资失败风险，提高成功率，韩国政府主动为企业提供配套性资源服务和风险预警报告。

4. 提供完善的信息咨询服务，为本土跨国公司提供服务支持

在为本土跨国公司提供信息服务方面，日本和韩国更具代表性。日本构筑了由政府和民间、专业团体与综合团体组成的信息收集、咨询网络，及时向企业提供对外投资信息情报。其中，经济产业省定期派遣投资环境考察团，调查国外投资环境，鼓励企业参加国际会议，开展海外技术交流活动；开设创新企业海外直接投资支援网络，扩大国际交流的范围，定期对日本企业海外事业活动基本情况进行调查等。韩国政府一方面通过政府机构直接向企业提供咨询信息服务，另一方面通过政策扶持民间机构提供信息服务。如海外投资信息中心专门负责收集与发布海外投资国别和产业方向的信息，安排促进投资方面的研讨会，提供咨询服务等。大韩贸易投资振兴公社，通过收集和提供海外市场信息、参加国际展览，开展海外宣传、投资振兴等多方面工作,促进韩国企业的国际市场开拓。

5. 加强对外投资的国际协调,为本土跨国公司海外扩张保驾护航

通过与其他国家签订双边或多边条约以及利用国际经济组织,美国政府对本国私人海外直接投资进行外交方面的支持与保护。第二次世界大战后,美国制定了许多旨在保护美国私人对外直接投资利益的法律,其中重要的有《美英贸易和金融协定》《经济合作法》《对外援助法》《肯希卢伯修正案》及1974年贸易法中的限制条款。海外私人投资公司代表美国政府与100多个国家签订了双边投资保证协定。此外,美国还广泛利用它所发起和参与的国际组织为本国海外私人投资服务。为保证海外企业的权益,确保最惠国待遇以及促进与缔约国的资金、技术交流,日本和韩国政府都与一些国家和地区签订了双边、区域和多边投资保护协议。在税收政策方面,同许多国家签订有双边避免双重征税协定,服务于本国企业的对外直接投资与海外经营。这些国际投资协定为本国企业的海外投资提供了一个更加透明、稳定、可预期和安全的环境。

总体来看,美国、日本和韩国积累了大量培育本土跨国公司的经验。这些国家培育与发展本土跨国公司的经验有共同之处,也存在不同之处。一般而言,美国对企业的支持多运用市场手段,侧重于通过立法和规则的制定来实现扶持企业的目的,而日本和韩国除采用市场化手段外,政府的战略导向起到很大的作用,特别重要的是,对企业跨国经营的政策主要包括直接金融支持与财政优惠,可以说,日、韩企业能够成功进行跨国经营并得以飞速发展与其国内的产业政策和技术政策导向是密不可分的。就日本来说,无论是20世纪50年代和60年代早期重工业、钢铁、造船和电力在内的战略产业,70年代和80年代的汽车和半导体等耐用品产业,以及90年代以来的电子和计算机研究等高科技产业发展,都离不开政府产业政策的战略支持,这些产业的发展也催生了大量日本本土跨国公司。而自20世纪80年代,韩国政府根据国内外经济环境,进行产业结构的升级,大力发展以电子工业为核心的技术知识密集型产业,并扶持包括现代、三星、LG等一大批大型企业集团,使之在短期内迅速发展起来。正因为韩国长期以来重视对国内大财团发展的支持,使得这些快速发展起来的垄断资本集团迅速成为推动韩国企业国际化的直接力量,成长为世界级的跨国公司。

(二)中国跨国公司发展的战略部署

1. 把握本土跨国公司发展的战略时机

2008 年全球金融危机后,国际经济环境的深刻复杂变化和我国经济发展的阶段性转换,为我国加快发展本土跨国公司,向全球价值链高端环节攀升,提升国际分工地位带来新的机遇和动力,中国应把握本土跨国公司发展的战略机遇。

首先,后金融危机时代全球经济格局的调整为培育我国跨国公司提供了机会。后危机时代,全球经济格局的重大调整之一是发达经济体和新兴经济体力量之间的消长,表现为发达经济体受危机冲击经济实力有所下降,新兴经济体的经济实力提升。受危机冲击,许多发达国家的流动性严重不足,为刺激经济复苏,政府纷纷制定更为宽松的外国直接投资政策,一些发达国家企业陷入困境,纷纷进行战略收缩和战略转移,由此形成的生产要素全球范围调整,为中国企业通过跨国并购获取发达国家企业的技术、人才、品牌、营销网络等资产提供机会,有利于中国本土跨国公司的发展和扩张。

其次,中国经济实力的大幅提升奠定了本土跨国公司发展的客观基础。英国、美国、德国和日本等发达国家跨国公司崛起的历史证明,某个经济体的崛起会催生本国或本地区一批企业的成长和壮大,最终成长为具有全球影响力的跨国公司。我国已经成为世界第二大经济体。根据 IMF 提供的资料,2013 年我国人均 GDP 达 6 629 美元。如果按照购买力平价计算,中国的人均 GDP 可达 8 400 美元。巨额外汇储备提高了中国在全球的影响力,也为支持和加快企业进行海外扩张和收购提供了强大的金融保障。

再次,第三次产业革命的发生为中国发展本土跨国公司提供了机遇。历史经验表明,每一次危机过后往往伴随着大范围新发明、新技术、新设备在生产领域的大规模应用,从而带动世界经济进入新一轮增长周期。低碳经济时代的到来使得未来世界极有可能会发生一场以绿色、健康、智能和可持续为特征的技术革命和产业革命,能在这场技术革命中抓住机遇的跨国公司无疑将在未来全球竞争中取得战略制高点。目前美、欧、日等主要发达经济体都积极投身这场技术革命中,大多数新兴经济体,如中国、印度、巴西、俄罗斯和墨西哥等,也重视未来产业结构调整中新能源等新兴产业的发展。世界技术和产业革命,特别是中国在经济结构转型过程中重视新兴产业的发展为中国跨国公司带来了发展机遇。

最后,中国企业竞争力的提升为中国跨国公司的发展奠定了微观基础。伴随三十多年经济快速增长,中国不仅在产业结构、资本规模、技术水平等方面具备了一定的优势,更重要的是,中国通过开放,大量引进外资,本土企业积极融入跨国公司全球生产网络,积累了一定的规模优势、成本优势和技术优势,构建了中国跨国发展的微观基础。价值链升级是一个渐进过程,我国本土企业已经建立起了一定的技术能力和向价值链高端攀升的知识基础和经验(刘维林,2012)。尤其是积极融入全球价值链分工体系中成长起来的一批大型制造型企业,在全球价值链生产制造环节具有规模优势,形成了一定的技术沉淀和研发能力,建立了区域品牌优势,对先进企业的管理知识吸收和创新及经验的积累,形成了明显的所有权优势和区域垄断优势。这些优势的建立有利于其进行对外直接投资,形成国际经营的内部化优势。这些大型企业理应成为中国培育本土跨国公司的企业主体。

2. 确立本土跨国公司发展的战略目标

中国对外直接投资的快速增长催生了大量中国跨国公司的兴起,特别是联想、华为等跨国公司的兴起,成为全球竞争的重要参与者,是中国跨国公司的亮点。未来促使更多中国跨国公司成长为世界级的跨国公司需要确立本土跨国公司的发展战略。

首先,进一步巩固中国跨国公司在传统优势产业中的竞争地位,同时扩展在新兴产业领域的发展空间,提升中国在全球产业分工中的地位。

中国跨国公司主要分布在能源、电信、银行、钢铁、建筑、化工等传统行业,新兴产业如高端制造业和新兴服务业领域的跨国公司比较少。传统行业是中国跨国公司的优势领域,但这些行业通常利润率较低,受经济周期波动的影响更大,因此要重点关注中国跨国公司竞争优势的可持续性。新兴产业是跨国公司竞争的制高点,是未来产业发展的方向。

中国跨国公司具有优势的传统行业,主要包括两类,一是劳动密集型的制造业和服务业(如建筑、贸易、运输等行业),二是资本密集型、具有垄断性的服务行业(如金融、电信)等行业。重点在于鼓励中国跨国公司创新,通过技术创新和商业模式创新提升竞争优势,提升加工制造和低端服务的附加值,焕发企业新活力。同时,企业应通过对外直接投资延伸产业链,增强产业发展与市场竞争的话语权。如2011年1月,浙江富丽达集团出资2.535亿美元收购了产业链上游资源型企业——加拿大纽西尔特种纤维素有限公司的全部股份。集团由此获得了稳定的原料供应,缓解了国内棉浆短缺的压力,产能得到进一步扩大,成为国内唯一一家横跨上下游、拥有完整产业链的龙头企业,增强了企业在粘胶短纤市场上的"话语权"[①]。中国跨国公司具有比较优势的行业还包括一些资本投入高,技术相对比较成熟的制造业(如计算机与办公设备行业、车辆与零部件制造等行业),但与发达国家跨国公司相比,仍有较大差距。为提高技术实力,这类跨国公司应该主动到技术与人力资本密集的地方,通过设立海外研发中心、跨国并购、与国外先进企业结成战略联盟等方式,整合全球创新要素,提升技术实力,向全球价值链的高端跃升。

值得一提的是,对铁矿石、石油、天然气产等领域的中国跨国公司,其发展战略应定位于:在国家外交战略的支持下,建立稳定的海外战略性资源与能源开发供应基地。鉴于国外意识形态的偏见,对这些领域的国有跨国公司投资比较警惕,未来应鼓励民营跨国公司、混合所有制的跨国公司发展壮大,减少在这些领域投资的政治壁垒。

其次,进一步做强国有跨国公司,支持民营及其他类型跨国公司崛起,促进跨国经营主体多样化。

从跨国经营的主体来看,中国跨国公司以国有跨国公司为主。不仅世界500强上榜企业以国有跨国公司为主,中国企业联合会发布《2013中国100大跨国公司》也显示,2012年中国100大跨国公司中,国有控股企业有80家,占据明显的主导地位,民营企业只有20家。国有跨国公司大多居于资源性垄断或行政性垄断行

---

① 佟桂莉.积极鼓励对外投资,着力培育本土跨国公司[J].政策瞭望,2012,(11).

业,主要是依靠庞大的国内市场中的垄断地位成长起来,其发展与壮大离不开政府政策支持。当然,这里并不是否认国有跨国公司存在的意义,世界范围里,无论是发达经济体还是新兴经济体都存在国有跨国公司。根据 UNCTAD 提供的资料,全球至少有 650 家国有跨国公司,并拥有 8 500 多家海外子公司。国有跨国公司对于实现国家战略利益具有重要作用,对实现社会主义市场经济制度的中国而言,国有跨国公司对国家利益的作用不言而喻。对中国国有企业跨国公司来说,未来的发展战略目标应侧重于建立真正意义上的现代企业制度,完善治理结构,培育核心竞争力,促使其竞争优势以当前的制度优势为主,向制度优势和市场优势并重转变,建立可持续的竞争优势。

一般认为,处在竞争性行业的企业脱颖而出更能代表企业真正的实力。中国需要培育一批在更多领域、特别是竞争性行业的企业,支持它们突围步入世界级企业的行列,这对于保障我国经济持续安全发展,加快形成国际竞争新优势,提升国际分工地位具有十分重要的现实意义和战略意义。民营企业大多居于竞争性行业,如何促进民营跨国公司崛起,鼓励他们在竞争性领域争取和掌握产业主导权,将是中国经济未来数十年必须面对的战略性问题。近年来不少民营企业生产规模迅速扩大,管理水平日益提高,逐步具备了全球思维和国际战略眼光。与国有企业相比,这些民营企业市场化程度更高,具备参与国际竞争的基本条件,不乏跨国经营的大手笔,如联想并购了 IBM 个人电脑,吉利汽车并购了沃尔沃,三一重工并购德国机械制造巨头普茨迈斯特等。此外,一批创新活跃、成长性好的中小型民营企业是行业的“隐形冠军”,具备成长为中小型跨国公司的实力。因此,结合十八大后深化市场经济体制改革的大趋势,伴随国有企业的改制和市场化改革的推行,今后应重点培育一批具有国际竞争力、有自主创新能力、行业领先的大型民营企业,鼓励它们在国内做强做大的同时,努力争取在竞争性领域取得国际产业的主导权和话语权,成长为跨国公司。

再次,借鉴不同跨国公司发展模式的优势,充分吸收各种发展模式的优势,发展与壮大中国本土跨国公司。

全球跨国公司主要有两种发展模式。一类是以欧美跨国公司为代表的发展模式,这些大型跨国公司大多经历一个循序渐进的过程发展起来,在长期的发展过程中积累了雄厚的资金、技术和人力等方面的实力,是市场主导型成长模式。另一类是以 20 世纪 70 年代的日本和 80 年代的韩国跨国公司为代表的后发型跨国公司发展模式。这些后发型企业选择一条超常规的发展道路,在短期内进行了大规模的外部扩张,通过兼并、收购、联合、重组等手段,迅速扩大规模,成长为跨国公司,是政府主导型的发展模式。市场主导型模式下,企业得到市场竞争的充分历练,经营效率高,抗风险能力强;政府主导型的发展模式下,得益于政府的强力支持和引导,企业能快速成长,实现赶超,而且这些企业与国家的经济发展战略能较好地协调。中国处于全球化深化发展的背景下,由于对外开放后,外资大量进入,中国本土企业在国内市场中面临的是国际化竞争,同时,也为中国企业整合全球要素提供了机会。因此,中国本土跨国公司的发展需要同时借鉴两种模式的长处。过去比较偏重政府主导型的模式,造就了大批具有全球影响力的国有跨国公司,这对于实现国家经济的赶超发展、执行国家经济发展战略是必要的;未来也应重视市场主导型模式,提升国有跨国公司的竞争优势,培育更多民营跨国公司,实现本土跨国公司的群体性崛起。

最后,以制度改革突破本土跨国公司发展的阻力与瓶颈,促进更多高质量的本土跨国公司涌现。

本土跨国公司成长和壮大需要的是一个全方位、多领域的支撑体系,其核心是以制度改革突破本土跨国公司发展的阻力与瓶颈,按照优化经济结构、转变增长方式的客观要求,发挥市场在资源配置中的决定性作用,营造有利于本土企业成长与发展的国内市场环境。在培育企业国际竞争力过程中,企业是跨国经营的行为主体,政府要定位于政策体系的构建者和服务体系的提供者,尊重企业的市场主体地位,遵循市场经济规律,充分发挥政府引导推动和协调服务作用,创造外部条件、激发企业内在活力和发展动力。政府和企业各司其职,密切合作,共同提高国家在竞争性领域的综合能力,这是本土跨国公司发展的基本制度环境。制度改革的一个重要方向是制定中国对外直接投资的有关战略规划、方针政策和管理措施,建立公平、完善、透明与高效的对外投资管理制度,减少本土企业跨国经营中各种要素跨境流动的障碍,建立企业跨国经营的激励机制,为企业跨国经营提供引导与支持。

（三）加快推进本土跨国公司发展的政策要点

美国、日本、韩国跨国公司的成长经历证明,在跨国公司的发展过程中,本土企业是市场主体,政府是政策体系的构建者和服务体系的提供者,政策的大力引导可起到"助推器"和"孵化器"的作用。政府要为本土企业成长为跨国公司起到引导、协调和服务的作用,促进本土企业跨国经营便利化。基于此,加快推进本土跨国公司的发展的政策要点如下:

1. 进一步完善企业跨国经营的服务体系。

完善跨国经营服务体系首先要加快建立和完善中介服务体系。建立包括会计、广告、法律、知识产权、管理咨询等方面的中介服务网络,一方面可为本土企业的跨国经营提供中介服务,另一方面,通过这种跟随式的发展,也有利于本土服务业跨国公司的兴起。考虑到本土中介服务机构跨国经营经验不足,可与国外高水平的中介服务机构开展多种形式的合作,提升本土中介服务机构的服务水平。其次要为企业提供更加深入的信息服务。依托国家驻外使领馆、涉外政策性金融机构、行业协会、商会、企业家协会等机构与组织的信息采集渠道,加强与国外驻华使领馆和商务机构、东道国当地中介结构的联系,重视海外华人华侨的桥梁与纽带作用,全方位为企业跨国投资提供国别信息(包括国别法律状况、政治风险、东道国社会文化等)、行业风险分析、资信调查、信用评级、市场分析等信息服务,同时及时收集发布有关境外投资合作项目、工程承包、市场开拓等信息,为企业"走出去"发展提供咨询服务。

2. 引导企业转变跨国经营理念

过去中国企业主要依靠低成本优势、规模优势和政府支持的制度优势开展跨国经营活动,这些优势助力中国本土跨国公司的崛起,是中国跨国公司起飞的必经阶段,但现在中国企业如果继续仅仅依靠上述优势参与国际竞争,显然是不够的。要真正培育本土企业成为世界级的跨国公司,政府应引导企业转变跨国经营理念。

政府要引导企业走出"小富即安"的状态,加快完善以现代企业制度为核心、与国际接轨的跨国经营管理体制,提升企业跨国经营管理和风险防范水平。鼓励和引导有条件的大企业集团、上市公司及其他有条件的企业,通过赴境外直接投资、收购参股、与国际著名跨国公司合资合作、建立战略联盟等方式,建立研发、设计及创新中心,把握企业价值链的关键环节,提高技术创新能力,获取更多的人才、品牌、营销管道、资本、核心技术和管理方法,向产业链的高端环节跃进。近年来中国企业境外投资中一些破坏当地环境等行为也引起诟病,因此要引导企业建立企业社会责任与文化建设理念,注意对外投资的合规问题,支持境外投资企业实施"本地化"策略,引导企业与东道国(地区)政府、议会、民众、媒体和非政府组织等相关利益者建立良好关系,利用好当地的资源,履行好在当地的社会责任,跨越文化障碍,减少文化理念冲突,通过共同发展促进可持续发展。

3. 完善跨国经营风险防范和安全保障机制

近年来,中国跨国公司对一些风险高发国家和地区的投资风险频发,如员工遭绑架、企业正常经营受武力冲击等,这些风险并非企业层面的原因造成的,因此要通过政府来完善本土企业跨国经营风险防范和安全保障机制,降低企业跨国经营的东道国政治风险等。按照商务部等部门下发的《中国企业海外安全风险防范指南》和《境外中资企业机构和人员安全管理指南》要求,指导企业构建境外安全风险防范工作层级管理体系,引导企业用好对外投资保险、境外劳务保险等避险工具,完善境外突发事件应急处理机制。在企业完善内部防控体系基础上,为企业提供必要的制度环境和服务。督促企业加强对出入境人员的安全教育培训,提高出境人员的安全防范意识和应对能力。

此外,还需要中央政府层面相关部门积极与更多国家和地区积极开展双边或者多边的跨国经济合作谈判,通过设立境外经济贸易合作园区,签署政府间企业投资风险管控等框架协定等方式确立长期的双边合作机制,确立投资自由化安排的重点领域、项目与融资保障安排,并建立投资争端解决机制,形成一个充分保护本土跨国公司投资利益的制度环境。

4. 推进企业跨国经营结算和资金调拨便利化

积极开展人民币境外直接投资试点,支持企业开展跨境贸易与投资人民币结算,扩大人民币跨境使用。支持银行积极发展境外项目人民币贷款业务,为跨境人民币贷款提供资金划转等相关服务,更好地支持本土跨国公司总部的资金清算、订单管理等功能。强化境外投资的外汇收支服务,简化企业和银行操作流程。境外企业产生的利润可自主决定用于境外企业的增资或者在境外再投资。支持企业按照外汇管理规定,实施境内企业境外放款和境内企业内部成员外汇资金集中运营管理。

5. 为企业跨国经营提供融资支持

对外投资往往资金需求量大,企业主要依靠国家开发银行、进出口银行等政策性银行的贷款支持,由于贷款审核机制严格、程序烦琐,企业贷款很难及时批下来,企业往往错失投资机会。一些中小企业在开拓国际市场时,即使遇到很好的市场机会,却由于得不到资金支持,只能望而兴叹。因此,加强企业跨国经营的资金支持是本土跨国公司发展的政策重点。资金支持政策应破除对企业规模的偏好,以本土企业跨国经营的成长性和可持续发展能力,而不是规模来确定资助与支持对象,从而助力真正有实力、有潜力的企业脱颖而出,成长为跨国公司。

首先,加大财政资金支持力度。除国家层面建立专项财政基金支持企业跨国经营外,鼓励特别是对外投资活跃的直辖市、省等建立地方级的专项财政基金,也可引导社会资金加大投入,弥补国家财政资金投入不足的局面,逐步建立以财政资金为引导,以社会资金为主导的境外项目投资体系,用于补助企业对外投资合作的前期费用、启动资金、贷款利息、保费以及对企业的分类激励。

其次,鼓励金融机构支持企业跨国经营融资。发挥国家开发银行、中国进出口银行、中国出口信用保险公司等政策性金融机构对企业对外投资的促进作用,同时依托商业银行拓宽融资渠道,探索境外资产、境外应收账款、出口退税单等抵押融资方式。为本土企业国内融资提供便利,也支持与协助企业通过境外上市、发行中长期企业债券等方式在国际市场上融资,拓宽企业融资渠道,并引导企业控制债务风险。

再次,实行税收优惠政策。发布统一规范的企业境外投资税收服务指南,加强对境外投资企业的税收辅导。对企业引进的跨国经营管理和技术高端人才以及长期外派国外工作的高管,考虑将其住房货币补贴、安家费等费用列入成本核算。在避免双重征税的前提下,区别投资国家和地区、投资行业等,按规定采取税收抵免、延期纳税、减税和出口返税等不同的政策,对重大项目给予特殊的政策优惠。

总体上,在发展本土跨国公司的进程中,国家可根据各行业的特点、企业的资本规模和海外经营能力以及跨国经营程度,遴选部分重点行业和重点企业,分层次推进培育本土跨国公司的工作,形成不同类型、不同规模、内外互动的本土跨国公司加快发展的新格局。

五、本研究的不足与展望

笔者通过对相关研究主题的规范分析和实证研究,对新兴经济体 ODI 的发展阶段、动因、决定因素和效应进行了研究。本研究不仅对新兴经济体 ODI 研究提供了有益的启示,而且对中国 ODI 发展的具有一定的实践指导意义,具有一定的创新性,但仍存在一些不足。

(1) 由于新兴经济体 ODI 是国际经济学和国际商务等学科的新兴的研究领域,对相关问题仍处于探讨之中,直接相关文献较少,而且在展开具体研究时,本研究又面临数据可获得性的限制,因此,未来研究中应努力扩大数据样本,进一步提高研究结果的可靠性。

(2) 在对中国 ODI 的逆向技术溢出效应进行实证分析时,笔者采用了索洛余值法来计算代表技术进步的全要素生产率。索洛余值法暗含的假设前提是:将资本和劳动力这两个生产要素之外的其他所有因素对生产率的影响都归结为技术进步,而对外直接投资是对技术进步作出贡献的众多因素之一,其他因素如对外贸易、国际技术转让等因素都可能对我国产生逆向技术溢出。

(3) 本研究对中国 ODI 的动因和决定因素之间关系缺乏实证研究。从投资动因来看,不同动因的 ODI 其决定因素会有所不同。理论上分析,资产运用与资产寻求动因更易受到经济因素的影响,制度套利型 ODI 则更关注母国与东道国的制度差异,这需要实证分析作出具体判断。尽管这不影响本书整体结构的完整,但这些研究主题值得未来的研究中进一步探讨。

(4) 本研究对新兴经济体 ODI 的发展阶段、动因、决定因素和效应的分析,主要是集中在宏观层面的剖析,对中观产业层面未展开研究,也缺少从新兴经济体跨国公司视角的案例分析。

另外,由于新兴经济体并不是一个同质的概念,不同新兴经济体之间存在较大差异,笔者的研究结论能否在一般意义上推广也需要更多国别研究和比较研究来作出判断。

新兴经济体 ODI 的兴起促进了相关研究的发展,学界对此展开了丰富的研究,无论是基于主流 FDI 理论的诠释,还是来自新理论与视角的分析,这些研究都加深了我们对新兴经济体 ODI 的理解。进一步深入研究新兴经济体 ODI 有重要的理论和现实意义。首先,研究新兴经济体 ODI 为我们重新思考和加深对 ODI 理论的理解提供了机会;其次,对新兴经济体 ODI 的研究有助于我们将国际政策环境、国别制度因素等环境因素更加具体和全面地纳入企业 ODI 研究中,从而加深我们对一国对外投资发展的理解;再次,深入的理论研究有利于为新兴经济体跨国公司全球成长提供实践指导。预计未来新兴经济 ODI 的研究趋势包括以下四种:

(1) 现有理论的修正及整合。鉴于全球化背景下企业 ODI 行为的复杂性,目前还没有一个单一的理论可以解释来自新兴经济体的 ODI,因此有必要对现有理论进行修正与整合,以便更好地解释新兴经济体 ODI。如 Li(2007)受整合国际化阶段理论和网络理论的启发,尝试将 OLI 理论和 LLL 模型统一到一个整体的、动态的和辩证的"内容—过程"两维度分析框架中,对后续研究具有启发性。

(2) 个案研究与系统研究的结合。OECD(2006)的报告指出,目前有关新兴经济体跨国公司的研究大多始于"轶事"一样的证据,而且多来源于对传统的南北资本流动的推理与简化处理,缺少系统的研究。深入的个案研究有利于发现新兴经济体 ODI 的特殊性,系统、整体的研究有助于发现其一般性规律,因此需要将个案研究与系统研究结合起来,特别要注重不同新兴经济体 ODI 之间的比较研究,以及新兴经济体 ODI 与其他国家(包括发达国家和其他发展中国家)的比较研究。

（3）经济学研究范式与管理学研究范式的融合。目前对新兴经济体跨国公司的研究主要有两个思路：一是沿用主流 FDI 理论及其拓展，以此来分析新兴经济体 ODI 的发展及新兴跨国公司的形成与演化，这部分研究主要是经济学视角的解释；二是引用资源观、制度理论、战略管理等理论角度，从企业微观层面来研究新兴经济体企业 ODI 竞争优势的形成、战略等，这部分研究大多是管理学的视角。鉴于新兴经济体 ODI 的复杂性，有必要融合经济学研究范式和管理学研究范式，综合企业微观分析和宏观分析（包括国内与国际政策环境等）对其进行深入研究。

（4）其他学科理论的借鉴。如果要解答"新兴经济体 ODI 的优势是什么，这些优势是如何形成的，为什么它们要到发达国家 ODI，为什么有些新兴经济体跨国公司在与西方跨国公司的竞争中能胜出"这类问题，以优势分析为核心的主流 FDI 理论显然有些力不从心。有学者已经认识到这点，引入国际创业视角分析在资源缺乏和有限的情况下新兴经济体跨国公司是如何通过 ODI 进行国际化扩张的（Yamakawa *et al.*, 2008）。实际上，新兴经济体跨国公司在世界经济与政治中发挥的作用越来越大，已超越了纯粹经济学研究的范畴，有必要借鉴多学科理论，如国际政治经济学等相关学科的理论视角来推进新兴经济体 ODI 研究。

参考文献

[1] 白洁.ODI 的逆向技术溢出效应——对中国全要素生产率影响的经验检验[J].世界经济研究,2009,(8).

[2] 博鳌亚洲论坛(BFA).新兴经济体的发展[R].2009 年博鳌年度报告.

[3] 蔡锐,刘泉.中国的国际直接投资与贸易是互补的吗? ——基于小岛清"边际产业理论"的实证分析[J].世界经济研究,2004,(8).

[4] 陈昊,吴雯.中国 OFDI 国别差异与母国技术进步[J].科学学研究,2016,(1).

[5] 陈菲琼,虞旭丹.企业对外直接投资对自主创新的反馈机制研究:以万向集团 FDI 为例[J].财贸经济,2009,(3).

[6] 程惠芳,阮翔.用引力模型分析中国 ODI 的区位选择[J].世界经济,2004,(11).

[7] 楚建波,胡罡.发展中国家 FDI 理论的新探索——"跨国投资门槛论"[J].中央财经大学学报,2003,(7).

[8] 代中强.我国三大经济圈内企业 ODI 动因实证分析[J].国际经贸探索,2009,(2).

[9] 丁祥生,张岩贵.发展中国家跨国公司 ODI 的动因[J].珈管理评论,2007,(1).

[10] 周伟.我国企业创造性资产寻求型的最新动向研究[J].科技与管理,2006,(1).

[11] 杜江,宋跃刚.制度距离、要素禀赋与我国 OFDI 区位选择偏好——基于动态面板数据模型的实证研究[J].世界经济研究,2014,(12).

[12] 杜群阳,宋玉华.中国—东盟自由贸易区的 ODI 致应[J].国际贸易问题,2004,(3).

[13] 冯雁秋.我国境外投资理论的比较、综合与发展——五阶段周期理论[J].投资研究,2000,(2).

[14] 冯华,辛成国.母国制度因素对中国对外直接投资影响的实证研究[J].制度经济学研究,2015,(3).

[15] 付海燕.对外直接投资逆向技术溢出效应研究——基于发展中国家和地区的实证检验世界经济研究,2014,(9).

[16] 高敏雪,李颖俊.ODI 发展阶段的实证分析——国际经验与中国现状的探讨[J].管理世界,2004,(1).

[17] 高宇.我国对非洲 OFDI 动因的贸易视角——基于引力模型的实证分析[J].经济经纬,2016,(1).

[18] 龚静.母国制度因素对中国省际对外直接投资的影响研究——基于31个省市动态面板模型的实证分析.产经分析,2014,(4).

[19] 古广东.中国企业 ODI 对出口贸易影响分析[J].亚太经济,2008,(1).

[20] 官建成,王晓静.中国 ODI 决定因素研究[J].中国软科学,2007,(2).

[21] 郭天明.优化宏观环境推进我国石油企业对外投资[J].生产力研究,2008,(8).

[22] 贺书锋,郭羽诞.中国 ODI 区位分析:政治因素重要吗?[J].上海经济研究,2009,(3).

[23] 黄静波,张安民.中国 ODI 主要动因类型的实证研究[J].国际经贸探索,2009,(7).

[24] 加拿大亚太基金会,中国国际贸易促进委员会经济信息部.中国企业 ODI 意向调查报告(2006)[R],2007.

[25] 姜黎辉,张朋柱.中国企业并购国外研发型公司的动因与风险——基于OLI 扩展模型的分析[J].研究与发展管理,2004,(1).

[26] 金麟洙.从模仿到创新——韩国技术学习的动力.新华出版社,1995.

[27] 景劲松,陈劲,吴沧澜.我国企业 R&D 国际化的现状、特点及模式[J].研究与发展管理,2003,(8):41—48.

[28] 李凡,王巾英,陈刚.吸引外商直接投资决定因素的实证研究综述[J].石家庄经济学院学报,2007,(5).

[29] 李珮璘.新兴经济体 ODI 理论研究评述[J].上海经济研究,2009,(10).

[30] 李珮璘.跨国公司分布式创新及对我国企业创新的启示[J].科技管理研究,2008,(7).

[31] 李珮璘.跨国公司并购与中国战略产业发展[J].世界经济研究,

2008，(7).

[32] 李政.新兴市场经济体的内涵、范围与国际地位[J].经济问题,2014,(1).

[33] 林巧燕,贺勇.发达国家促进 ODI 的政策借鉴[J]. 科学学与科学技术管理,2003,(1).

[34] 林青,陈湛匀. 中国技术寻求型跨国投资战略:理论与实证研究——基于主要 10 个国家 ODI 反向溢出效应模型的测度,财经研究,2008,(6).

[35] 林勇.海外华商资源与我国企业海外投资战略浅析[J].国际贸易问题,2004,(2).

[36] 刘凤根.ODI 投资区位的决定因素的实证研究——来自中国 ODI 的经验数据[J].科学决策,2009,(7).

[37] 刘红忠.中国 ODI 的实证研究及国际比较[M].上海:复旦大学出版社,2001.

[38] 刘凯敏,朱钟棣.我国 ODI 与技术进步关系的实证研究[J].亚太经济,2007,(1).

[39] 刘明霞.创造性资产寻求型 ODI:发展中国家跨国公司的新趋势和新挑战[J].财贸经济,2009,(4).

[40] 刘阳春.中国企业 ODI 动因理论与实证研究[J].中山大学学报(社会科学版),2008,(3).

[41] 刘阳春.中国企业 ODI 的特征研究[J].经济与管理研究,2008,(11).

[42] 鲁明泓,潘镇.中国各地区投资环境评估与比较:1990—2000[J].管理世界,2002,(11).

[43] 鲁明泓.制度因素与国际直接投资区位分布:一项实证研究[J].经济研究,1999,(7).

[44] 马林平,宋乐真、宋乐然.IDP 理论及其实证研究[J].世界经济文汇,2001,(3).

[45] 苗宏达,王锦慧.中国企业对外直接投资区位选择因素分析[J].经济与管理战略研究,2012,(2).

[46] 马亚明,张岩贵.策略竞争与发展中国家的 ODI[J].南开经济研究,2000,(4).

[47] 马亚明,张岩贵.技术优势与 ODI:一个关于技术扩散的分析框架[J].南开经济研究,2003,(4).

[48] 诺斯.经济史中的结构与变迁[M].三联书店、上海人民出版社,1994.

[49] 潘镇.制度距离与外商直接投资项——基于中国的经验研究[J].财贸经济,2006,(6).

[50] 彭磊.关于发展中国家对发达国家直接投资的一个注解[J].财贸经济,2004,(8).

[51] 平新乔.市场换来技术了吗?[J].国际经济评论,2007,(9/10).

[52] 邱立成,于李娜.中国 ODI:理论分析与实证检验[J].南开学报(哲学社会版),2005,(2).

[53] 邱立成,王凤丽.我国 ODI 主要宏观影响因素的实证研究[J].国际贸易问题,2008,(6).

[54] 张海亮,齐飞,卢曼.套利动机是否加速了劝外直接投资——基于对矿产资源型国有企业的分析[J].中国工业经济,2015,(2).

[55] 商务部研究院课题组.我国 ODI 战略选择——《ODI 公司调查问卷》分析报告.国际贸易,2006,(7).

[56] 世界银行《08 世界发展指标》编写组.08 世界发展指标[M].中国财政经济出版社,2008.

[57] 沙文兵.东道国特征与中国对外直接投资逆向技术溢出——基于跨国面板数据的经验研究[J].世界经济研究,2014,(5).

[58] 孙建中.资本国际化运营:中国 ODI 的综合优势比较[M].北京:经济科学出版社,2000:52—125.

[59] 陶涛,麻志明.中国企业 ODI 的动因分析[J].改革与战略,2009,(2).

[60] 童生,成金华.我国资源型企业跨国经营的政治风险及其规避[J].国际贸易问题,2006,(1).

[61] 王碧珺.被误读的官方数据——揭示真实的中国对外直接投资模式[J].国际经济评论,2013,(1).

[62] 王大鹏,陈建梁.中国石油企业的竞争优势及 ODI 策略[J].国际经贸探索,2007,(5):58—62.

[63] 王国顺,来特.企业国际化成长的内部化理论述评.中南大学学报(社会科学版),2006,(1).

[64] 王红岭,李稻葵,冯俊新.FDI与自主研发:基于行业数据的经验研究[J].经济研究,2006,(2).

[65] 王恕立.ODI动因、条件及效应研究[D].武汉理工大学博士学位论文,2003.

[66] 王晓红,李自杰,李耀辉.改革开放30年我国ODI的回顾与展望[J].国际贸易,2008,(9).

[67] 王艳梅,王新华.中国企业ODI:基于企业资源观的分析.对外经贸实务,2005,(12).

[68] 王勋,方晋.新兴经济体崛起:概念、特征事实与实证研究[J].山西财经大学学报,2011,(6).

[69] 王英,刘思峰.基于灰色理论的我国ODI规模预测[J].统计与决策,2008,(13).

[70] 王英,刘思峰.中国ODI的出口效应:一个实证分析[J].世界经济与政治论坛,2007,(1).

[71] 王迎新,潘悦.海外投资研究的理论与实践——中国对外经贸理论前沿Ⅲ[M].北京:社会科学文献出版社,2003.

[72] 王元龙.西方ODI动因与实质评析[J].国际金融研究,1996,(2).

[73] 王跃生.ODI理论与我国对外投资的基础[J].南方金融,2007,(8).

[74] 韦军亮,陈漓高.政治风险对中国ODI的影响——基于动态面板模型的实证研究[J].经济评论,2009,(4).

[75] 闻开琳.中国ODI决定因素实证研究——基于东道国国家特征[J].世界经济情况,2008,(10).

[76] 吴彬,黄韬.二阶段理论:外商直接投资新的分析模型[J].经济研究,1997,(7).

[77] 吴静芳,陈俊颖.影响我国企业跨国并购因素的实证分析——基于2000年—2005年上市公司并购案例[J].上海经济研究,2008,(4).

[78] 吴先明.跨国公司理论范式之变:从垄断优势到寻求创造性资产[J].世界

经济研究,2007a,(5).

[79] 吴先明.中国企业对发达国家的逆向投资:创造性资产的分析视角[J].经济理论与经济管理,2007b,(9).

[80] 许真,陈晓飞.基于扩展的 IDP 模型的对外直接投资决定因素分析——来自国家面板回归的证据[J].经济问题,2016,(2).

[81] 许杨敏.我国对外直接投资发展阶段、模式及策略研究——基于国际经验的分析[D].浙江大学,2014.

[82] 冼国明,杨锐.技术积累、竞争策略与发展中国家 ODI[J].经济研究,1998,(11).

[83] 项本武.中国 ODI 的决定因素与经济效应的实证研究[D].华政科技大学,2005.

[84] 项本武.中国 ODI 的贸易效应[J].统计与决策,2005,(12).

[85] 小岛清.对外贸易论[M].南开大学出版社,1987:437—449.

[86] 肖黎明.ODI 与母国经济增长:以中国为例[J].财经科学,2009,(8).

[87] 肖黎明.中国发展 ODI 的理论分析[J].上海经济研究,2007,(2).

[88] 谢康.跨国公司与当代中国[M].上海:立信会计出版社,1997:119.

[89] 许真,陈晓飞.基于扩展的 IDP 模型的对外直接投资决定因素分析——来自国家面板回归的证据[J].经济问题,2016,(2).

[90] 徐旸愍.中国对外直接投资的逆向技术溢出效应研究——基于吸收能力的视角[D],浙江大学经济学院,2015.

[91] 徐卫武,王河流.中国高新技术企业 ODI 的动因分析[J].经济与管理,2005,(2).

[92] 薛求知.当代跨国公司新理论[M].上海:复旦大学出版社,2007.

[93] 姚利民,孙春媛.中国逆向型 ODI 决定因素的实证分析[J].国际贸易问题,2007,(4).

[94] 杨恺钧,胡树丽.经济发展、制度特征与对外直接投资的决定因素——基于"金砖四国"面板数据的实证研究[J].国际贸易问题,2013,(11).

[95] 杨建清.对外直接投资的区域差异及决定因素研究[J].管理世界,2015,(5).

[96] 杨建清,陈思.对外投资促进产业升级的机制与对策[J].经济纵横,2012,(6).

[97] 尹冰.逆向投资过程中的技术传导机制——以海尔技术进步为例[J].世界经济与政治论坛,2006,(1).

[98] 尹华,朱绿乐.企业技术寻求型 ODI 实现机理分析与中国企业的实践[J].中南大学学报(社会科学版),2008,(6).

[99] 尹贤淑.中国 ODI 现状及其发展趋势分析[J],中央财经大学学报,2009,(4).

[100] 游光荣,狄承锋.我国地区科技竞争力研究[J].中国软科学,2001,(1).

[101] 俞毅,万炼.我国进出口商品结构与 ODI 的相关性研究——基于 VAR 模型的分析框架[J].国际贸易问题,2009,(6).

[102] 翟浩然.经济发展水平对我国 ODI 影响的实证研究[J].商业经济,2009,(6).

[103] 张本波.我国劳动力成本上升的因素和影响[J].中国经贸导刊,2008,(10).

[104] 张海洋.R&D 两面性、外资活动与中国工业生产率增长[J].经济研究,2005,(5).

[105] 张弘,赵佳颖.ODI 逆向技术溢出效应研究评述[J].经济学动态,2008,(2).

[106] 张纪.美国对华直接投资影响因素实证分析[J].世界经济研究,2006,(1).

[107] 张天宝,陈柳钦.外商在华直接投资决定因素的阶段性差异研究——基于面板数据的系统 GMM 估计[J].当代经济科学,2008,(2).

[108] 张为付.影响我国企业对外直接投资因素研究[J].中国工业经济,2008,(11).

[109] 张炜,李淑霞,张兴.我国对外直接投资宏观影响因素的实证研究——基于母国视角[J].特区经济,2009,(9).

[110] 张新乐,王文明,王聪.我国对外直接投资决定因素的实证研究[J].国际贸易问题,2007,(5).

[111] 张焱.世界矿产资源分布与投融资现状分析及海外投资建议[J].中国金属通报,2007,(23).

[112] 张幼文.从政策性开放到体制性开放——政策引致性扭曲在发展中地位的变化[J].南京大学学报(哲学.人文科学.社会科学版),2008b,(4).

[113] 张幼文.政策引致性扭曲的评估与消除——中国开放型经济体制改革的深化[J].学术月刊,2008a,(1).

[114] 张幼文.体制竞争——全球化经济机制与开放战略[M].上海财经大学出版社,2004.

[115] 张幼文等.世界经济学:原理与方法[M].上海财经大学出版社,2006:179.

[116] 张幼文等.新开放观——对外开放理论与战略再探索[M].人民出版社,2007.

[117] 朱彤,崔昊.对外直接投资、逆向技术溢出与中国技术进步[J].世界经济研究,2012,(10).

[118] 赵美英,李春顶.我国 ODI 发展状况及影响因素实证分析[J].亚太经济,2009,(4).

[119] 赵伟,古广东,何元庆.外向 ODI 与中国技术进步:机理分析与尝试性实证[J].管理世界,2006,(7).

[120] 赵玉敏.中国能源安全的漏洞[J].国际贸易,2008,(6).

[121] 郑钢.中国境外投资动因、效应及对策研究[D].兰州大学,2008.

[122] 中国贸促会.2009 年中国企业对外投资现状及意向调查报告[R].http://www.ccpit.org/Contents/Channel_2632/2009/0519/208574/asset0000700 60528251_1_1242714749637.pdf.访问日期:2009-11-4.

[123] 周长辉等.中国企业 ODI 驱动力与进入模式研究的理论探索一个整合性框架.南大商学评论,2005,(4).

[124] 周蓉.上海 ODI 的特征和模式[J],地理科学进展,1999,(4).

[125] 易丹辉.数据分析与 Eviews 应用[M].北京:中国人民大学出版社,2008.

[126] 朱景和.我国有色矿业 ODI 分析[J].中国矿业,2008,(1).

[127] 朱玉杰,赵兰洋.内向与外向:企业国际化的联系机制及其启示[J].国际

经济合作,2006,(7).

[128] 邹玉娟、陈漓高.我国 ODI 与技术提升的实证研究[J].世界经济研究,2008,(5).

[129] Aggarwal R, Agmon T. The international success of developing country firms: role of government-directed comparative advantage[J]. Management International Review 1990, 30:163—180.

[130] Agnès Bénassy-Quéré, Maylis Coupet, Thierry Mayer. Institutional determinants of foreign direct investment. The World Economy, 2007, 30(5).

[131] Amit R, Schoemaker P J H.Strategic assets and organizational rent [J]. Strategic Management Journal, 1993, 14(1):33—46.

[132] Singh A.Foreign direct investment from developing countries: a case study of india[D]. University of North Carolina, 2001.

[133] Anand J, Singh H. Asset redeployment, acquisitions and corporate strategy in declining industries[J]. Strategic Management Journal, 1997, 18:99—118.

[134] Thomas Andersson, Torbjorn Fredriksson. International organization of production and variation in exports from affiliates[J]. Journal of International Business Studies,1996, 27(2):249—263.

[135] Antkiewicz A, Whalley J.Recent Chinese buyout activities and the implications for global architecture[R]. National Bureau of Economic Research (NBER) Working Paper 12072, NBER, Cambridge, MA. 2006.

[136] Arnold J D, Quelch A J.New strategies in emerging markets[J]. Sloan Management Review, 1998, 40(1).

[137] Asiedu E. On the determinants of foreign direct investment to developing countries: is africa different? [J]. World Development 2002, 30(1):107—119.

[138] Asif M, Muneer T.Energy supply, its demand and security issues for developed and emerging economies[J]. Renewable and Sustainable Energy Reviews, 2007(11):1388—1413.

[139] Asim Erdilek. Internationalization of Turkish MNEs[J]. Journal of

参考文献

Management Development, 2008, 27(7):744—760.

[140] Avik Chakrabarti. The Determinants of foreign direct investment: sensitivity analyses of cross-country regressions[J]. Kyklos, 2001(54):89—114.

[141] Barrell R, Pain N. Trade restraints and Japanese direct investment flows[J]. European Economic Review, 1999, 43(1):29—45.

[142] Barry F, Gorg H, Mcdowell A. Outward ODI and the investment development path of a late- industrializing economy: evidence from ireland, Regional Studies, 2003, 37(4):341—349.

[143] Bonaglia F, Goldstein A, Mathews J A. Accelerated internationalization by emerging markets' multinationals: The case of white goods sector[J]. Journal of World Business, 2007, 42(4):369—383.

[144] Boisot M, Meyer M W. Which way through the open door? reflections on the internationalization of chinese firms[J]. Management and Organization Review, 2008, 4(3):349—365.

[145] Buckley P J, Casson M C. The future of the multinational enterprise [M]. London: Macmillan, 1976.

[146] Buckley P J, et al. The determinants of Chinese outward foreign direct investment [J]. Journal of International Business Studies, 2007, 38: 499—518.

[147] Buckley P J, Castro F. The investment development path: The case of Portugal. Transnational Corporations, 1998,7(1):1—15.

[148] Buckley P J, et al. Historic and emergent trends in chinese outward direct investment. Management International Review, 2008, 48(6):715—747.

[149] Cantwell J. From the early internationalization of corporate technology to global technology sourcing[J]. Transnational Corporations, 1999, 18(2).

[150] Cantwell J A, Tolentino P E. Technological accumulation and third world multinationals[R]. University of Reading, Discussion Papers in Internat ional Investment and Business Studies, No.1391, 1990.

[151] Cantwell J, Mudambi R. MEs competence creating subsidiaries man-

217

dates[J]. Strategic Management Journal, 2005, 12:155—172.

[152] Cantwell J A, Noonan C A. Technology sourcing by foreign-owned MNEs in Germany—a preliminary analysis using patent citations. Paper to be presented at the European International Business Association, Athens, December 8—10. 2002.

[153] Carolyn Erdener, Daniel M. Shapiro. The Internationalization of chinese family enterprises and dunning's eclectic mne paradigm[J]. Management and Organization Review, 2005, 1(3):411—436.

[154] Caves R. International corporations and the industrial economics of foreigninvestment[J]. Economica, 1971, 38:1—27.

[155] Chao-Hung Wang, Li-Chang Hsu, Shyh-Rong Fang. The determinants of internationalization: Evidence from the Taiwan high technology industry[J]. Technological Forecasting & Social Change. 2008, 75:1388—1395.

[156] Chinen-Hsun Chen. Regional determinants of foreign direct investment in mainland china[J]. Journal of Economic Studies, 1996, 23(2):18—30.

[157] Cheng S, Stough R R. The pattern and magnitude of china's outward odi in asia. Working paper published by the Indian Council for Research on International Economic Relations[EB/OL]. 2009. www.icrier.org/pdf/25-26April07/Session2/Shaoming%20Cheng%20and%20Roger%20R%20Stough.doc.

[158] Child J, Rodrigues S B. The internationalization of chinese firms: a case for theoretical extension?. Management and Organization Review, 2005, 1(3), 381—410.

[159] Child J, Pleister, H. Governance and management in China's private sector[J]. Management International, 2003, 7(3):13—24.

[160] Chittoor R, Ray S. Internationalization paths of Indian pharmaceutical firms—A strategic group analysis[J]. Journal of International Management, 2007, 13:338—355.

[161] Chen Chunlai. The Location Determinants of Foreign Direct Investment in Developing Countries[R]. Chinese Economy Research Unit, Working Papers,

University of Adelaide, Australia, 1997, (12):1—59.

[162] Cuervo-Cazurra A. Sequence of value-added activities in the multina-tionalization of developing country firms[J]. Journal of International Management, 2007, 13:258—277.

[163] Cuervo-Cazurra A. The multinationalization of developing country MNEs: The case of multilatinas[J]. Journal of International Management, 2008, 14:138—154.

[164] Cuervo-Cazurra1A, Genc M. Transforming disadvantages into advan-tages: developing-country MNEs in the least developed countries[J]. Journal of International Business Studies, 2008, 39:957—979.

[165] Deng P. Foreign Investment by Multinationals from Emerging Coun-tries: The Case of China[J]. Journal of Leadership and Organizational Studies, 2003, 10(2):113—124.

[166] Deng P. Investing for strategic resources and its rationale: The case of outward ODI from Chinese companies[J]. Business Horizons, 2007(50):71—81.

[167] Deng P. Outward Investment by Chinese MNCs: Motivations and Im-plications[J]. Business Horizons, 2004, 47(3):8—16.

[168] Deng P. Why do Chinese firms tend to acquire strategic assets in inter-national expansion? [J]. Journal of World Business, 2009, 44:74—84.

[169] Lecraw D J. Outward Direct Investment by Indonesian Firms: Motiva-tion and Effects[J]. Journal of International Business Studies, 1993, 24(3): 589—600.

[170] Drabek Z, Payne W. The Impact of Transparency on Foreign Direct Investment[R]. Working Paper No. 99—02. Available at SSRN: http://ssrn. com/abstract=217082, 1999.

[171] Driffield N, Love J H. Linking ODI motivation and host economy pro-ductivity effects: conceptual and empirical analysis[J]. Journal of International Business Studies, 2007, 38, 460—473.

[172] Driffield N, Love J H. Foreign direct investment, technology sourcing

and reverse spillovers[J]. The Manchester School, 2003, 71(6):659—672.

[173] Dunning J H. Reapp raising the Eclectic Paradigm in an Age of Alliance Capitalism[J]. Journal of InternationalBusiness Studies, Washington: Third Quarter, 1995:34—39.

[174] Dunning J H. The Eclectic (OIL) Paradigm of International Production: Past Present and Future[J]. International Journal of the Econom ics of business, 2001, 2(8):174—175.

[175] Dunning J H, Lundan S M. Institutions and the OLI paradigm of the multinational enterprise[J]. Asia Pacific J Manage, 2008, 25:573—593.

[176] Dunning J H. Trade, Location of Econom ic Activity and the Multinational Enterprise: A Search for an Eclectic Approach[A]// Ohlin B, Hesselborn P O, Wijkman P M, eds., The International location of Econom ic Activity[M]. London: Macmillan, 1977.

[177] Dunning J H, Kim C, Park D. Old wine in New Bottles: a Comparison of Emerging Market TNCs Today and Developed Country TNCs Thirty Years ago[R]. SLPTMD Working Paper Series No.011, 2008.

[178] Dunning J H. The Eclectic Paradigm of International P roduction: An Update and Some Po ssible Extensions[J]. Journal of International Business, 1988, 1:78—99.

[179] Dunning J H. The Investment Development Cycle and Third World Multinat ionals [A]// Khan K M, eds., Multinationals of the South[M]. London: Francis Porter, 1986.

[180] Dunning J H. Multinational Enterprises and the Global Economy[M]. Harlow: Addison-Wesley, 1993.

[181] Dunning J H, Kim C, Lin J.Incorporating Trade into the Investment Development Path: A Case Study of Korea and Taiwan[J]. Oxford development studies, 2001, 29(2):145—154.

[182] Edwards S. Capital Flows, Foreign Direct Investment, and Debt-Equity Swaps in Developing Countries [R]. National Bureau of Economic

Research(Cambridge, M.A.), Working Paper No.3497, 1990

[183] Ellingsen T, Warneryd K. Foreign Direct Investment and the Politic Economy of Protection[J]. International Economic Review, 1999(40):357—379.

[184] Erdener C, Shapiro D M. The internationalization of Chinese family enterprises and Dunning's eclectic MNE paradigm[J]. Management and Organization Review, 2005, 1:411—436.

[185] Tsang E W K. Learning from overseas venturing experience The case of Chinese family businesses[J]. Journal of Business Venturing, 2002, 17: 21—40.

[186] Erramilli M K, Srivastava R, Kim S S. Internationalization theory and Korean multinationals [J]. Asia Pacific Journal of Management, 1999, 16(1): 29—45.

[187] Euromonitor. The World's Emerging Markets[J]. European Management Journal, 1992, 16(4).

[188] Fabio Bertoni, Stefano Elia, Larissa Rabbiosi. Drivers of acquisitions from BRICs to advanced countries: firm-level evidence [R]. Denmark: Copenhagen Business School, Copenhagen, 2008.

[189] Franco C, Rentocchini F, Giuseppe M. Why Do Firms Invest Abroad? An Analysis of the Motives Underlying Foreign Direct Investments. Available at SSRN: http://ssrn.com/abstract=1283573, December 15, 2008.

[190] Friedrich Wu. The Globalization of Corporate China [R]. NBR analysis, 2005.

[191] Gastanga V M, Jeffrey B. Nugent and Bistra Pashamova, Host Country Reforms and ODI Inflows: How Much Difference Do They Make? [J]. World Development, 1998, 26(7):1299—1314.

[192] Ge G L, Ding D Z. A strategic analysis of surging Chinese manufacturers: The case of Galanz[J]. Asia Pacific J Manage, 2008, 25:667—683.

[193] Globerman S, Shapiro D. Global Foreign Direct Investment Flows: The Role of Governance Infrastructure[J]. World Development, 2002, 30(11):

1999—1919.

[194] Goldberg L S, Klein M W. Foreign Direct Investment, Trade and Real Exchange Rate Linkages in Developing Countries[R]. NBER Working Papers 6344, National Bureau of Economic Research, Inc. 1997.

[195] Grosse R, Trevino L J.Foreign direct investment in the united states: Analysis by country of orugin[J]. Journal of Banking and Finance, 1996, 27(2): 139—156.

[196] Hoskisson R E, Lorraine E, Lau C M, Wright M.Strategy in Emerging Economies[J]. Academy of Management Journal, 2000, 43(3):249—267.

[197] Wu H-L, Chen C-H. An Assessment of Outward Foreign Direct Investment from China's Transitional Economy[J]. Europe-Asia Studies, 2001, 53 (8):1235—1254.

[198] Rui H, Yip G S. Foreign acquisitions by Chinese firms: A strategic intent perspective[J]. Journal of World Business, 2008(43), 213—226.

[199] Hymer S. The International Operations of National Firms: Astudy of Dieect Investment[M]. Cambridge, Mass: MIT Press, 1960.

[200] Ivarsson I, Jonsson T. Local technological competence and assetseeking ODI: an empirical study of manufacturing and wholesale affiliates in Sweden[J]. International Business Review, 2003(12):369—386.

[201] Pradhan J P, Singh N. Outward ODI and knowledge flows:A Study of the Indian Automotive Sector[R]. ISID Working Paper No: 2008/10, November 2008.

[202] Kang R, Ke Y. Comparison of Internationalization in Haier and Matsushita. Global Entrepreneur, Beijing, 2005, 9:148—149.

[203] Khanna T, Palepu K G. Emerging giants: Building worldclass companies in developing countries[J]. Harvard Business Review, 2006, 84:2—10.

[204] Kindleberger C. American business abroad: six essays on direct investment. New Haven: Yale University Press, 1969.

[205] Kojima K S. Direct Fo reign Investment: A Japanese Model of Multi-

national Business Operation[M]. London: Croom Helm, 1978.

[206] Klein S, Wöcke A. Emerging global contenders: The South African experience[J]. Journal of International Management, 2007, 13:319—337.

[207] Kokko A. The home country effects of ODI in developed economies [R]. EIJS Working Paper Series 225, The European Institute of Japanese Studies. 2006.

[208] Kolstad I. The resource curse: Which institutions matter? [J]. Applied Economics Letters, 2009, 16(4):439—442.

[209] Kolstad I, Wiig A. What determines Chinese outward ODI[R], CMI Working Paper WP2009: 3, Bergen: Chr. Michelsen Institute. 2009.

[210] Kuemmerle W. The Drivers Foreign Direct Investment into Research Development: An Empirical Investigation[J]. Journal of International Business Studies, 1999, 30(1):179—193.

[211] Lall S. The New Multinationals[M]. Chichester: John. Wiley & Sons, 1983.

[212] Lee J, Slater J. Dynamic capabilities, entrepreneurial rent-seeking and the investment development path: The case of Samsung[J]. Journal of International Management, 2007, 13:241—257.

[213] Li P P. Toward an integrated theory of multinational evolution: The evidence of Chinese multinational enterprises as latecomers[J]. Journal of International Management, 2007, 13:296—318.

[214] Li P P, Chang T. The Paradox of Asian Management Practices: A Case Study[M]// Choi J, ed. International Finance Review. Stamford, CT: JAI Press, 2000, 1:429—453.

[215] Lipsey R, Ramstetter E, Blomstrom M. Outward ODI and parent Exports and employment: Japan, the United States, and Sweden[C]. NBER Working Paper 7623, 2000.

[216] Liu X, et al. Bounded entrepreneurship and internationalisation of indigenous Chinese private-owned firms[J]. International Business Review, 2008

17:488—508.

[217] Liu X, Buck T, Shu C. Chinese economic development, the next stage: Outward ODI? [J]. International Business Review, 2005, 14:97—115.

[218] Luo Y D, Tung R L. International expansion of emerging market enterprises: A springboard perspective [J]. Journal of International Business Studies, 2007, 38:481—498.

[219] Makino S, Lau C M, Yeh R S. Asset-exploitation versus asset-seeking: implications for location choice of foreign direct investment from newly industrialized economies[J]. Journal of International Business Studies, 2002, 33 (3):403—421.

[220] Wang M Y. The Motivations Behind China's Government-Initiated Industrial Investments Overseas [J]. Pacific Affairs, Summer 2002, 75 (2): 187—206.

[221] Markuson J R, Svenson E O. Trade in Goods and Factor With International Differences in Technology[J].International Economic Review, 1984, 26 (1):175—192.

[222] Markuson J R, Maskus K E.General-Equilibrium Approaches to the Multinational Firm: A Review of Theory and Evidence[C]. NBER Working Paper No.8334, NBER, 2001.

[223] Mathews J A. Dragon multinationals: New players in 21st century globalization[J]. Asia Pacific Journal of Management, 2006, 23:5—27.

[224] Mody A. What Is an Emerging Market? [J]. Georgetown Journal of International Law, 2004; 35(4):641—663.

[225] Moon H-C, Roehl T W. Unconventional foreign direct investment and the imbalance theory[J]. International Business Review, 2001,(10):197—215.

[226] Mundell R A. International Trade and Factor Mobility[J]. American Economic Review, 1957:321—335.

[227] Narula R, Marin A. Exploring the relationship between direct and indirect spillovers from ODI in argentina[R]. MERIT Research Memoranda 2005—

024, Maastricht Economic Research Institute on Innovation and Technology.

［228］Pananond P. The changing dynamics of Thai multinationals after the Asian economic crisis［J］. Journal of International Management, 2007, 13: 356—375.

［229］Patrie. The Regional Clustering of Foreign Direct Investment and Trade, Transnational Corperation, DEC, 1994.

［230］Gammeltoft P. Multinationals from the South: Outward ODI from the BRICS countries［R］, Paper to be presented at the 4th Globelics International Conference. Trivandrum, India, 4—7 October, 2006.

［231］Pfaffermayr M. Foreign Direct Investment and Exports: A Time Series Approach［J］. Applied Economics, Taylor and Francis Journals, 1994, 26 (4):337—351.

［232］Pradhan J P. Outward foreign direct investment from India: recent trends and patterns［R］. Jawaharlal Nehru University Working Paper Series, Jawaharlal Nehru University, New Delhi. 2003.

［233］Morck R. Bernard Yeung & Minyuan Zhao. Perspectives on China's outward foreign direct investment［J］. Journal of International Business Studies (2008) 39, 337—350.

［234］Ramamurti R. What Have We Learned about EMNEs［A］, In Ravi Ramamurti and Jitendra Singh (eds.) Emerging Multinationals from Emerging Markets［M］. Cambridge UK: Cambridge University Press, 2008, Chapter 13.

［235］Rivoli P, Salorio E. Foreign direct investment and investment under uncertainty［J］. Journal of International Business Studies; 2nd Quarter 1996; 27 (2):335—357.

［236］Rugman A M. Internalization theory and corporate international finance［J］. California Management Review, 1980, 23(2):73—79.

［237］Rugman A M, Li J. Multinationals Succeed Globally or Regionally? ［J］. European Management Journal, 2007. 20(5):333—343.

［238］Rui H, Yip G S. Foreign acquisitions by Chinese firms: A strategic intent perspective. Journal of World Business, 2008, 43:213—226.

[239] Sachs J D, Warner A, Aslund A, Fischer S. Economic Reform and the Process of Global Integration[M], Bookings Papers on Economic Activity, 25th Anniversary Issue,1995, 1:1—118.

[240] Sim A B, Pandian J R. Emerging Asian MNEs and their internationalization strategies: Case study evidence on Taiwanese and Singaporean firms[J]. Asia Pacific Journal of Management, 2003, 20:27—50.

[241] Siotis. Foreign direct investment st rategies and firm's capabilities[J]. Journal of Economic & Management Strategy, 1999, 8(2):251—270.

[242] Globerman S, Shapiro D. Outward ODI and the Economic Performance of Emerging Markets[R]. Prepared for International Conference on the Rise of TNCs From Emerging Markets: Threat or Opportunity?. Columbia University, New York, October 24—25, 2006.

[243] Lewis S W. Chinese NOC's and World Energy Markets: CNPC, Sinopec and CNOOC[R]. http://www. rice. edu/energy/publications/docs/NOCs/Papers/NOC_CNOOC_Lewis.pdf, 2010-1-24.

[244] Lim S-H, Moon H-C. Effects of Outward Foreign Direct Investment on Home Country Exports:The Case of Korean Firms[J]. Multinational Business Review, 2001, 9(1):42—49.

[245] Sutherland D, Matthews B. "Round Tripping" or "Capital Augmenting" OODI? Chinese Outward Investment and the Caribbean Tax Havens. Paper prepared for Leverhulme Centre for Research on Globalisation and Economic Policy(GEP), University of Nottingham 14th and 15th January, 2009.

[246] Svensson R. Effects of overseas production on home country export: Evidence based on Swedish multinationals [J]. Weltwirtschaftliches Archiv, 1996, 132(2):304—329.

[247] Ozawa S. Foreign Direct Investment and Economic Development[J]. Transnational Corporations, 1992, 1:43—51.

[248] Taylor R.Globalization Strategies of Chinese Companies: Current De-

velopments and Future Prospects[J]. Asian Business and Management, 2002, 1 (2):209—225.

[249] Teece D J. Foreign investment and technological development in Silicon Valley. California Management Review, Winter 1992(2):88—106.

[250] Tolentino P E. Technological Innovation and Third World Multinationals[M]. London: Routledge. 1993.

[251] Vernon R. International investment and international trade in the productcycle[J]. Quarterly Journal of Economics. 1966, 80:190—207.

[252] Warner M, Hong N S, Xu X. Late development experience and the evolution of transnational firms in the People's Republic of China[J]. Asia Pacific Business Review, 2004, 10(3/4):324—345.

[253] Wei S-J. How Taxing is Corruption on International Investors? [J]. The Review of Economics and Statistics, 2000, February, 82(1):1—11.

[254] Shan W & Song J. Foreign direct investment and the sourcing of technological advantage: Evidence form the biotechonlogical industry[J]. Journal of International Business Studies, 1997, 28(2):267—284.

[255] Wells L T. Third World Multinationals: The Rise of Foreign Direct Investment from Developing Countries [M]. Cambridge, Mass: MITP ress, 1983.

[256] Wesson T J. An Alternative Motivation for Foreign Direct Investment. Unpublished Ph. D dissertation, Harvard University., 1993.

[257] Wheeler D, Mody A. International Investment Location Decisions: The Case of U. S. Firms[J]. Journal of International Economics, 1990(33): 57—76.

[258] Wilamoski P, Tinkler S. The Trade Balance Effects of U.S. Foreign Direct Investment in Mexico [J]. Atlantic Economic Journal, 1999, 27 (1): 24—37.

[259] Witt M A, Lewin A Y. Outward foreign direct investment as escape response to home country institutional constraints[J]. Journal of International

Business Studies, 2007(38):579—594.

[260] Andreff W. The new multinational corporations from transition countries[J]. Economic Systems, 2002(26):371—379.

[261] WTO. Trade and Foreign Direct Investment[R]. 1997.

[262] Wu F, Sia Y H. China's rising investment in Southeast Asia: trends and outlook[J]. Journal of Asian Business, 2002, 18(2):41—61.

[263] Liu X, Buck T, Shu C. Chinese economic development, the next stage: outward ODI[J]. International Business Review, 2005(14):97—115.

[264] Ma X, Anerews-Speed P. The Overseas Activities of China's National Oil Companies: Rationale and Outlook. Minerals & Energy, 2006, 21(1): 17—30.

[265] Yamakawa Y, Peng M W, David L D. What Drives New Ventures to Internationalize from Emerging to Developed Economies? [J]. Eentrepreneurship Theory and Practice, January, 2008:59—82.

[266] Ye G. Chinese Transnational Corporation[J]. Transnational Corporation, 1992, 1(2).

[267] Lin Y. The economic determinants of foreign direct investment: the case of Taiwanese multinational enterprises[D]. the Lubin School of Business Pace University, 1995.

[268] Yiu D W, Lau C M, Bruton G D. International venturing by emerging economy firms: the effects of firm capabilities, home country networks, and corporate entrepreneurship. Journal of International Business Studies, 2007, 38: 519—540.

[269] Li Y, Sun Y, Liu Y. An empirical study of SOEs' market orientation in transitional China[J]. Asia Pacific J Manage, 2006, 23:93—113.

[270] Zhan J X. Transnationalization and outward investment: the case of Chinese firms[J]. Transnational Corporations, 1995, 4(3):67—100.

[271] Zhao W, Liu L. Outward Direct Investment and R&D Spillovers: the China's case[EB/OL]. http://gdex.dk/oODI/55%20Zhao%20Wei.pdf, 2010-1-7.

[272] Zin R H M. Malaysian reverse investments: trends and strategies[J].
Asia Pacific Journal of Management, 1999, 16(3):469—496.

[273] Zweig D, Bi J. China's Global Hunt for Energy[J]. Foreign Affairs,
2005, 84(5).

图书在版编目(CIP)数据

中国企业的全球战略/李珮璘著.—上海:上海
社会科学院出版社,2016
ISBN 978 - 7 - 5520 - 1443 - 3

Ⅰ.①中…　Ⅱ.①李…　Ⅲ.①企业-对外投资-直接
投资-研究-中国　Ⅳ.①F279.23

中国版本图书馆 CIP 数据核字(2016)第 153656 号

中国企业的全球战略
——新兴经济体对外直接投资的动因与效应

著　　者:李珮璘
责任编辑:应韶荃
封面设计:陆红强
出版发行:上海社会科学院出版社
　　　　上海顺昌路 622 号　邮编 200025
　　　　电话总机 021 - 63315900　销售热线 021 - 53063735
　　　　http://www.sassp.org.cn　E-mail:sassp@sass.org.cn
照　　排:南京理工出版信息技术有限公司
印　　刷:江苏凤凰数码印务有限公司
开　　本:710×1010 毫米　1/16 开
印　　张:15
字　　数:242 千字
版　　次:2016 年 7 月第 1 版　2016 年 7 月第 1 次印刷

ISBN 978 - 7 - 5520 - 1443 - 3/F・426　　　　定价:55.00 元